龚大春◎著

ZHISHI
CHANQUAN
YUANLI

知识产权原理

中国政法大学出版社

2020·北京

声　　明　　1. 版权所有，侵权必究。
　　　　　　2. 如有缺页、倒装问题，由出版社负责退换。

图书在版编目（ＣＩＰ）数据

知识产权原理/龚大春著.—北京:中国政法大学出版社,2020.11
ISBN 978-7-5620-9703-7

Ⅰ.①知… Ⅱ.①龚… Ⅲ.①知识产权－研究 Ⅳ.①D913.404

中国版本图书馆 CIP 数据核字(2020)第 209509 号

出 版 者	中国政法大学出版社
地　　址	北京市海淀区西土城路 25 号
邮寄地址	北京 100088 信箱 8034 分箱　邮编 100088
网　　址	http://www.cuplpress.com (网络实名：中国政法大学出版社)
电　　话	010-58908586(编辑部) 58908334(邮购部)
编辑邮箱	zhengfadch@126.com
承　　印	固安华明印业有限公司
开　　本	880mm×1230mm　1/32
印　　张	9.25
字　　数	230 千字
版　　次	2020 年 11 月第 1 版
印　　次	2020 年 11 月第 1 次印刷
定　　价	49.00 元

除了事实和规律,我的思考不受任何约束——我的卷首语。

一、写作的背景和经历

我对知识产权的兴趣大约在从事律师职业不久后就产生了。记得当时我国第一部《著作权法》出台后,司法系统做了些宣传培训工作,虽然还没有接触过现实案件,但是,我对知识产权的光明前景已经有种朦胧的感觉。

在后来的律师执业过程中,我接触和办理了一些知识产权案件,对知识产权问题开始有了经验上的思考。但是,我的研究方向还主要是经济刑法和证据法,所以,只是结合司法实践写了点关于知识产权侵权数额认定方面的论文,参加了一些地方性的知识产权或与知识产权相关的研讨会。随着我国知识产权战略的提出,大约十年前,我把经济刑法的研究方向具体定位在知识产权犯罪方面,开始有计划地搜集资料、积累心得,并研究发表了一些论文。慢慢地,我发现,知识产权犯罪与其他经济犯罪有实质性区别,其根本原因在于知识产权客体的信息本质和知识属性。而且知识产权权利种类越来越多,涉及的经济、社会领域越来越广,知识产权犯罪已经不是"经济刑法"所能包容的了。据此,我逐渐产生了研究知识产权刑法的念头。加之,近些年学界关于知识产权犯罪的研究已经触及知识产权刑法的基本理论问题，于是，我于三年前确定了知识产权刑法的研究课题。两年前，在结束了《举证责任新论》的写作后，我正式开始了知识产权刑法的研究。

研究知识产权刑法首先要研究知识产权，为此，我还专门参加了一些全国和省级范围的知识产权理论或实务论坛。我发现，无论是理论界还是实务界，除了政策层面的对策类"研究"外，研究的立足点基本上是现行法律，基本上在论证和解释法律，走的基本上也是所谓法教义学路径。对一些新的知识产权问题也只是利用现有理论艰难地"探索"规制措施，鲜有基于时代科学和哲学的对知识产权制度的解剖式分析和研究。经济学界则忙于知识产权管理及其运营效益的分析、考核方面的研究；连知识产品价值、知识经济基本规律和知识产权价值等基本问题的研究都几乎是空白。而我国的知识产权法律制度又基本上引自于国际和西方发达国家知识产权制度，没有独特品格。改革开放以来的经济学主流又是西方经济学，工于定量的效益分析，而不是规律性研究。这就凸现了一个问题：我们的知识产权制度并没有经过彻底的严肃的合理性和正当性论证！正如刘春田教授在谈到我国《著作权法》第三次修改的2020年4月全国人大常委会审议稿中关于"作品"的概念时所言："这也反映出我国在科学领域的通病，重制度、重技术，长于应用、善于借鉴，而对事物的基础、本源问题，欠缺深究的兴趣，无论自然科学，还是人文社会科学领域，都是如此。"[1]当然，这个"通病"在改革开放初期有一定的历史必然性，现今也有其功利原因，但是，已经不合时宜了。

知识产权刑法是知识产权制度的重要组成部分，知识产权

---

[1] 刘春田："第三次著作权法修改送审稿的进步和我们的期待"，载http://www.zhichanli.com，访问日期：2020年5月3日。

刑法的基本原理和基本制度对知识产权基本原理和基本制度有严重依赖性。在知识产权刑法的研究过程中，我强烈地感觉到深入研究知识产权基本理论和基本制度的必要性。否则，知识产权刑法无法获得充分有力的理论支撑，难以得到充分有力的合理性和正当性论证，难以建立合理正当的知识产权刑法制度。于是，随着研究资料的积累和研究工作的深入，我萌生了在已有思考和研究的基础上先行研究知识产权基本理论的念头。

一场突如其来的疫情隔离了外面的世界，让更多的人陷入深深的思考。过了几天闲散的家居生活后，我决定先着手知识产权基本理论的研究，至少也要在通透一些基本问题后再继续知识产权刑法的研究。换句话说，即使研究的终点还是现行的知识产权制度，我也要走一遭！

真正的科学研究是很不轻松的！我的目标是通过对知识产权客体的本质及其规律的研究，揭示知识产权的本质和价值，进而揭示知识经济的基本规律，最后确定知识产权法律制度的基本原则。这是关于知识产权制度的原理性研究，是真正的基本理论研究。这项研究实在艰深、庞大和严肃，如果不是因为这项研究的挑战性，我几乎感觉不到研究的快乐，而只有幽深的孤独和不自量力的惶恐！

下笔伊始，我本想借鉴《资本论》的思路先研究知识产品。写着写着，我发现要理清说透知识产品，离不开基于当代科学成果的科学思维。而当代科学思维又没有现成的统一的说法，于是，我折回身来先基于当代科学成果对当代科学思维做了一番探讨，并认为这是一切科学研究必须要解决的首要问题。否则，我们只能拿着历史的手电筒探照眼前的道路，不会有超越古人的视野。说得好听点，我们也只是站在巨人的肩膀上拾捡一些心得，而不会比巨人看得更高更远。

解决了当代科学思维后,感觉自己平添了几分功力,对知识产品的剖析和知识经济的研究轻松和顺畅了许多,尤其是以前的朦胧认识得到了深层次的论证,同时还得出了一些崭新的结论,这就为知识产权的研究奠定了坚实的基础。不过,现有知识产权已经是一个权利集群,其中不同种类的知识产权之间也存在大类下的实质性区别。而且,新形式的知识产品还在不断提出新的权利需求,对知识产品和知识经济的一般性把握并不能直接解决知识产权的所有基本理论问题。所以,有必要对不同种类的知识产权基本理论作进一步的研究,从而使一般性研究走向具体,靠近实践。可这也不是一件容易的事,这需要时时对接实践分析相关知识产品,需要学习或研究相关科技知识和生产知识,这也使我再次深深感觉到跨学科研究团队化的重要性和自己势单力薄的惶恐。好在互联网提供了极大的便利,我用几个月时间,加上以前的积累总算完成了不同知识产权基本理论的研究。经过几轮梳理完善后,在自己觉得满意的情况下大胆地定稿了,后面只能期待同仁的批评指正或进一步的探索了。

二、本书的研究方法和路径

研究方法大体上也就是逻辑推演和实证分析两种。而且,在我看来,这两种研究方法不是互不相干、各行其道的,相反却是相辅相成、并行不悖的,只不过在不同领域会有不同的表现,这是客观世界整体与个体的辩证关系在人的思维过程中的必然反映。关于社会科学基本理论的研究则应该以逻辑推演为主、实证分析为辅,否则,我们极有可能沦为"法律机器中毫无思想可言的齿轮"。[1]这种结合的典范之作当推《资本论》,

---

[1] [德]冯·耶林:"法学是一门科学吗?"(上),李君韬译,载《比较法研究》2008年第1期。

即回到问题的原点如商品这个经济细胞,进行解剖分析,得出一般性结论后,向具体领域展开,一方面验证一般性结论,另一方面继续剖析具体现象,发现现象背后的具体规律。本书就是套用这个研究方法和路径展开研究的,只不过,在套用之前对当代科学思维作了一番探讨和交待,意在提炼当代科学武器,同时提醒读者要有当代科学思维。

具体而言,本书的研究路径如下:(1)探讨当代科学思维,为剖析和论证所有问题打造思维工具;(2)剖析知识经济细胞——知识产品,为知识产权和知识经济基本问题的研究做准备;(3)探讨本书的核心问题——知识产权,包括知识产权的本质、价值、正当性和知识财产等;(4)探讨知识经济的治理原则,确立知识产权制度的基本原则;(5)分别探讨几大类知识产权的基本问题,把一般性研究引向深入和具体;(6)评析现行知识产权基本制度,把理论研究成果运用于立法实践,并接受立法实践的检验。

其中,在当代科学思维问题上,我在粗略地梳理了当代科学成果后,主要基于已经运用于实践并被确证的信息论、系统论和控制论三大横断科学,探讨了当代科学对哲学本体论、认识论、价值论和方法论的启示。认为:当代科学在更高层次上全面确证了辩证唯物论,我们的世界是由物质、能量和信息构成的辩证的系统世界,在现实性上,客观世界统一于物质;信息论进一步证明了意识是客观世界的反映这一本质和实践是检验真理的唯一标准这一论断;价值的自然本质就是客体对主体系统有序化的效用;方法论由世界观和价值观共同决定,而系统工程法应该是最基本的方法;思维是人的第一实践活动,当代科学思维是包含信息和价值维度的辩证的系统思维。

在知识产品问题上,我总体上根据信息论和信息哲学的成果，在探讨了知识的概念后，结合知识产权制度和知识经济学的研究成果探讨了知识产品在"知识"和"产品"两个方面的一般规定性和特殊规定性，进而得出知识产品的定义，同时论述了人类产品系统理论和知识产权制度的历史必然性，随后，论述了劳动的时代定义、劳动形式、劳动系统理论和知识产品的生产劳动和价值，认为：(1) 知识是由语言符号所记载、传输的系统化信息；(2) 知识产品是经过人类智力劳动重构的概象化或符号化的系统性信息产品；知识产品以劳动过程的特点为标准可以分为思想作品、文艺作品、技术作品和标识作品四大类；知识产品是农业产品和工业产品中知识部分的独立形态，并与农业产品和工业产品一起构成人类的产品系统，对应于人类的需求结构；(3) 劳动的统一定义是：劳动是人类通过人力实施自然要素的转化而获取生活资料的社会活动；从物质维度看：劳动是在人力作用下对物质形式的创构活动；从能量维度看：劳动是在人力作用下对能量形式的转化活动；从信息维度看：劳动是在人力作用下对信息形式的转化活动；与此对应，劳动可以分为物质生产劳动、信息生产劳动和能量传输劳动三种形式，并统一于物质生产劳动，它们大体上对应于通常被称为生产劳动、科学文化劳动和服务劳动三种社会劳动形式，并形成人类劳动系统；知识产品的生产劳动具有劳动者是知识分子、劳动对象是知识和信息、劳动工具是信息处理程序和设备、劳动产品是新知识或知识信息、劳动过程具有信息性等特点；(4) 产品的价值是凝结在产品中的劳动信息所反映的劳动过程中通常消耗的能量；知识产品的价值由知识产品劳动价值、公共知识价值和消耗物料价值等部分构成；知识产品的价值必须到生产领域中实现；知识产品的价值由凝结在知识产品中的劳动信息直接决定，知识产品的价值须通过对知识产品指导下生产的物质产品的价值增加值或者耗费减少值的度量的间接方式度量；人类财富的积累来源于自己的劳动、自然界的赠与和祖先的知识遗产。

在知识产权问题上，我基于知识产品的本质、特征、价值规律和价值构成，探讨了知识产权的概念、特征、价值及其历史正当性，认为：（1）知识产权是国家赋予的对知识产品的专有性财产权，知识产权相对于其他财产权具有知识产品性、有限性和非独占专有性三个特征，并可以分为思想作品权、文艺作品权、技术作品权和标识作品权四大类；（2）知识产权的"价值"实际上是被授予知识产权的知识产品的价值；知识财产是知识产权保护下的知识产品，是人类财产阶梯中的最新、最高一级阶梯的财产，也是继土地私有化和物质资源的资本形式的两次私有化之后的知识资源的第三次私有化的法律表现；知识财产的价值以知识产权保护的知识产品的用益范围为边界，这个边界就是知识产权的权利边界；（3）正义是人类关于作为人的自然生命在结为人类社会的经济、政治、文化生活中的合规律利益平衡状态的观念；正义的内涵包括合理性、正当性和公平性，其中，合理性是合规律性的反映，正当性是人的社会性的反映，公平性是利益平衡的反映；知识产权制度具有历史的合理性、公平性和正义规范的符合性，具有历史正当性；利益平衡理论的根据是知识产品的价值构成，该理论不适合作为知识产权的基本理论。

在知识经济问题上，基于知识产权制度主要是知识经济治理制度的基本构成的认识，我依次探讨了经济形态的演变、知识经济的概念和知识经济的基本规律，最终结合知识产权制度的价值目标，推导出知识经济治理的基本原则，即知识产权制度的基本原则，认为：（1）经济形态是由人类经济活动基本要素、要素结构及其运行机制决定的经济运行状态；知识经济是建立在知识基础上的以知识产品生产为主导、以物质产品生产为基础的集约型和全球化的市场经济形态；(2) 知识经济中除了存在物质产品生产活动中的传统矛盾外，还主要存在知识产品生产和物质产品生产之间的矛盾、公共知识和创新知识之间的矛盾这两大矛盾，并由此产生除了物质产品生产领域的传统规律外的知识产品生产和物质产品生产的二元共振规律、知识产品生产活动中的生产者有限所有规律这两大规律。(3) 公平和效益是知识产权制度基本原则的主观根据；知识产品的本质和运动规律即知识经济基本规律是知识产权制度基本原则的客观根据；知识经济治理的全局性基本原则是二元共建原则；知识产品生产活动的治理原则，即知识产权制度的基本原则是创新共享原则，该原则在四大类知识产权制度中有具体的特殊的治理原则。

关于几大类知识产权，我仍然按照前面的研究思路，主要探讨了著作权、专利权、商标权和其他知识产权的客体和治理原则等原理性问题。(1) 关于著作权方面，我认为：作品是表达思维成果的具有形式独创性和载体独立性的精神消费品；作品可以根据生产劳动特点分为文学艺术作品和理论学术作品，文学艺术作品只有精神消费价值，理论学术作品具有精神消费价值和技术转化价值；著作权是作者对作品所享有的传播权，具有人身权和财产权属性；著作权制度的基本原则是：鼓励独创，促进传播。(2) 关于专利权方面，我认为：技术是实现人类产品生产目的的合理方法；技术需要经过生产环节实现价值；技术可以根据功能分为物质产品生产技术（含能量产品生产技术）和信息产品生产技术，可以根据创新程度分为发明、实用新型和外观设计；专利权是生产者对实用的新技术的专有使用权;专利权制度的基本原则是:依据创新性和实用性确定技术生产者利益,鼓励实用性创新,促进应用性共享。(3) 关于商标权方面,我认为:商标是标记商品生产管理信息的符号;商标本身没有价值,商标的价值在于其标记的生产管理信息即商标信息的价值;商标价值由商品的生产管理和商标推广两个行为创造的价值的乘积构成,具体表现为商标的美誉度和知名度的乘积;商标权是商品生产者专有的在商品上标记商标的商业化使用权;商标权的财产权属性中的特殊性在于无时间限制,即永久性使用权;商标权制度的基本原则是:依据美名度确定商标权人利益,鼓励美名商标,促进诚信经营。(4) 关于其他知识产权方面,我认为:只要是符合知识产品概念的产品都是知识产品,知识产品的时代类型有技术软件、软件作品、集成电路布图设计、大数据作品、人工智能作品、生物新品种技术、地理标志、非物质文化遗产符号和商业模式等,其他知识产品与该时代类型有所交叉;其他知识产权就是设置在其他知识产品之上的知识产权,有商业秘密权、技术软件专利权、软件作品著作权、集成电路布图设计专有权、生物新品种技术专利权和地理标志权等,它们分别具有不同的权利属性,归属于不同的知识产权大类,并有不同的特殊的基本原则。

在现行知识产权制度评析问题上,我基于前面的知识产权原理,并鉴于知识产权制度的全球化现象,先后分别对主要国际知识产权制度和国内知识产权制度进行了评析,认为:(1)《知识产权协定》中的公共利益原则的理论根据和表述都应该予以调整,且应该基于人类公共知识的保护和共享需要确立文明共同体原则;应该规定知识产品和知识产权的定义,并在此基础上对知识产品作进一步归类,计算机程序应分为技术软件和软件作品,规定工业设计权和商业标识权,而且"产品"专利应该变更为实用新型专利;(2)《巴黎公约》和《伯尔尼公约》作为现今国际知识产权制度中的基础性文件也应该规定公共利益原则;(3)知识产权已经形成独立的门类,我国应该制定统一的知识产权法典;我国《专利法》《著作权法》和《商标法》都应该增设公共利益原则和本书论述的相关知识产权的基本原则,规定相关知识产品和知识产权的定义,梳理知识产权的种类,并就侵权损失的认定规定依据可得利益计算的基本方向;其他知识产权则同样存在归类治理、基本原则和侵权损失认定等问题,应该考虑在统一的知识产权法典内一并解决。

三、本书非理论用语的含义

1. 有关法律或司法解释缩略语。

(1)《知识产权协定》指现行《与贸易有关的知识产权协定》(1993年);

(2)《伯尔尼公约》指现行《保护文学和艺术作品伯尔尼公约》(1971年修订);

(3)《巴黎公约》指现行《保护工业产权巴黎公约》(1979年修订);

(4)《著作权法》指现行《中华人民共和国著作权法》(2010年修正);

(5)《专利法》指现行《中华人民共和国专利法》(2020年修正);

(6)《商标法》指现行《中华人民共和国商标法》(2019年修正);

(7)《反不正当竞争法》指现行《中华人民共和国反不正当竞争法》(2019年修正);

(8)《计算机软件保护条例》指现行《中华人民共和国计

算机软件保护条例》(2013年修正)。

说明：这些用语是为了便于引用和识别而对本书经常提及或引用的法律或法规，采取的统一的简化称谓。

2. 有关术语称谓的含义。

(1)"作品"在统一讨论知识产品和知识产权时，与知识产品的含义相同；在分类讨论知识产权时，仅指著作权客体；

(2)"文学艺术作品"同"文艺作品"，"理论学术作品"同"思想作品"；"文艺作品"和"思想作品"是知识产品大类用语，在讨论一般问题时使用，在具体讨论著作权客体的时候用"文学艺术作品"和"理论学术作品"；

(3)"治理原则""法治原则"和"基本原则"同义，从社会或经济运行角度讨论时用"治理原则"，从社会法律制度角度讨论时用"法治原则"，从法律规范角度讨论时用"基本原则"。

说明：之所以在不同的地方使用的称谓会有所不同，是出于论述共同问题和个别问题以及问题领域的需要，这样也便于读者识别讨论议题所在领域。

3. 有关理论用语，包括笔者新定义的用语和引用的学术用语请阅读有关章节内容。

龚大春
2020年6月8日于怡然园

目录 CONTENTS

序 / 001

第一章 当代科学与科学思维 / 003
第一节 当代科学 / 003
第二节 当代哲学 / 007
第三节 当代科学思维 / 017

第二章 知识产品 / 025
第一节 知识 / 026
第二节 知识产品 / 037
第三节 知识产品的价值构成 / 055

第三章 知识产权 / 096
第一节 知识产权的概念和特征 / 096
第二节 知识财产的价值和价值构成 / 105
第三节 知识产权制度的历史正当性 / 115
第四节 利益平衡理论评析 / 125

第四章 知识经济与知识产权制度基本原则 / 135
第一节 经济形态及其演变 / 135
第二节 知识经济的特征和概念 / 139

第三节 知识经济的基本规律 / 147
第四节 知识产权制度的基本原则 / 156

第五章 著作权原理 / 166
第一节 作品 / 166
第二节 著作权 / 174
第三节 著作权制度的基本原则 / 177

第六章 专利权原理 / 181
第一节 技术 / 181
第二节 专利权 / 193
第三节 专利权制度的基本原则 / 198

第七章 商标权原理 / 202
第一节 商标 / 202
第二节 商标权 / 214
第三节 商标权制度的基本原则 / 216

第八章 其他知识产权原理 / 220
第一节 其他知识产品 / 220
第二节 其他知识产权 / 230
第三节 其他知识产权制度的基本原则 / 237

第九章 现行知识产权基本制度评析 / 241
第一节 国际知识产权基本制度评析 / 242
第二节 我国知识产权基本制度评析 / 258

参考文献 / 276

"人类科学史上经历了三次大的科学革命，相应实现了三次科学世界图景和科学思维方式的大变革。第一次科学革命迎来了实体实在论世界图景的科学实现，培植起了实体思维方式；第二次科学革命迎来了场能实在论世界图景的科学实现，培植起了能量思维方式；第三次科学革命迎来了信息系统复杂综合的世界图景的科学实现，培植起了信息思维的科学思维方式。"[1] 如今，第三次科学革命带来的信息系统复杂综合的世界图景已经生动地呈现在我们面前。然而，新的科学思维方式和研究范式在很多社会科学领域还没有确立，传统社会科学固有的思维方式和研究范式还有强大的惯性，还在传承和固守"文明成果"。加之，新的科学思维方式和研究范式还在孵化成长，对传统思维方式和研究范式还没有产生颠覆性效果，许多社会科学领域还是第二次科学革命后的"图景"，在活跃的社会实践面前已经捉襟见肘。那么，"我们不得不追问一下：现行的或大家提出的各种经济制度，到底能为最大限度地利用科学造福于人类提供多大机会?"[2]

知识产权自从产生以来已经走过了三个多世纪，如果从其萌芽状态算起则更久远。但是，也就是近几年来，它才显现

---

[1] 邬焜："信息哲学的若干基本理论"，载《陕西广播电视大学学报》2008年第1期。

[2] [英] J. D. 贝尔纳：《科学的社会功能》，陈体芳译，商务印书馆1982年版。

出对经济和社会的明显的越来越大的推动力量。如今，知识产权领域无疑是社会经济和法治活动中最为活跃的领域之一，这个领域至少横跨经济学和法学两大学科。而我们却并没有真正彻底反思和重构基于现代科学成果的知识产权制度设计，只是不断地"挖掘""复兴"源头思想，并修补、添加和解释现有现象。所以，无论是经济学领域，还是法学领域，虽然很多学者努力探索，借助古今中外的各种"理论"左支右突，相关研究"成果"却始终跟不上知识产权实践，既不能有效解释和应对知识经济形势，也不能有效解决知识产权司法问题。其根本原因就是我们还没有真正培育起适应第三次科学革命的科学思维方式，没有发现研究对象的本质和运动规律，没有确立合理有效的知识产权治理原则。可以说，某种程度上，我们是拿着近代的制度设计图纸套用于当代的经济和社会建设工程！我们需要梳理总结第三次科学革命的成果，在此基础上建立当代科学思维方式，并以当代科学思维方式为指导，开展我们的知识产权理论研究和知识产权司法实践。

CHAPTER 1 第一章
当代科学与科学思维

人是思想动物，人类的一切实践活动都是在意识的支配下进行的。科学是人类进步的阶梯，科学思维是实践活动中正确意识的保障，如何建立和拥有科学思维是我们必须解决的首要问题。

科学思维建立在对世界科学认识的基础上，属于科学世界观基础上的认识论范畴。而对世界的科学认识又有赖于社会实践和科学研究的成果，当且仅当社会发生了重大变化和科学研究有了重大成果的时候，新的科学世界观才能产生；当且仅当新的科学世界观产生的时候，新的科学思维才能产生；当且仅当新的科学思维产生后，重大变化过程中的社会实践才能得到科学的指导，人类才能少走弯路，才能正确地迈向新的文明。

第一节　当代科学

今天，我们知道甚至切身感受到，当代科学已经远不是牛顿和达尔文时代的图景了。量子论、相对论奠定了当代物理学的基础和基调，基因理论掀开了生物学甚至生命科学的新篇章，系统论、信息论和控制论直接推动了以信息技术和生物技术为代表的新技术革命。我们处在知识大爆炸时代，而且，这个爆炸还在看不到尽头地加速地持续！我们处在社会大变革时代，而且，这个变革也是在不断地加速地持续！持续的大爆炸、大变革使我们目不暇接，疲于应付，兴奋而困惑！我们甚至没有时间整理科学思绪，也没有时间整理社会秩序，我们就这样被裹挟着奔跑，不知道跑向何方，也不知道为什么奔跑和如何奔跑！

一、"不确定"的当代科学

人类关于世界的认识自从摆脱了神学的束缚后就再也没有停歇。在哥白尼、牛顿、达尔文之后，人类没有因为布鲁诺的惨死而却步，也没有因为牛顿最终求助于上帝的"第一推动力"而放弃。相反，后来者们几乎同时把目光投向了更遥远的太空、更微小的颗粒和更复杂的机体内部。

天文学似乎一开始就是研究"世界"的，不仅仅是因为它的研究对象的宏大，还因为它的每一个成果都会改变我们对世界的认识。自从哥白尼把人类的目光引向地球之外以后，人们发现的早已不仅仅是太阳和太阳之外的银河系，也不仅仅是发亮的恒星，还有云雾般的星云、不发光的黑洞，而它们都是某一点在某个瞬间大爆炸的产物，而且某一天还要"坍缩"回去成为一点，就像气球膨胀后又放了气一样。人们甚至能够计算出地球的年龄，还执着地去探索另一个适合人类居住的"地球"，只是迄今还只能栖息在地球上，时不时做着带着地球流浪宇宙的梦。

物理学领域，在伦琴发现 X 射线以后，科学家们沿着射线一路向前，直至 20 世纪中叶都在纠结于波与粒的争论，好在爱因斯坦的波粒二象性说最终止息了这场争论。不过，牛顿定律肯定是不能成为普遍的"定"律了，除了"此时-此地"的存在，一切都是薛定谔的不确定和测不准。相对论和量子论则似乎在宏观和微观两个世界都支持了这种不确定性，并导致了一系列重大发现。

生物学领域，达尔文总结了生物适应环境并演化的基本规律，然而，孟德尔却另辟蹊径，坚持研究生物演化的内部原因，发现了遗传和突变。后来者一路追踪，发现了基因和基因突变的随机性。至于将物理化学应用于生物学研究产生的医学成果更是令人喜出望外，国际上关于生命科学的各个板块争先恐后，脑科学、神经科学的成果还直接推动了人工智能产业的发展。与此同时，我们对许多疾病甚至莫名的小小病毒仍然束手无策，一个新冠病毒就能让整个世界陷入恐慌、危机和倒退。

科学也没有止步于原有的研究领域，因为好奇心和工业社会的驱使，人们把目光投向了一个个感兴趣的或有利可图的领域。其中，最为亮眼的是20世纪中叶以来信息科学的出现和发展，它改变了科学体系的整体格局和面貌，对人类的科学体系产生了颠覆性影响。随着香农的《通信的数学理论》、维纳的《控制论（或关于在动物和机器中控制和通信的科学）》和贝塔朗菲的《一般系统论：基础、发展和应用》几乎同时发表或出版，对当代科学产生综合而深远影响的信息论、控制论和系统论宣布诞生，随着耗散结构论、协同论、突变论和超循环论等科学成果的跟进，世界的科学和社会图景也随之一变，信息社会快速来临。如今，人们丢了手机或者离开网络，就像数百年前甚至几十年前被丢到荒山野岭一样恐慌。手机带给人们极大的便利和无穷的知识、信息，社会等级在虚拟世界被最大限度地拉平，人们活得更加明白。手机让人们在现实世界更加离散孤独的同时，也使人们在虚拟世界无限关联。每个人都成为"自媒体"，成为一个个真假信息发布者，社会系统充满了不确定性,不知道哪一个"自媒体"会引爆又一个社会事件。

二、确定的当代科学

无论是从当代科学的现有结论看,还是从它的未来走向看,当代科学带给我们的似乎都是"不确定性"。世界充满了各种可能性,没有任何必然性,我们只能"确定"此时此地的你我,而不能预料下一秒钟的你我,就看上帝怎么掷骰子了!果真如此,科学还有什么意义呢?还是回到上帝的身边,一切听从上帝的召唤吧!那里至少能让我们的灵魂安息,而不至于徒劳地四处奔波游走,牛顿不就是最好的先例吗?

然而,我们走得太远,回不去了!来路本来就是背叛上帝的"歧途",没有回路。再说,上帝一定对我们非常失望,认为我们是一群不听话的野孩子,不会收留我们了。我们只有向着科学的彼岸,一路走到黑了!

其实,科学就是解决"不确定性"的,只要是科学,那就一定解决了某个或某些不确定性。毫无疑问,当代科学取得了巨大进展和成功,解决了近现代科学百倍千倍以上的不确定性。比如:

(1) 我们还不知道宇宙有没有中心或者中心在哪里。但是,我们已经确定,地球和太阳都不是世界的中心,宇宙在很多因素的作用下不断演化,万有引力可以得到相对论的解释,与上帝无关。[1]

---

[1] 参见 [英] W. C. 丹皮尔:《科学史——及其与哲学和宗教的关系》(下),李珩译,商务印书馆 1975 年版,第 135~137 页。"由此可知,相对论已加强了最新原子理论所得的结果。牛顿的动力学仍能预测物理现象至高度的精确,仍能解决天文学家、物理学家与工程师的实际问题,但作为最终的物理概念,他的理论只留其荣誉于历史中了。""希尔伯特证明:按照相对论原理,万有引力的作用在于使时空的总曲率成为最小值,或如惠特克(Whittaker)所说:'万有引力不过是代表宇宙要伸直自己的一种连续努力而已。'"

(2) 我们还不能确定世界有没有终极粒子或者终极粒子是什么。但是，我们已经能够确定量子力学的几个"定律"，我们甚至已经开始研究量子通信技术，并取得了实际进展。[1]

(3) 我们还不知道人类意识的所有密码，也不知道世界还有哪些组成要素。但是，有一点是确定的，"自然科学家们大概都同意：世界由三种（三元）或两种（二元）客观存在的基本事物构成"[2]，即客观世界至少由物质、能量和信息三要素组成，而且世界是一个个系统形式的存在。[3]

(4) 我们还不知道地球上的第一个生命体是什么，又从何而来。但是，我们已经知道，一个远离平衡态的开放系统会通过与外界的物质能量交流获得"负熵流"，进而实现系统的有序化和自组织，无机界和有机界都遵循这一规律。[4]

…………

每一个科学进步都是确定性的增加，我们已经拥有了关于世界的太多的确定性。当然，我们又面临更多的不确定性，这只能说明我们的科学和文明进步了。

第二节　当代哲学

哲学是时代精神的精华，"是社会生活与政治生活的一个组

---

[1] 参见"中国科大潘建伟等科学家在光量子计算领域取得进展"，载 https://tech.sina.com.cn/d/i/2019-12-26/doc-iihnzahk0149794.shtml。

[2] 张勤："知识产权客体之哲学基础"，载《知识产权》2010 年第 2 期。其中，三元即物质、能量和信息，二元即物质和信息，三元中的物质和能量因质能关系统一为物质。

[3] 魏宏森、曾国屏：《系统论——系统科学哲学》，清华大学出版社 1995 年版，第 107~180 页。

[4] [比] 伊·普里戈金、[法] 伊·斯唐热：《从混沌到有序——人与自然的新对话》，曾庆宏、沈小峰译，上海译文出版社 1987 年版，第 355~373 页。

成部分：它并不是卓越的个人所做出的孤立的思考，而是曾经有各种体系盛行过的各种社会性格的产物与成因"。[1]人类告别初民不久，以孔子、老子、德谟克利特、柏拉图、亚里士多德等为代表的人类的先哲们，曾经在一片荒野上苦苦思考世界的本质、规律和人类的来龙去脉，形成了流传千古的朴素的哲学思想，及时对与他们共同生活的人们进行了启蒙，成为各种文明的文化底蕴和灵魂，深刻地影响着后来者的文明进程。

从文艺复兴到工业革命结束的几百年间，思想家们放眼世界、回顾历史，在批判中世纪、吸收包括进化论和细胞学说及能量守恒理论在内的自然科学成果的基础上，纷纷阐发关于世界和人类的新的看法，形成了以培根、笛卡尔、卢梭、康德、黑格尔、费尔巴哈和马克思等为代表的哲学家。这一时期的哲学思想同样深刻地影响了人类的社会变革和文明进程，人类在更广阔的世界更加自由地发挥自己的智慧。[2]

一百多年过去了，当代科学已经远不是昔日的样子了，"现代社会"也已经步入后期，进入"后现代社会"了，新的时代需要新的精神的精华。

一、哲学的反思与重构

工业革命在欧美结束后，科学技术在新的社会实践基础上继续推进。同时，新的社会问题逐渐暴露，后来的西方哲学家们，一方面在前人的基础上，在本体论、认识论和方法论等领域就现象、本体、存在、价值、伦理、逻辑、语义、美学、神、

---

[1] [英] 罗素：《西方哲学史》，马元德译，商务印书馆1976年版，美国版序言。

[2] 参见 [英] 罗素：《西方哲学史》，马元德译，商务印书馆1976年版，第5~11页（绪论）。

真理、人的本质等等问题进行了深入的研究；另一方面也对前人的思想和现实的社会问题进行了深刻的反思和批判，形成了存在主义、经验主义、意志主义、批判理性主义、分析哲学、实用主义、历史主义、法兰克福学派、新托马斯主义和结构主义等流派和实证主义（科学主义）、非理性主义（人本主义）两大思潮。[1]

在形形色色的哲学流派中，值得注意的是20世纪60年代后兴起的后现代主义思潮。后现代主义以反叛现代整体性、强调人的主体性为基调，排斥本质和中心，崇尚经验和多元。该思潮在包括西方马克思主义在内的前述流派中多有反映，表达了对现代性的普遍的反叛情绪。[2]

二、当代科学的哲学启示

哲学的素材并不只有科学（甚至主要不是科学），还有丰富的社会实践。但是，自从科学摆脱神学以来，尤其是工业革命以来，科学对哲学的启示作用越来越大。当代科学也不例外，当代科学的每一个大的进步都会引起哲学上的思考。

（一）当代科学的本体论启示和对辩证唯物论的确证

1. 关于世界的本源的争论

关于世界本源或本质的争论，自古希腊哲学家德谟克利特提出原子论以来就持续不断，而且主要可以分为唯物的和唯心的两大类观点的争论，直到巅峰状态的黑格尔的绝对理念和费尔巴哈的感性直观都没有结束。不过，费尔巴哈之前的争论，

---

[1] 参见刘放桐等编著：《新编现代西方哲学》，人民出版社2000年版，第2~6页（绪论）。

[2] 参见［英］克里斯托弗·巴特勒：《解读后现代主义》，朱刚、秦海花译，外语教学与研究出版社2015年版，第158~191页。

唯心的观点总体上一直处于主导地位，这是由相对落后的科学发展水平和社会生产实践导致的。此后，唯物论借助近现代科学成果和工业革命的成就一路高歌，以至于唯意志论者尼采直接宣布"上帝死了！"，昭示了客观唯心主义的终结。然而，量子论和信息论产生后，一度取得主导地位的唯物论似乎面临新的严峻挑战，被尼采宣布死了的上帝似乎又以量子或信息形式复活！而且，幽灵一般的量子或者信息相对于直观的物质世界显然处于主导和统治的地位，灵魂不灭的观点似乎正在被量子理论所证明。当代科学再次以谜一般的世界吸引着神学家、哲学家的目光和普罗大众的好奇心！

然而，量子不过是能够表示某物质特性的不可分割的最小单元，并不是整个世界的本源，不是德谟克利特或者伊壁鸠鲁所说的"原子"。而且，客观世界最小的存在形式恐怕既不是"粒"也不是"波"，而是波粒二象性的。所以，在科学上，我们还不能确定世界的"本源"是什么。

2. 客观世界统一于物质

在科学上，信息论、系统论和控制论论证了客观世界是由物质、能量和信息三要素构成的系统。[1]科技工作者已经能够对三要素进行测量计算，能够对它们进行转换和传输，还能够控制系统的运行。信息科学、系统科学都已经转化为实实在在的技术和社会生产生活实践。不管世界的终极"本源"是什么，就像蒸汽机证明了牛顿力学一样，具体科学技术和社会实践已经证明了信息论、系统论和控制论。

信息论、系统论和控制论并不是某一具体领域的科学理论，而是横跨所有学科的横断科学理论，因而具有直接的思想方法

---

[1] 这里的物质不是哲学上的"客观存在"的物质，也不是作为构成要素的什么"质料"，而是人们可以感觉到的实体，是可以感知的切切实实的存在物。

的意义，系统哲学和信息哲学正是在此基础上产生的。所以，这些横断科学应该是我们在当代科学基础上寻找哲学启示的最近的最好的素材。

关于客观世界的三要素，我们已经知道，在物质与能量之间，能量与物质可以相互转化，而且遵守能量守恒和转化定律，所以，能量与物质是统一的。而且，在现实性上，能量统一于物质，能量以物质形式实现其现实的存在。在物质与信息之间，信息是物质的表征，以物质为载体，所以，信息与物质也是统一的。而且，在现实性上，信息统一于物质，信息以物质形式实现其现实的存在。由于能量和信息都统一于物质，那么，参考和借助等量代换原理可以得出，信息与能量也是统一的。而且，在现实性上，能量和信息都统一于物质，都以物质形式实现其现实的存在。所以，在现实性上，客观世界统一于物质。

神经科学、脑科学和信息科学已经证实，意识是人脑中的信息存在形式，是人脑收集、加工和存储的信息。不过，这里的信息已经不仅仅是物质的信息，而是客观世界三要素的任何要素或任何要素之间的信息。因而，可以是物质的信息、能量的信息，也可以是信息的信息，或者它们之间关系的信息，总而言之，可以是一切客观存在的信息。所以，意识与存在的关系本质上是信息与存在的关系，是信息与物质、能量和信息的关系，因而是存在与存在之间的关系。如果把"存在"置换成哲学上的"物质"，则世界的本质就是物质的、客观的或唯物的，而不是意识的、主观的或唯心的。

所以，虽然我们并不能知道世界的"本源"是什么，或者在哪里，但是我们可以知道，世界的本质是物质的。结合量子论和相对论对物质的运动属性和时空统一性的证明、系统论对相互联系和普遍与特殊的证明、耗散结构理论对系统自组织和否定之否定的证明等,应该说,辩证唯物论得到了当代科学的更高层次的证明和充实。

(二) 当代科学的认识论启示和对真理标准的确证

1. 当代科学的认识论启示

有什么样的世界观就有什么样的认识论,辩证唯物主义世界观只能有辩证唯物主义的认识论。被当代科学证明和充实了的辩证唯物主义应该更加自信地、更有高度地指导人们如何认识世界。

认识论的基本问题是认识的本质、规律和真理问题,也就是哲学史上的意识的本质、知识的获得或形成,以及真理的绝对、相对和检验等问题,其中包括世界的可知不可知问题。当代社会实践和科学似乎没有理会这些哲学的争论,而是兀自大步向前,这倒是给我们留下了不少启示。

关于认识或意识的本质,上文已经讨论过,它就是人脑中收集、加工和存储的信息。这个基于当代科学的认识,与传统的意识是客观世界在人脑中的反映这一本质认识并不矛盾,而是在当代科学成果的基础上作了明确定位。"反映"并不是一种客观存在,一方面,不能概括事物的"本质";另一方面,意识、认识乃至知识都会"主观"化,不能获得独立地位,不能被证明,这就给不可知论和唯心论留下了空间。而"信息"却是一种客观存在,将彻底解决"反映"论的上述两个方面的问题,而且,还彻底地一并解决了意识与存在的关系问题,彻底清除了唯心论和二元论,这是当代科学的重大贡献。

2. 真理的检验标准

关于知识的获得和真理的检验,当代科学自身的研究路径无论是实验的,还是实证的,或者是逻辑思辨的,都与通过实践获取知识或真理这一根本原则不矛盾或者一致。比如,量子论被实验和正在研发的量子通信技术所证明；相对论虽然思辨性极强，却通过有关实验和计算结果得到证明；系统论、信息论和控制论除了本身具有直接的思想方法意义之外，还得到了大量部门科学和社会实践的证明。

如果我们把真理定义为人们关于客观世界的本质和规律的正确认识，那么，在前述当代科学的成就下，我们还可以进一步证明实践是检验真理的标准，而且是唯一标准。现在，我们已经知道，真理作为人的认识是一种信息，一种人脑中的关于客观世界的信息。这个信息是否正确，关键就是看它是否与客观世界一致。那么，首先，这个信息不能自己证明自己，即不能通过人脑中自行的运行，比如分析的或概括的、演绎的或归纳的等逻辑或思辨的方法证明，而必须回到客观世界证明自己。其次，由于这个信息存在于人脑中，不是外在的客观存在，不能与客观世界直接比对。而且，客观世界的本质和运动规律也不是外在的客观存在，而是内含于客观存在及其运动过程，并由人脑抽象思维加工而得，因此也无法比对。所以，真理这个信息只能通过人持有和使用这个信息，并对象化到相应的客观世界及其运动中的活动验证真理信息的客观符合性，这个活动就是马克思主义所说的实践。可见，当代科学进一步确证了实践是检验真理的唯一标准这个真理！

（三）当代科学的价值论启示

科学和价值是人类认识的两大领域，换句话说，科学是科学，价值是价值，两者不是一回事。然而，在人类的思想史上，两者却形影不离，从来就没有分开过。

人类告别蒙昧时代后，就有人抬头望天，低头看地，从对世界的朴素认识中提出上帝造人、天人合一的思想。虽然在这一思想中人类还只是上帝的创造物或上天的子民，没有独立的地位，但是，关于世界的认识一开始就是与关于人的认识相关联的。这个时期没有什么有关价值的理论，但是，供奉神灵、敬天敬地是人们的头等大事，为上帝或上帝的臣民战斗牺牲就是英雄。

文艺复兴以后，尤其是随着日心说、进化论、牛顿力学理论的提出和工业革命的推进，人的自我意识快速觉醒发展，价值理论也快速形成和发展。日心说否定了上帝的主宰地位，人成为人；进化论提供了食物链和相对于人类的价值链图景，同时支持了平等、自由和竞争性公平的社会价值；牛顿力学和工业革命使人更加相信实力、更加自信地面对自然。

如今，当代科学较之近现代科学已经有实质性进步，像系统论、信息论和控制论这类颇具思想方法意义的横断科学都已经出现，并在科学研究和社会实践中大放光彩。当代科学自然会对我们的价值理论产生影响。

系统论揭示了世界的系统化存在形式，耗散结构论揭示了系统的有序化倾向、自组织功能和负熵的系统作用，信息论揭示了信息对消除不确定性和系统有序化的作用。这些科学成果可以在价值论方面给我们以下启示：

1. 价值的自然本质

由于世界是系统化的存在，而系统具有有序化需求，价值就是对系统有序化的效用。有价值就是有利于系统的有序化，否则就是无价值或负价值。人是高级复杂系统，系统的有序化需求会通过意识信息反映出来，表现为动机和目的。而且，人的意识一旦形成，就会以复杂的信息形式存在而具有相对独立性，进而在人这个系统内部形成生理系统和精神系统。所以，人的系统的有序化会表现为生理系统和精神系统两个方面或层次的有序化。

2. 价值主体和客体

由于客观世界是系统化的存在，人、社会和自然界都是系统。在社会系统内部，一个个人既是一个个系统，又是社会系统的要素，人与人之间相互作用和联系，构成社会系统。所以，人是独立的个体，又是相互联系的个体，又是隶属于系统的要素。那么，在社会系统内部，相对于人这个主体的价值而言，价值不是单向的，而是相互的或共和的。在个体之间是相互的，互为价值主体和客体。在个体与系统之间则是共和的，系统的价值与个体的价值在共同的基础上和谐，这既表现在系统价值是一个个个体共同价值的总和，也表现在系统的价值须与个体的价值共同而和谐存在，当个体的价值与系统价值不能共同而和谐存在时，要么系统抛弃或损坏个体，要么个体脱离或破坏系统。推而广之，在包括社会系统在内的自然系统中，人类社会系统与其他生物系统和整个生物系统，直至有机无机系统和整个自然系统之间，就最广泛的价值而言，也遵循社会系统内部的价值规则。

3. 价值计量

由于系统有序化直接取决于负熵的增加，那么，相对于既定系统，价值大小就是负熵的多少。熵原本是热力学函数，表示温度与能量之间的关系。后来，负熵被伊·普里高津（又译为伊·普利高津）使用，实际上就是使系统有序化的信息的能量，简称有序能。所以，价值的计量依据就是有序能。

（四）当代科学的方法论启示

1. 世界观和价值观共同决定方法论

中国自古有道与术的说法，西方也有科学与技术的提法，它们说的就是世界观与方法论，或者知识与方法的关系。所以，关于知识对方法的意义，或者关于科学对方法论的意义并不需要多说。何况，系统论、信息论和控制论在某种程度上已经展现了当代科学的直接的方法论意义。[1]这里需要提醒的是，方法论不仅仅取决于科学认识，还取决于价值观。正是这个原因，笔者把方法论问题放在价值论之后讨论。

哲学上一般并不讨论价值与方法的关系，但是会讨论目的与手段的关系，目的与手段的关系正是价值与方法的关系在哲学上的表达。通常认为，目的决定手段，手段实现目的。有什么样的目的就有什么样的手段，目的与手段具有一致性。然而，稍微回顾一下，我们就会发现，同样是解决肚子饿的问题，原始人去摘果子或者狩猎，农耕时代是人力种田或者饲养动物，工业时代则是机械化种植或饲养，我们则马上又要智能化了，知识和科学技术时刻提供着解决饥饿问题的手段。我们还会发现，有的人根本就不摘果子、不耕种，而是自己或者发动一帮人到别人家去偷去抢去骗，这在动物世界很正常，在人类社会也不鲜见，甚至一直伴随着整个人类历史，所以，价值观也时刻伴随着解决饥饿问题的手段。所以，手段是由知识和目的共同决定的，方法论是由世界观和价值观共同决定的。

2. 当代方法论

当代科学向人类揭开了新的世界图景，也深刻地或必将深刻地变革人类社会的价值观，我们的方法论必将发生变革。

纵观当代科学成果，最有方法论启示意义的当属系统论。系统论揭示了人类社会的系统存在及其与自然系统的子系统与母系统的关系，也就规定了社会成员之间的相互价值关系、社会成员与社会系统之间的共和价值关系、社会系统与其他自然子系统之间的相互价值关系，以及社会系统与自然系统母系统

---

[1] 参见金观涛、华国凡：《控制论与科学方法论》，新星出版社2005年版，第1~5页（序言）。

之间的共和价值关系。那么,人类在对社会系统进行有序化和自组织,解决自己的生存与发展问题时,就要利用系统科学、信息科学、控制科学和所有科学知识,妥善协调人与人、人与社会和人与自然的关系,采用系统工程的方法,系统工程法应该是我们最基本的方法。[1]

第三节　当代科学思维

人作为智慧动物,思维是人区别于其他动物的本质活动、也是人的各种活动中最为重要的活动。随着社会的进步,知识的发现、学习和运用越来越重要,人的本质特征在社会内部也越发明显,思维越来越成为社会活动中最为基本、最为重要的活动。

人类一直在思维,也一直在思考着如何思维,逻辑学就是从语言角度专门研究思维的。正确的思维对知识的发现、学习和运用都有重要作用。

一、思维的当代含义

（一）思维是人脑的自然本质活动

思维作为人脑的高级活动,在诸如语言等第二信号系统产生以前,只是简单的形象思维。虽然人脑已经高度进化,但是,

---

[1] 参见赵少奎编:《现代科学技术体系总体框架的探索》,科学出版社2011年版,第72~76页。"综合集成方法的理论基础是思维科学,方法基础是系统科学和数学科学,技术基础是以计算机为主的现代信息技术和网络技术,哲学基础是辩证唯物主义的实践论和认识论。"（72页）"从系统观点来看,任何一项社会实践或工程都是一个具体的实际系统,是有人参与的实际系统。实践对象是个系统,实践主体也是个系统（人在其中）,把两者结合起来仍然是个系统。因此,社会实践是系统的实践,也是系统的工程……系统论实际上是直接指导工程或实践的哲学理论。"（74页）"因此,总体设计、综合集成方法、系统工程特别是社会系统工程技术紧密结合起来,就成为系统管理方式的核心内容。"（72页）

人们满脑子存储的都是外界事物的音像。音像集聚多了，它们之间的客观联系被人脑朦胧地"感知"，人脑就产生不同音像联系起来的图像或旋律，这就是形象思维。人们甚至会在生活的地方留下这些单个的和相互联系的图像，也会模拟动物的声音动作，分散在世界多个古代文明地区的古老的岩画和舞蹈就是人类最早的美术作品和舞蹈作品。

慢慢地，单个的和相互联系的音像被以象形或拟声的粗陋的符号记录下来，渐渐地就形成了语言。同时，语言刺激人脑细胞，在人脑中存储积累，渐渐地，人脑产生了对语言的反应、记忆和处理功能，人的第二信号系统就产生了。第二信号系统产生后，人类就可以不再依赖外界形象存储处理信息了，依赖语言的抽象思维得以产生，人们可以通过现象思考事物的特点、属性和关系，先哲们所说的"水""火"已经不再是某个水域、某团火焰，而是具有特定属性的抽象物。不仅如此，语言产生后，人类的知识得以传承和积累，人类的知识得以快速增加，抽象思维得以快速发展，人类得以加速告别蒙昧时代。

（二）思维是人脑处理信息的生理活动

思维是人脑的自然活动，但是，当人们告别蒙昧时代后，反躬自省，却不能解释自己大脑中的东西，也解释不了外界的雷鸣闪电。人们求助于神灵，思维与神灵鬼怪一样不可"思议"。少数先哲从语言着手，分析梳理了语言的法则和逻辑，亚里士多德甚至还发明了三段论，实际上研究了思维规律，开创了思维科学。近现代哲学家们没有间断对思维规律的研究，黑格尔的《逻辑学》就是个里程碑著作，在形式逻辑基础上探讨和开创了辩证逻辑。[1]

---

[1] 参见 [德] 黑格尔：《逻辑学》（上卷），杨一芝译，商务印书馆1982年版，第6~23页（第二版序言）。

信息科学、脑科学的产生和发展掀开了思维研究的崭新面貌。人们认识到，思维不是什么神灵鬼怪，思维的主体不是，思维的对象也不是，思维是可以琢磨的，是有规律可循的。而且，思维也不仅仅是语言的事，思维的规律不仅仅在语言之中。

脑科学研究发现，意识的核心器官是丘脑。因为丘脑可以合成并释放一种叫"丘觉"的东西，丘觉释放后被丘脑外面的样脑产出的样本点亮就产生了意识。意识的传输则是靠神经元及其突触完成的，而且整个神经系统是由神经回路和化学调制两种形式对信息进行处理的。科学家还发现，人脑的各个部分是有不同功能的，前额叶具有精神功能，后额叶具有思维功能，顶叶、颞叶和枕叶主要是感觉功能。脑科学的成果已经在脑部疾病、精神疾病和人工智能等领域得到验证和应用，并取得可喜成果。

信息科学则论证了信息的客观存在、信息的传输、信息的计量和处理等理论和技术，也推动了当代科学革命和信息社会的快速形成。信息科学的结论被脑科学应用，也得到了脑科学的验证，与脑科学产生了共鸣，脑型机器人是它们联姻的产儿。

概而言之，信息科学和脑科学揭示了：①思维的物质基础是人脑，具体为人脑的额叶，思维是人脑的生理活动；②思维的对象是信息，思维是处理信息的活动。所以，思维的本质是人脑处理信息的生理活动，这就是思维的当代含义。

(三) 思维是人的第一实践活动

既然思维是人脑处理信息的生理活动，那么，思维也是人的对象性活动。只不过，这里的对象是信息，而不是物质，被对象化的是脑力，而不是体力。当这种对象性活动是有目的的时候，它就有了实践性质。当这个目的是为了满足人的生活需求的时候，它就是劳动。有生活需求目的的对象化的脑力活动我们叫做脑力劳动，有生活需求目的的对象化的体力活动我们叫做体力劳动。二者具有共通性，即都是劳动，都是人的最基本的实践活动。由于脑力劳动与体力劳动在物质基础、劳动对象和劳动成果等方面都截然不同，劳动特点和遵循的规律也必然是不一样的。又由于体力劳动总是在脑力劳动之后，并是在人脑支配下进行的，我们可以把脑力劳动称为第一实践，体力劳动称为第二实践。

但是，在现有哲学框架内，脑力劳动叫作思维，思维的成果是信息产品，被叫作知识，都属于现在所说的认识范畴；体力劳动才是曾经所谓的劳动，劳动的成果是物质产品，叫作产品，属于现在所说的实践领域。所以，在现有哲学框架内，第一实践与第二实践之间的关系，属于认识与实践的关系范畴。

二、当代科学思维

（一）辩证的系统思维

意识是自由的，它可以没有任何束缚，也可以无所遵循，思维也可以这样。但是，当思维是为了解决某个问题的时候，也就是有目的的第一实践的时候，思维必须有所遵循，真正的胡思乱想从来就没有解决过实际问题。同所有的实践活动一样，思维要想解决问题，实现目的，就必须遵循思维的规律，要科学地思维。

近现代科学成果确证了孕育于古代先哲的辩证法和辩证思维，辩证思维反过来又极大地促进了现代科学的进步。当代科学已经给了当代哲学许多新的启示，我们应该有当代的科学思维。

如前所述，系统论、信息论和控制论无论是在本体论，还是认识论、价值论和方法论方面都对辩证唯物论予以了确证、充实和丰富。它们本身也具有直接的思想方法意义,最有方法论意义的当属系统论,系统思维应该是辩证思维的当代特征,辩证的系统思维应该是当代科学思维。

辩证的系统思维既是辩证思维,也是系统思维,而且首先是辩证思维,其次是系统思维。之所以是辩证思维,因为客观世界是辩证的存在,万物之间是辩证的关系,非辩证思维就不能揭示事物之间的关系;之所以是系统思维,因为客观世界是系统的存在,万物之间表现为系统的关系,非系统思维就不能揭示事物之间的关系;之所以首先是辩证的其次是系统的,因为世界万物之间的关系首先是辩证的关系,系统的关系只是由当代科学发现的辩证关系的一种表现形式。

辩证思维的要求就是辩证法的观点在思维上的体现。辩证法在黑格尔、马克思和当代马克思主义文献中都有论述和表达。中国近百年来的社会实践基本上都是辩证思维指导下的实践,中国共产党的思想路线是辩证思维的具体表达,诸如矛盾的观点、联系的观点、发展的观点等很多观点和提法,甚至在我们普通民众中都耳熟能详。所以,关于辩证思维,这里不再讨论。

(二) 系统思维

系统思维是系统理论在思维上的体现。系统理论在联系的观点和发展的观点两个方面直接充实丰富了辩证法,提出了系统联系的整体性、客观性和层次性的观点,以及系统发展的开放性、目的性和结构性的观点。[1]作为当代横断科学理论,系统论还涵盖或贯通着信息论、控制论、耗散结构论等当代科学思想,这都是我们的系统思维应有的遵循。

系统思维的总体要求就是,看待和研究一个事物,要有系

---

[1] 参见魏宏森、曾国屏:《系统论——系统科学哲学》,清华大学出版社1995年版,第201~283页。

统的观点。具体为：①在坚持联系的观点的基础上，要看到和分析系统要素之间的作用和依存关系，要看到和分析系统的整体性和内部结构性、层次性，还要看到和分析要素本身系统性和系统相对于外环境系统的要素性，既不能孤立地、片面地看问题，也不能单向地、碎片化地看问题；②在坚持发展的观点的基础上，要看到和分析系统自身的目的性和对外环境系统的开放性，还要看到和分析系统的连续性和阶段性，既不能静止地、封闭地看问题，也不能割裂历史地或截面式地看问题。

（三）信息思维

除了系统论及系统思维，还应该提及的是信息论和信息思维。信息论对辩证法并没有直接的贡献，但是信息论对传统哲学的几个方面都有启示和贡献，特别是对客观世界构成要素的发现和对认识论的启示，我们应该至少在当代及以后一段时期内，突出信息思维，应该把信息思维作为当代科学思维的重要特点。

信息论揭示了客观世界不但有物质和能量要素，还有信息要素，信息还有自己的特点和运动规律。[1]信息思维就是在看待和研究事物的时候，要有信息的观点。既要看到物质和能量，又要看到信息；既要看到物质、能量和信息单个的方面，又要看到它们相互联系的一面。所以，既要从物质和能量角度和维度分析研究，又要从信息角度和维度分析研究，还要从信息与物质和能量的相互关系角度和维度分析研究，信息思维的最大特点就是信息的角度和维度。

信息思维与系统思维是不同的思维，却是相互协调的当代思维，信息思维反映的是当代思维的角度和维度，系统思维反

---

〔1〕 参见邹志仁主编：《信息学概论》，南京大学出版社2005年版，第1页。

映的是思维的方法。所以，信息思维要有系统思维的方法，系统思维也要有信息思维的角度和维度。信息思维和系统思维的结合可以在传统的辩证思维的基础上形成全新的当代科学思维，这将极大地促进和革新我们的科学研究和社会实践。

三、科学思维与价值思维

值得一提的是，在社会科学研究和社会实践中价值与科学思维的关系问题。人类思想史上一直有科学主义与人文主义两条思想路线，或者两大主流思潮。科学主义把人类社会看作自然界的一个部分，立足于自然科学的研究和对人类社会的贯通和运用；人文主义则把人类社会独立于自然，立足于人的价值探究和对自然科学的利用。由于二者的角度和维度不同，二者虽然相互影响，却各走各道，谁也说服不了谁，谁也没有说服谁，更谈不上推动社会实现马克思所说的"自然主义和人文主义的统一"。

其实，科学的每一次进步都会影响或变革人们的价值观，而价值观的变化也会影响人们的思维，进而影响科学进程。尤其是在社会科学研究和社会实践中，价值观从来就是思维的出发点和落脚点，因为价值观本质上就是人的系统的有序化需求的自我认识，只有认识到自己的需求，才能表现为动机和目的，才能产生行为活动。所以，人在行为之前或行为过程中总是要考虑自己的有序化需求，总是有意无意地体现自己的价值观。价值从来就是思维的基本角度和维度，但是，人们并没有清晰地认识到价值思维的存在，价值思维应该成为人的实践活动中与科学思维并列的同样重要的思维。

价值观不会影响没有涉及人的主观因素的研究对象的本质或规律性研究的思维，因为那里是纯粹的科学问题。但是在研究涉及人的主观因素的问题，比如人的行为及其相关问题的时候，价值问题就必须进入我们的思维，而且是作为基本的方面进入思维的，因为价值决定着行为的方向，时刻伴随着行为的过程和科学知识的运用。所以在社会科学研究和社会实践思维中，科学思维应该包括价值的角度和维度，否则，就不可能产生科学有效的社会科学理论和社会实践方案。如果把价值的角度和维度的思维叫作价值思维，那么，社会科学研究和社会实践的科学思维还必须包括价值思维。

CHAPTER 2 第二章
知识产品

　　任何科学研究都要从具体研究对象开始,所以,具体研究对象的概念就是科学研究的起点。而研究对象的概念必须基于研究对对象本质的发现,研究对象本质的要素有两个:一个是该对象的属,一个是该对象的结构性特征。对象的属包含和限定了对象的存在领域,知道了对象的属就能知道研究对象的一般属性和基本活动规律,就能知道对象的一般性本质,研究就不会陷于盲目和混乱。对象的结构是研究对象之所以得以独立存在的依据,是研究对象的特性、功能和特有活动规律的客观基础,所以,把握了对象的结构性特征就是把握了对象独立存在的本质,研究就不会陷于空泛和教条。

　　商品是商品经济的细胞,当代知识经济发源于工业经济,且与工业经济一样在市场经济中成长、运行,知识产品是知识经济阶段的市场经济的细胞。知识产品的生产、流通和消费(使用)是知识经济的生产活动和经济活动的核心,正如农业产品或工业产品是我们研究农业经济或工业经济的起点一样,知识产品是我们研究知识经济的起点。

第一节　知　识

一、知识定义的若干表述

关于知识的研究历来主要是哲学家的事情，但是，很难找到哪个哲学家在研究中对知识给出明确的定义，倒是一些辞书和一些教育学者或社会学者乐于或不得不对知识下定义。比如《辞海》对知识的定义是："知识是人们在社会实践中积累起来的经验"，即知识是一种"经验"，这可以说是我国学者对知识的基本理解。对于这个概念，不用说，一定会有强烈的反对意见，因为它与人们在学校课堂学到的知识的"经验"差距太大。人们在学校学习知识的"经验"是：知识主要不是自己的经验，也不完全是他人的经验，而常常是归纳、演绎甚至想象的结果。哥白尼的日心说、达尔文的进化论和爱因斯坦的相对论都是无法"经验"的。当然，这里会涉及关于"经验"的定义和理解问题。

丹尼尔·贝尔认为："知识是对事实或思想的一套有系统的阐述提出合理的判断或者经验性的结果，它通过某种交流手段，以某种系统的方式传播给其他人。"[1]根据这个定义，丹尼尔·贝尔认为知识是一种"结果"。这是令人费解的用语，只是"结果"之前加上了"判断或经验性的"等限定词，算是与人的认识过程联系起来，让人知道这个"结果"大体上是怎样一个东西，而且在"经验"之外多了个"判断"，似乎更全面了一些。

经济学者对知识的研究当推美国的布里茨·马克卢普，但

---

[1] [美] 丹尼尔·贝尔：《后工业社会的来临——对社会预测的一项探索》，高铦、王宏周、魏章玲译，新华出版社1997年版，第35页。

是，他在《美国的知识生产与分配》一书中也没有明确给出知识的定义，只是认为知识有已经知道的知识和正在认知的知识两种含义，而后着眼于知识的分类。他对知识从数个角度做了分类，比如基础知识和应用知识、作为产品的知识和作为消费对象或投资对象的知识或作为成本的知识等。[1]看来，布里茨·马克卢普在研究其课题的时候心无旁骛，一心要解决的就是那一堆知识是如何生产和分配的，框定知识的外延就可以了。我国的高洪深教授则在梳理了认识论和知识学的知识定义后认为，"知识是经验、信息、工具、逻辑和思想创意的数字符号系统"，[2]把认识论和知识学的多层次内涵杂烩到一起了。这个概念只能使人对知识的认识更加模糊，对知识经济和知识产权的研究并无裨益。

与本书关系直接相关的关于知识的阐述是经济合作与发展组织（OECD）1996年的年度报告《以知识为基础的经济》。该报告指出，知识包括人类创造和拥有的一切知识，具体有：

（1）是什么（Know-what），指关于事实方面的知识；

（2）为什么（Know-why），指原理和规律方面的知识；

（3）怎么做（Know-how），指操作的能力，包括技术、技能、技巧和诀窍等；

（4）是谁（Know-who），指对社会关系的认识，以便可能接触有关专家并有效地利用他们的知识，也就是关于管理的知识和能力。

这个划分也是西方学者的普遍方法，代表西方学者对知识

---

[1] ［美］弗里茨·马克卢普：《美国的知识生产与分配》，孙耀君译，中国人民大学出版社2007年版，第12~24页。

[2] 高洪深编著：《知识经济学教程》，中国人民大学出版社2010年版，第27页。

的基本理解。在这四类知识中，（1）（2）类知识是人的认识和行为的对象方面的知识，（3）（4）类知识是人和人的行为方面的知识，这完全符合人类认识和实践的关系状况。所以，可以进一步把它们概括为一切关于事物的状态和原理的知识、关于人们行为的方案和管理的知识，进而再概括为两类知识，即关于人们的行为对象即事物的知识和关于人们行为方式的知识。其中，前者通常称为科学，后者通常称为技术。这个分类与乔尔·莫基尔的观点是一致的，他认为："有用知识可以表述为两类知识。一是关于'什么'的知识，或者是命题（propositional）知识，也可以说是信念，这是关于自然现象和规律的知识。这些知识可以用来生成关于'如何'的知识，即那些指导性或是指令（prescriptive）知识，我们也可以称之为技术"。[1] 不过，《以知识为基础的经济》和乔尔·莫基尔都只是对知识的外延进行了划分，而没有直接给出知识的定义。

综上可见，关于知识的定义已经遇到了瓶颈。人们似乎已经碰到了天，至于知识的天空之外是什么、有什么，知识属于什么和处于什么位置，则一片空白！从学术角度看就是：知识已经是一个基本范畴，而这个范畴之上的范畴（属），也就是知识的本质是什么，不得而知！

二、知识与信息

知识作为一种客观存在，是人类认识活动的结果。人类认识活动在20世纪50年代之前一般被认为属于人类的精神活动，至于精神活动的本质又是什么，就涉及唯物与唯心的世界观问题了。在信息论被提出以后，人们逐渐认识到人类的认识活动

---

[1] [美]乔尔·莫基尔：《富裕的杠杆：技术革新与经济进步》，陈小白译，华夏出版社2008年版，第35页。

实际上是人脑对信息的处理活动,电脑就是基于这种认识的重大发明。"人的认识活动就其本质而言乃是一个以信息(自在信息、主客体信息的相互作用、主体认识结构中凝结的生理和心理信息)为中介的信息活动(对信息识辨、储存、加工改造、再生性创造)过程。"[1]如今,信息社会的概念和意识已经深入人心,而且,随着网络技术、信息技术的快速发展,人们已经切切实实地感受到信息的重要性,甚至整天就生活在"虚拟世界"中,忘记了身边还有硬邦邦的物质世界了,我们需要"信息思维的科学思维方式"了[2]。否则,越来越多的现象将无法解释,越来越多的问题将无法解决,我们将不再属于自己已经闯入的世界。

既然人类认识活动是一种信息处理活动,那么,作为被处理的对象和结果都只能是信息。知识是人脑处理信息的结果,知识只能是一种信息。这个观点早就有人提出,今天也几乎是人们可以体验的事实。"知识是人的大脑通过思维重新组合的系统化的信息的集合。"[3]"客观存在的离散的信息在人的思维中经过一定的积累、分析、比较、判断、归纳和重组,人认识到特定信息对于某些特定事物及其特定属性的对应关系,从而完成了初始人化态信息的知识化过程。"[4]至于信息又是什么,并不属于我们要讨论的,也不是我们能够讨论的范畴。但是,这不妨碍我们关于科学研究的思路的正确选择。任何科学研究都要从具体研究对象开始,所以,具体研究对象的概念就是科学

---

[1] 邬焜:"信息哲学的若干基本理论",载《陕西广播电视大学学报》2008年第1期。
[2] 邬焜:"信息哲学的若干基本理论",载《陕西广播电视大学学报》2008年第1期。
[3] 夏甄陶:《认识论引论》,人民出版社1986年版,第236页。
[4] 叶艳鸣:"信息的基本形态",载《四川图书馆学报》2002年第3期。

研究的起点。而研究对象的概念必须基于对研究对象的本质的发现,这就要揭示对象的属和结构性特征。

如前所述,关于知识的结构性特征人类已经有了一定的把握,对知识的外延更是有了比较清晰的界定。但是,关于知识的属,虽然在哲学家尤其是信息哲学家那里是清晰的,在知识经济学者和知识产权学者那里却并不清晰。这是具体学科领域和应用理论领域中不该发生的现象!具体学科和应用理论理应关注哲学研究的最新成果和经济社会发展的最新进展,理应享有沿用哲学研究成果和接触经济社会发展现实的双重优势,理应向哲学研究和经济社会提供理论资料和治理策略,而知识经济学者和知识产权学者却尚未清晰自己研究对象的属,可以想见,学界关于知识经济社会的治理策略的建议难免乏善可陈。

所以,关于知识是一种信息,我们必须有一个清晰的认识,而且要予以强调。我们要认识到,当代科学已经揭示了客观世界的物质、能量和信息三要素系统存在的形式。哲学意义上的物质作为一种客观存在,包括科学意义上的物质、能量和信息三种具体存在形式,实际上正在形成物质、能量和信息三要素为客观存在的辩证系统世界观。由于物质和能量的一体化存在现实,在信息哲学家那里,"存在=物质+信息〔自在信息+精神(自为、再生信息)〕"。[1]

我们过去的自然科学对物质和能量投入了充分的精力,有了足够的收获,以至于人类已经能够上天入地。近几十年来,人们越来越关注信息,以至于信息社会已经来临,新的技术革命已经发生,虚拟世界和智能化生活已经成了人们的具体体验。"信息科学的发展、信息经济与信息社会的崛起,使我们有必要

---

〔1〕 邬焜:"信息哲学的若干基本理论",载《陕西广播电视大学学报》2008年第1期。

从物质生产、精神（包括知识）生产、人本身生产、人的交往方式的生产的综合尺度上来探讨人类生产和生产力的信息活动的本质。"[1]知识作为人类智慧的成果，是人脑这个物质系统对信息处理后的系统化信息，也是信息世界的精华。从知识所在的客观存在体系来看，知识的属不可能是物质，也不可能是能量，更不是什么别的下一阶位或者没有"属"的基本属性的"范畴"，因而既不是什么"经验"，也不是什么"结果"，只有且只能是信息。

三、信息的形态

根据信息哲学家的研究，信息有不同的存在形态，邬焜先生认为有自在、自为和再生三种形态。[2]黎鸣先生认为有自然信息和文化信息两种形态，[3]叶艳鸣先生认为有原生态信息和人化态信息两种。其中，再生信息是"思维过程所产生的区别于自在、自为信息的新的信息"。[4]文化信息是"一切经过人类利用语言、文字、符号、图像等方式加工过的自然信息"。[5]人化态信息包括"初始人化态信息、知识态信息、科学态信息和非科学态信息"。[6]由于邬焜先生的分类是站在元哲学的高度从信息活动过程角度对信息本体形态的概括，并不简单地以"人"的介入因素和程度为标准，哲学范畴的特征清晰明显，所

---

[1] 邬焜："信息哲学的若干基本理论"，载《陕西广播电视大学学报》2008年第1期。
[2] 邬焜：《信息哲学——理论、体系、方法》，商务印书馆2005年版，第53~55页。
[3] 黎鸣：《信息哲学论》，陕西科学技术出版社1992年版，第26页。
[4] 邬焜：《信息哲学——理论、体系、方法》，商务印书馆2005年版，第55页。
[5] 黎鸣：《信息哲学论》，陕西科学技术出版社1992年版，第26页。
[6] 叶艳鸣："信息的基本形态"，载《四川图书馆学报》2002年第3期。

以，邬焜先生的分类符合我们关于知识和后面的知识产品概念所属范畴的寻找方向和要求。

按照邬焜先生关于信息形态的分类，不难看出，知识是一种再生信息，这样，我们关于知识的属的认识就往前推进了一步。再生信息根据信息形成过程不同又可以分为概象信息和符号信息。其中，概象信息由人脑的形象思维产生，符号信息由抽象思维产生。概象信息"已经不是个别外界认识对象的直观反映，而是诸多同类认识对象共同本质特征的形象反映（称类概象），或诸多不同类认识对象不同特征的硬性组合的形象反映（称幻概象）"。[1]符号信息也有两种：简单符号信息和复合符号信息。对应抽象思维的是复合符号信息，只有人类才能产生；简单符号信息，人类和较高级的动物都有。复合符号信息是"高度抽象的符号信息，或由某些相关的符号信息的合乎逻辑的特定排列组合组成的新的符号链信息"。[2]很明显，知识并不是一个个概象或者一个个概象的集合，也不是一个个零散的没有关系的符号或者符号的堆积，而是"由某些相关的符号信息的合乎逻辑的特定排列组合组成的新的符号链信息"。所以，知识是一种复合符号信息，复合符号信息是知识最近的属。

四、知识的概念

知识的属是复合符号信息，只要我们再正确揭示知识的结构性特征就能完整把握知识的本质，就能完整揭示知识的内涵，知识的定义就水到渠成了。

知识的结构性特征需要通过对知识的分析获得，这就要首先界定知识的外延，即知识有哪些形式的信息存在。经济合作

---

[1] 邬焜：《信息哲学——理论、体系、方法》，商务印书馆2005年版，第55页。
[2] 邬焜：《信息哲学——理论、体系、方法》，商务印书馆2005年版，第56页。

与发展组织（OECD）1996年的年度报告《以知识为基础的经济》对知识的划分是国际公认的划分方式和种类，依据该报告的划分，知识的外延包括事实、原理和规律、操作能力和社会关系等四个方面。笔者从认识论的角度又把这四类知识概括为关于人们的行为对象即事物的知识和关于人们行为方式的知识两大类。这两大类知识，从人的认知心理角度对应于陈述性知识和程序性知识，这就涉及人类关于知识的认知结构了。

陈述性知识包括表征、概念和命题，程序性知识包括"做什么"和"如何做"。其中，表征是对事物状态的描述，是人类通过感觉器官获得经过人脑形象思维处理的关于事物状态的信息；概念是关于事物本质的揭示，是人类通过人脑抽象思维处理的关于事物本质特征的信息；命题是关于事物关系的揭示，是人类通过人脑抽象思维处理的关于事物之间关系的信息；"做什么"是关于人的行为方向的描述，是人类通过人脑的抽象思维处理的关于人的价值需求的信息；"如何做"是关于人的行为方式的描述，是人类通过人脑的抽象思维处理的关于人的行为方式的信息。

可见，这些知识的认知结构是不同的，相应地作为认知结果的知识的信息结构也是不一样的，主要是因为信息所对应的事物的数量、信息所对应的事物状态的层次、信息所对应的主体行为方向和方式不一样，因而信息的量、信息集聚度和分布、信息链接形式等都是不一样的。我们现在已经可以通过数字编码对几乎任何一种信息进行编译和传输，无论是文字的还是图像的，也无论是静态的还是动态的。从事编译工作的人都知道，信息越少越简单，编码也是越少越简单。相反，信息越多越复杂，编码也是越多越复杂。作为知识的信息也是这样，这都是因为知识的信息量和结构不同导致的。可以这样说，有多少知识就有多少不同的信息量和信息结构。那么，要弄清所有知识的结构性特征，就要从这些不同种类的知识中总结出所有知识的共同的而又区别于知识之外的信息的结构性特征。

首先，所有这些种类的知识都有一个共同的特征，那就是都必须通过一定的结构把各种信息联系起来成为一个信息系统，系统性就是知识的最为突出的结构性特征。比如表征虽然描述的是事物的状态，但是，只有系统化的描述才是知识，单纯的零散的信息传译并不是知识。"湛蓝的天空"是人类语言对天空颜色的描述，但这不是知识，而是关于天空自然信息的人工传译。而"天空湛蓝，天气晴朗"同样是对天空和天气的描述，但是，这里"天空湛蓝"反映了"天气晴朗"的特征，是两种现象之间的关系，这就要经过人脑的思维，需要分析总结，所以，是人类认识的结果，就是知识。就这么简单的两个现象之间的关系的知识也是系统化的信息，因为已经有了两个现象的信息集聚和联系，同时，还有人脑关于晴朗天气的多个特征的判断。概念和命题，以及"做什么"和"怎么做"则更是多个现象、属性、需求和方式信息的集聚和联系，是多元信息的多方位联系，系统化特征更加明显和突出。

知识信息的系统化根源于人类认识对象的系统化存在。系统论已经揭示了包括人类在内的客观世界是一个个不同类别、层级和过程的系统，要想正确认识一个事物，就要有对这个事物的系统化揭示，否则，就会陷于片面、肤浅和过时。虽然未经人脑处理的自然信息是散在的、表面的和即时的，虽然人们关于事物的片面的、肤浅的和过时的"知识"也是知识，但是，客观世界的系统存在对知识信息的系统化特征的规定则是毋庸置疑的，系统化是知识信息区别于自然信息的基本特征。需要提起注意的是，这里的事物不仅仅是实体的"物"，还包括物的

第二章 知识产品

运动过程,即"事"。这里的"事"不仅仅是人类的行为,还包括物的运动,所以,"事物"不但是系统,而且是动态的系统。

其次,所有这些知识都是人脑思维的结果,都是人类认识活动的结果,因而所有知识都通过符号形式记载、处理和传播,符号性是知识的第二大特征。人类对声、光、电、味等刺激信息反应系统构成人类的第一信号系统,人区别于其他动物的重要生理特征是人类还有第二信号系统,人类还有可以表达自己情感和思想的第二信号——符号、图像等。其中,通过抽象思维产生的复合符号信息主要表现为语言符号形式,知识就是其典型代表。

科学早已发现,除了人类之外,不同种的动物还有各自不同的"语言"。鸟有鸟语,蚁有蚁语,猩猩有猩猩的语言,但是,还没有发现哪种动物用自己的语言去思考、记载和传播自己的"心得",从而能被同类同辈或下一代共享,人类之外的动物的语言还只是自然状态的自然语言。也正是这个原因,即便像大猩猩这样的比较高级的动物,虽然年长者具有较多的关于土石、树木、果实、昆虫或雷电雨雪等方面的生存知识,有的还非常系统化,比如用树枝掏出树干里的幼虫,但是,大猩猩终究还是生存于自然状态下。可见,人类之外的动物也会有自己的信号系统,也会有自己的"知识",但是,人类之外的动物的"知识"还只是停留在自然语言阶段,与人类知识是不可比拟的。所以,符号化是人类知识区别于一切动物的"知识"的基本特征。

郁焜先生关于复合符号信息的定义能够清楚地印证上述关于知识信息的结构性特征的总结。他认为复合符号信息是"相关的符号信息的合乎逻辑的特定排列组合组成的新的符号链信息"。[1]从字面上看，符号性、逻辑性和组合性就是复合符号信息的结构特征，其中组合性实际上是系统性。逻辑性则是系统化的信息在以符号形式表现后的符号之间的关系特征。所以，符号性、逻辑性和组合性也就是符号性和系统性。也可以说，知识就是复合符号信息，复合符号信息就是知识。

至此，我们不但知道了知识的属是信息，知道了知识的一般性存在的本质，也已经厘清了知识的结构性特征，厘清了知识的独立性存在的本质，知识的概念就水到渠成了。根据定义规则和上述关于知识的一般性存在和独立性存在的本质，知识的定义是：知识是由语言符号所记载、传输的系统化信息。

在这个定义中，之所以用"系统化信息"，而不是"信息系统"，原因在于"系统化信息"表达的是知识的信息本质和系统化特征，而"信息系统"表达的却是知识的"系统"本质和信息特征，两种语词组合表达的含义大不相同。定义中也没有用"复合符号信息"一词，因为复合符号信息所指的或者对应的就是知识，可以说，定义知识也就是定义复合符号信息，所以，用复合符号信息作为属概念来定义知识没有必要，甚至会导致循环定义。再者，复合符号信息的符号性和系统性特征已经通过"语言符号"和"系统化"表达，并成为对"信息"这个最高的属的限定词，后面再用复合符号信息作为属概念就不合适了。定义中也没有用复合符号信息的上位属"再生信息"一词，也是因为再生信息属于信息的一种，在定义知识概念时，我们现在要弄清的是知识在各种客观存在形态中的最高范畴是什么，而并不是在已经弄清楚了知识是一种信息后，去进一步研究知识与再生信息中的其他信息形态的关系。所以，在知道了知识

---

[1] 邬焜：《信息哲学——理论、体系、方法》，商务印书馆2005年版，第56页。

所属的最高范畴之后，关键在于通过分析知识信息的结构性特征，从而找到最高范畴前面的限定词，进而直接在知识所属的最高范畴内下定义。

还需要说明的是，很多关于知识的概念都突出"人类思维""人脑思维"或"智力活动"等，这些提法的好处是能够突出知识的生产者或器官。但是，这些提法都是为了强调知识的形成过程或物质基础，并不是知识的结构性特征。而符号性的提法却是知识的结构性特征的描述，同时能够预示知识形成于人脑或人类思维，其科学性不言而喻。

第二节 知识产品

一、知识产品的称谓

知识经济中最重要的产品是知识产品，但是，什么是知识产品呢？是不是所有的知识在知识经济时代都要成为并被称为知识产品呢？或者反过来，是不是所有的知识产品都是知识呢？经验告诉我们：不是！而且大部分不是！

我们看到，在知识经济中所有能够进行交易的知识产品并没有完全涵盖所有已有知识或新知识，也没有直接以知识产品形式进行交易，而是无一例外地以知识产权形式交易。相反，没有被授予知识产权的知识则是无法进入市场进行交易的，所以，从形式上看，被授予知识产权的进入市场的知识都是知识产品。知识产品离不开知识产权，知识产品天生就得以知识产权客体的形式存在。[1]

---

[1] 何敏教授认为，知识产权客体是一种具有法律上之财产价值的物，是"有构""无质"的"无体物"。同时认为郑成思教授的"信息观"不正确，基本理由是信息还不是作为智力成果的知识。首先，何教授对郑教授观点的总结是有问题

不过，知识产权客体是不是知识产品，或者应该叫什么名字，在法学界却存在智力成果说、信息说、无体物说、知识说、知识财产说和知识产品说等。[1] 其中，信息说、无体物说、知识说突出的是知识产权客体的存在形式；智力成果说强调的是知识产权客体的智力劳动特征；知识财产说表明了知识产权客体的知识属性，并突出其财产性特征，但是，与国际上通行的 Intellectual Property "智慧财产"称谓并不一致，并不反映"智慧"所包含的劳动的智力性和成果的思想性；知识产品说直接表明知识产权客体的知识性和人类劳动的产品性。可见，知识产权客体是什么，甚至应该叫什么名字，并不是一件简单的事，因为这不仅仅是一个称谓问题，不像人的名字就是一个代号，而是涉及知识产权客体的本质问题。[2]

然而，在知识经济领域和经济学界，没有人刻意研究知识产

（接上页）的，郑教授并没有说知识产权的客体是信息，而是说作为知识产权客体的智力成果的"表现形式"是信息，所以，郑教授的观点实际上不是"信息观"，而是"智力成果"观，或者说是"特定信息观"，张勤教授持类似观点，认为知识产权客体是一种特定有用信息。参见张勤："知识产权客体之哲学基础"，载《知识产权》2010年第2期。其次，客体作为权利的对象，应当是物理学上的"物"，而不是哲学上的"物"，因为可权利化的对象须能为人所感知和利用，物质、能量和信息是客观世界的三要素，用信息指称权利客体是没有问题的；最后，"无体物"说肯定了知识产权客体是一种"物"，那么，这个"物"只能是哲学意义上的"物"，既然是哲学意义上的"物"，只要客观存在即可，也就不存在"有体""无体"之说，"无体物"的说法有不能解决的不同范畴之间的矛盾。参见何敏："知识产权客体新论"，载《中国法学》2014年第6期。

〔1〕 齐爱民：《知识产权法总论》，北京大学出版社2010年版，第112页。

〔2〕 参见吴汉东："财产权客体制度论——以无形财产权客体为主要研究对象"，载《法商研究（中南政法学院学报）》2000年第4期。"笔者与其他一些学者曾极力主张建立'知识产品'的理论范畴，即把知识产权的客体概括为'知识产品'。所谓知识产品，是人们在科学、技术、文化等精神领域所创造的产品，具有发明创造、文学艺术创作等各种表现形式，它是与物质产品（有体物）相区别而独立存在的客体范畴。

权客体的名称问题，甚至并不研究知识产权。概因经济学研究的是知识产品的生产、流通、价值计量和使用效率问题，而不会研究知识产权的产生和知识产权制度的正当性问题，所以，往往不会研究知识产品的本质特征，对知识产权客体的称谓也就不会在意。例如，高洪深教授编著的《知识经济学教程》就认为："知识产品是人类在改造自然和社会的实践中，通过支出脑力劳动，依靠知识、智力等要素进行创造性活动的成果，并以一定形式表现出来的一种自然科学、社会科学的成就。"[1]这个定义就是对知识产品的产生背景、生产条件和成果形式的描述，而不是对知识产品本质特征的揭示。

考虑到本书是在知识经济背景下研究知识产品和知识产权的，且很多深层次问题尚未探讨，所以姑且沿用知识产品的称谓，并暂时以此指称知识产权的客体。但知识产品只是作为知识产权客体的称谓，并不妨碍我们关于知识产品本质特征的探讨。

二、知识产品的概念

就存在形式而言，知识产品是知识经济领域的知识性或知识类产品。知识产品的本质特征必然在知识和产品两个维度展开，关于知识产品本质特征的研究也应该循着这两个维度进行。

关于知识产品的特征，高洪深教授的观点有代表性。他认为知识产品的特征有：①知识产品作为某一领域的系统性知识，能够满足人们的精神需要和物质需要。②是创造性活动的成果。③有各自的表现形式，并通过特定的方式对客体产生影响。④在商品经济条件下具有商品的特征，具有价值和使用价值。[2]这是对知识产品从不同角度总结出来的具有代表性的观点。其中，

---

[1] 高洪深编著：《知识经济学教程》，中国人民大学出版社2010年版，第28页。
[2] 高洪深编著：《知识经济学教程》，中国人民大学出版社2010年版，第28页。

特征①概括的是知识产品的知识性和产品性,属于知识产品的一般性存在的本质特征;特征②概括的是知识产品的劳动特点,是知识产品突出的现象,但还不是"特征",因为物质产品和服务产品也常常是"创造性劳动的成果";特征③概括的是知识产品的多元存在形式,并不具有"特征"的"特"性;特征④概括的是知识产品在商品经济条件下的价值特征,是其他形式的产品也会有的"特征",也不具有知识产品的"特"性。所以,高洪深教授的概括是对知识产品本质特征在一般性和独立性两个维度的概括,但存在维度交叉混杂和非本质特征的问题。即便特征②也不是从知识产品的独立性存在的结构角度概括的,而是从知识产品的产生过程角度概括的,因而并不具有"特征"性质。所以,知识经济学领域的代表性观点尚不足以作为我们对知识产品本质特征研究的直接依据。

(一) 知识产品一般性存在的本质

1. 作为"知识"的知识产品一般性存在的本质

如上所述,知识产品离不开知识产权,知识产品天生就得以知识产权客体的形式存在。但是,也很显然,没有被授予知识产权的知识不一定不是知识产品,它们可能是生产者尚未申请知识产权,或者暂时不符合知识产权授予条件,或者是现有知识产权制度还不能覆盖的知识形式。另外,被授予知识产权的也不一定都是知识,像商标和地理标志就不是知识,而只是被标识对象的经营者信息的记载。文艺作品也不见得都是知识,一首诗、一幅画可能只是描写了某个意境,抒发了某种情感,可能让人产生美的享受或情感共鸣,却并不会让人产生知识获得感。它们很难归属于经济合作与发展组织关于知识分类中的任何一类,既不是关于"做什么""怎么做"的知识,也不是关于"为什么"的知识,甚至像印象派或朦胧派作者的作品那样，写的或画的"是什么"都不清楚。可见，在已有的知识产权框架下，知识产品不一定都是知识，知识也不一定都会成为知识产品。在信息范畴内，它们唯一的共同之处是：都是人类智力劳动的成果。从这一点上说，"知识产权"这个称谓也是名不副实的，因为被赋予产权的并不都是"知识"，还有知识之外的其他作为人类智力劳动成果的信息。

所以，知识产品的属并不是知识，而是以知识为核心的信息，但又不是所有信息，而只是其中的一部分。为了后面能够比较方便准确地研究知识产品的生产劳动、价值等相关问题，这里有必要进一步追问什么是知识产品最近的属。

按照邬焜先生关于信息自在、自为和再生三种形态的说法，因为再生信息是经过人的思维过程产生的新的信息，因此，知识产品最近的属应该是再生信息。所以，知识产品与知识的关系并不像字面反映的那样是属种关系，二者在外延上并不是包含与被包含的关系，而是交叉关系。但是，它们有一个共同的属：再生信息。可以这么说，在客观世界的三要素中，知识与知识产品有一个共同的最高的属和本质：信息。在信息范畴之下，知识与知识产品仍然有一个共同的属和本质：再生信息。但是，知识产品并不都是知识，知识也并不都是知识产品。在信息范畴之下，知识产品的一般性本质并不是知识或"知识性产品"，而是再生信息。

2. 作为"产品"的知识产品一般性存在的本质

产品是人类劳动的产物，在传统意义上一般认为是物质产品，"产物"一词就是这种观念的直接体现。我国的《产品质量法》的"产品"就是"指经过加工、制作，用于销售的产品"。即"加工、制作"的物质产品。不过，在经济学领域，产品的外延已经远远超过物质产品的范畴了，"知识产品"一词本身就足以说明。当然,不管是物质产品,还是服务产品、知识产品或信息产品,知识产品必须是一种"产品",必须是人类劳动生产的能够满足人类生产或生活需要的"品",简而言之,必须是劳动产品。

(二) 知识产品独立性存在的本质

1. 作为"知识"的知识产品独立性存在的本质

邬焜先生对再生信息的分类,依据的是信息的形成过程,这种分类能够同时反映不同种信息的结构特征。其中,概象信息是概括性或组合性的形象反映,概象性和组合性是概象信息的结构性特征。简单符号信息只是个别的、偶尔的和零散的信息代码,没有普遍的或稳定的交流功能和传播价值,因而不可能成为知识产品进入社会,简单符号信息不会是知识产品,所以,简单符号信息的个别性和零散性特征与知识产品的特征没有关系。复合符号信息是"相关的符号信息的合乎逻辑的特定排列组合组成的新的符号链信息",符号性、逻辑性和组合性是复合符号信息的结构特征。组合性实际上是系统性,逻辑性和组合性实际上也是系统性,所以,知识产品信息的结构特征可以概括为概象性或符号性和系统性,这个特征也是知识产品作为一种再生信息得以独立存在的本质特征。

知识产品的内涵还可以从知识产权学者对知识产权的定义中得到印证。有学者在梳理了众多知识产权的描述或定义后给出的知识产权定义是:"知识产权是民事主体对特定有用信息的法定财产权和精神权。"[1]即知识产品是一种"特定有用信息",虽然,这里的"特定"从定义角度还需要明确,但其所指的特定有用信息的基本含义与本书知识产品的定义是一致的。

---

[1] 粟源:"知识产权的哲学、经济学和法学分析",载《知识产权》2008年第5期。

2. 作为"产品"的知识产品独立性存在的本质

特征是在比较中存在和被发现的，本质特征还要是内在结构层面的特征。客观存在的世界作为由物质、能量和信息组成的三要素系统，是由不同类别和层级的系统构成的，每一类或每一个事物都是一个系统。要发现一类或一个事物的特征，就要把该事物放到该事物所属的上一层级系统中与其他事物比较。知识产品作为一种产品，它的本质特征就要在相应的人类产品系统中与其他产品的结构性比较中发现。

我们对产品的分类因为经济全球化的原因已经有了全球版本，著名的"尼斯分类"就是根据《商标注册用商品和服务国际分类尼斯协定》制定的，2019年版分类表就把商品分成45类。其中有物质产品，也有服务产品，而且服务产品中就有我们探讨的信息产品和知识产品。比如第42类包括"科学技术服务和与之相关的研究与设计服务；工业分析与研究；计算机硬件与软件的设计与开发"，其中的"提供研究与开发服务""外观设计服务"和"计算机编程及相关服务"等相关产品都是知识产品。这个分类是为了国际贸易的便利基于商标使用和管理对现行市场流通的商品的分类，而不是为了研究人类产品开发的情况，够用就行了。不过，这个分类可以作为我们研究人类产品形态的重要参考。

如果从客观世界的三要素角度，产品可以分为物质产品、能量产品和信息产品，这应该也是最大的分类。但是，我们几乎从来没有"能量产品"的提法，即便像石油、煤炭等已经只是以提供能量为基本功能的产品，我们也把他们归类为物质产品，属于开采出来的"矿物"。这是不是因为物质能量的一体性以及质能转换和能量守恒定律的缘故，不得而知。不过，结合上面的尼斯分类，我们发现，服务产品是涵盖或涉及能量和信息产品的。比如运输、投递服务就是对物质产品的空间转移，服务的基本支出是能量，这种服务产品实际上是能量产品；供电、供气服务直接就是提供能量产品；电信服务提供的产品就有信息产品；研究与开发服务、设计服务、编程服务提供的则都是知识产品。

服务的本意就是对他人的事情提供帮助，服务产品就是将服务产品化，并产生新的社会分工。所以，如果把基本物质生活资料的生产和消费作为人类最基本的活动，那么，农业（含牧业、渔业）之外的包括重工业、商业、金融、电信、教育、科研等所有后来发展的行业都是服务业，它们提供的产品都是服务产品。比如收割机是为农业生产服务的，收割机是工业产品，但却是为农业生产提供服务的服务产品。如果把生活资料的工业化生产与农业生产一起作为基本生产活动，那么，工业就不再是服务业，工业产品也就不是服务产品。以此类推，新的业态往往是在服务于旧的业态中产生的，后来的业态提供的产品就是服务产品。从这个角度可以说，人类文明的发展过程就是服务业不断产生和延伸的过程。也正因如此，服务产品是相对而言的，并不是一个确定的分类，企图在服务产品内部的比较中寻找知识产品的本质特征基本上没有可能。

所以，作为产品的知识产品的特征，还是要在与它所属的产品范畴内的其他产品比较中发现。如前所述，如果从客观世界的三要素出发，产品可以分为物质产品、能量产品和信息产品，在这三大类产品中，知识产品属于信息产品。在当代经济环境下，信息产品早已不是一个陌生的词汇了。不过，估计绝大多数人在听到"信息产品"一词时首先想到的就是手机。这不奇怪，如今的手机已经不是接听电话的通话工具了，手机还可以跨国视频、可以买东西、可以坐公交、可以导航，甚至开门、监护宠物等,手机已经成为人们须臾不能离开的信息终端。殊不知,手机中的视频软件、购物软件、公交软件、导航软件等等手机桌面上的各种软件和支持、连接这些软件的操作系统、网络设施等都是使手机发挥作用的更为重要的"信息产品",没有这些"信息产品",手机将一无是处。

然而,这些"信息产品"并不都是我们说的信息产品,信息产品是指以信息形式存在的人类劳动产品,从信息角度看是"凝结着一定人类劳动的信息"。[1] 所以,手机和网络设备并不是信息产品,而是以物质形式存在的物质产品,手机中的各种软件和系统才是信息产品。

根据桂学文、娄策群二位先生的观点,在信息产品的多种分类中,依据劳动特征划分为:物质型、扩张型和深化型信息产品。其中,物质型信息产品是将同一信息内容和信息量重复翻印而得到的信息产品,这类信息产品类似于物质产品,所以得名,如书刊;扩张型信息产品是不断拓宽其信息内容和范围并且增加其信息含量的信息产品,如数据库;深化型信息产品是对同一内容不断深入加工并且增加其信息量的信息产品,如学术论文。根据对信息的加工深度划分为:零次、一次、二次和三次信息产品。其中,零次信息产品是指搜集而未加工的信息产品;一次信息产品是指经过科学的、创造性的研究而得到的信息产品,如论文;二次信息产品是对一次信息产品进行浓缩编排而形成的信息产品,如书目、索引;三次信息产品是在利用二次信息产品的基础上,对一、二次信息产品进行综合、浓缩加工而成的信息产品,如综述。[2]

---

〔1〕 转引自桂学文、娄策群主编:《信息经济学》,科学出版社2006年版,第124页。

〔2〕 桂学文、娄策群主编:《信息经济学》,科学出版社2006年版,第128页。

在这两种分类中，第一种分类中的物质型和深化型信息产品都是知识产品，只是物质型信息产品把物质载体混合进信息产品而不够科学，扩张型信息产品并不是知识产品；第二种分类中的零次信息产品不是知识产品，其他的都是知识产品。如果按照这两种分类，知识产品与知识产品外的信息产品的关键区别就是是否经过人脑加工，即是否经过人类智力劳动的重构。知识产品是经过人类智力劳动重构过的信息产品，而知识产品外的信息产品都是没有经过人类智力劳动重构的，无论是扩张型信息产品，还是零次信息产品都是如此。所以，重构性是知识产品区别于其他信息产品的本质特征，是知识产品独立性存在的本质。

（三）知识产品的概念

至此，我们知道了知识产品分别作为知识和产品的一般性存在和独立性存在的本质，知识产品的概念就水到渠成了。根据上述对知识产品本质规定性的分析，知识产品的定义是：知识产品是经过人类智力劳动重构的概象化或符号化的系统性信息产品。

在这个概念中，"人类智力劳动重构"描述的是知识产品作为产品的独立性存在的本质特征；"概象化或符号化的系统性"描述的是知识产品作为知识的独立性存在的本质特征；"信息产品"描述的是知识产品作为知识和产品的一般性存在的本质特征。定义中没有用"劳动产品"描述知识产品作为产品的一般性存在的本质特征，因为"人类智力劳动"和"产品"能够清楚且具体地体现"劳动产品"这一本质特征。定义中也没有用"再生信息"描述知识产品作为知识的一般性存在的本质特征，因为"概象化或符号化的"已经把后面的"信息"限定为"再生信息"，而"系统性"则又剔除了再生信息中的简单符号信息,所以,后缀词直接用再生信息的上位范畴"信息"即可,否则,将会导致同义反复的逻辑问题。

三、知识产品的分类

分类是把握事物外延的重要方法,也是进一步把握事物本质的重要步骤和对事物进行进一步研究的重要基础。前文已经根据《以知识为基础的经济》的报告对知识进行了分类。由于知识产品与知识的内涵和外延并不相同,所以,知识的分类并不能直接成为知识产品的分类依据。

根据前述知识产品的概念,结合知识产品的结构特征,知识产品的共同特征和本质是"人类智力劳动重构"的"系统性信息产品",差别的是"概象化或符号化的"。所以,以知识产品的结构特征为标准可以把知识产品分为概象化知识产品和符号化知识产品两类。这应该是对知识产品最基本和最直接的分类,因为其分类的标准是产品的信息结构和表现形式。但是,无论是知识经济学界,还是知识产权学界,迄今都没有这种分类。比如,有学者从知识产品的内容和功能角度把知识产品分为"科学研究成果,制度、组织、管理创新成果,技术与物质产品,以及文化产品"。[1]而更多的是没有分类,或者对照知识产权的类别作倒推式分类。

而现今的知识产权制度无疑对知识产品起到确认作用,甚至可以说是先有知识产权制度,后有知识产品,因为后面我们会看到没有知识产权制度,知识产品寸步难行。所以,现今的知识产权客体已经在法律层面对知识产品进行了分类。根据联合国《建立世界知识产权组织公约》的规定,知识产权有包括

---

[1] 张守一、葛新权主编:《知识经济概论》,中央广播电视大学出版社1999年版,第90~103页。

"关于文学、艺术和科学作品的权利"等在内的八类权利，其对应的人类智力劳动成果或标识性作品有六类。那么，也可以说从法律角度，最广泛的知识产品可以分为这六类，即：文学、艺术和科学作品；表演艺术家的演出、录音和广播等演绎作品；发明；科学发现；工业品式样；商标、服务商标、厂商名称和标记。

不过，其中的科学发现权是不是知识产权，在学界一直有争议。支持者的基本理由是发现权同时具有人身权和财产权，与其他知识产权无异。但是，支持者混淆了财产权和获奖权。发现权的基本内容是获得荣誉和奖金的权利，与其他知识产权的署名权和专有性使用权完全不同。当然，关键点是财产权的客体不同，发现权中所谓"财产权"的客体是奖金，而其他知识产权的财产权的客体是知识产品本身。所以，发现权并不是严格意义上的知识产权。

在此，为了便于后面关于知识经济中知识产品的价值和知识产权问题的讨论，需要在《建立世界知识产权组织公约》列举的范围内，从知识产品的劳动过程进行分类。由于知识产品对于人类的价值决定于知识产品的内容，包括内容的性质和创新程度，而知识产品的内容和创新程度又反映了并决定于知识产品生产劳动的形式和智力投入。所以，从知识产品的劳动过程角度对上述知识产品可以作出如下分类：

（1）思想性知识产品，后文统称"思想作品"。这一类产品的现有形式如学术著作、论文等，其表达的是人们对自然、社会的本质和规律的真理性认识，它反映了知识产品生产劳动的理性思维过程。

（2）文学艺术性知识产品，后文统称"文艺作品"。这一类知识产品的现有形式如小说、诗歌、书画、戏剧、电影等，其表达的是人们对世界的美的认识和情感体验，它反映了知识产品生产劳动的感知转换过程。

（3）技术性知识产品，后文统称"技术作品"。这一类知识产品的现有形式如技术、管理方案等，其表达的是人们对事物本质、规律和自身需求的双重认识，综合反映了知识产品生产劳动对思想性知识产品的创造性运用和劳动的目的性。

（4）标识性知识产品，后文统称"标识作品"。这一类知识产品的现有形式如商标、商号、地理标志等，其表达的是人们对特定事物的确定性认识，反映了知识产品生产劳动的独特性。

这里在大类知识产品称谓上一律用"作品"，而不用"产品"，主要是基于两点考虑：一是所有的知识产品都是智力劳动成果，都有不同程度的创作性，不存在或没有必要存在相同的知识产品，这一点与物质产品有本质区别，用"作品"一词就是要体现这种区别；二是所有的知识产品都是某种智力成果的表达形式，形式上都是一种作品，纯粹的认识、思想、情感或理念等并不能成为知识产品，所以，"作品"一词可以体现知识产品的这一形式特征。

四、知识产品与人类社会产品系统

知识产品作为当今知识经济的最重要产品，正如知识经济是自农业经济和工业经济发展而来一样，也是从农业产品和工业产品中逐渐演化发展而来，只是今天成为倍受关注的独立的产品形态而已。所以，知识产品与农业产品和工业产品既有显著区别，也有必然的联系。

（一）知识产品与农业产品和工业产品的区别

知识产品是相对于农业产品和工业产品而言的人类劳动产品，知识产品相对于农业产品和工业产品的特征有：

1. 信息性

即知识产品以信息形态存在。知识产品是信息形态产品，而农业产品和工业产品都是物质形态产品，这是知识产品与农业产品和工业产品的最大区别，根源于物质与信息的自然本质不同。由此，又可以因为信息的可共享性而延伸出知识产品的单个产品可共享性特征，物质产品则因为其物质性而延伸出的是单个产品的独占性特征。

2. 创造性

即知识产品由创造性智力劳动生产。知识产品的生产"原料"是已有知识或信息，结果是新知识。知识的加工、生产和创造只能靠人的智力劳动，人的体力和研发设备只是必要的物质条件。所以，从劳动角度看，知识产品是人的创造性智力劳动产品。这有别于农业产品和工业产品，农业产品和工业产品基本上是体力劳动产品或体力劳动与一般性智力劳动的混合产品。

以上是知识产品区别于农业产品和工业产品的自然特征，作为人类社会的劳动产品，从产品作为人与人之间关系的对象化的角度看，在当代知识经济环境下，知识产品还有一个社会特征，即：知识产权的依赖性。

3. 依赖性

即知识产品的产权须经法律确认，并在知识产权的呵护下进入市场和社会。农业产品和工业产品被生产出来的时候就可以直接进入市场，以产品形式交易，从法律角度讲，生产者生产出产品的时候就直接获得对产品的物权。而知识产品是以信息形式存在的产品，具有信息的共享性特征，必须先获得法律授予的具有垄断性特征的知识产权后才能进入市场和社会。否则，生产者直接把知识产品投入市场或直接使用，就意味着在没有保护的情况下直接公开知识产品，这无异于自弃，当然也就不会有人来购买没有被授予知识产权的知识产品。所以，知识产品被授予知识产权是其进入市场和社会的前提条件，知识产品的财产权须经法律确认才能获得和有效行使。也正是在这个意义上，知识产品市场被称为知识产权市场，在这个市场里，双方交易的既是知识产品，又是垄断性商业使用权，即知识产权。

这个特征又可以延伸出知识产品的同样产品唯一性特征，因为知识产品获得知识产权后即取得垄断性地位，能进入市场交易的只能是获得知识产权的知识产品，其他的同样产品不能进入市场，市场中的同样产品只能有一个。而物质性产品则不同，可以而且有必要批量生产和批量进入市场，具有同样产品可批量性特征。

我们还可以比较、总结出一些知识产品的其他特征，但是，上述三个特征具有根本性，知识产品和知识产权的一切属性都能从中找到根据。

（二）知识产品与农业产品和工业产品的联系

1. 知识产品是农业产品和工业产品中知识部分的独立形态

在传统的农业生产和工业生产中，虽然人的创造性智力劳动不多或不重要，农业产品和工业产品中的创新技术含量不大，但不可能没有人类的创造性智力劳动，不可能没有劳动者的创新技术因素，甚至在个别、局部、偶然的情况下还很重要，比如种苗和一些手工产品乃至机械产品生产中的培育技术、手艺和生产技术。只是，其中的创造性智力劳动要求还没有达到一定程度，其中的创新技术因素还没有被突出和普遍重视，也不能或不知道如何在社会范围内使用、处理和保护其中的创新技术因素，一些有突出价值的创新技术常常以创新者自我保护方式进行保护,手工业历史中家传秘方类的商业秘密相对较多就是这个原因。

但是,随着工业经济的发展,创新成为工业生产的生命线,创新技术大量增加且层出不穷,创新技术因素的地位也空前突出。再后来,信息社会来临,大范围的大量的创新技术通过秘方式商业秘密的自我保护十分困难,社会层面的知识产品形态逐渐独立,相应的知识产权制度逐渐建立,创新技术因素在知识产权的关照下走进了市场,成了与农业产品和工业产品并列的产品形态即知识产品。

2. 知识产品依赖并服务于农业产品和工业产品

知识产品是信息形态产品,不能被人们直接物质性消费,独立出来的知识产品必须通过人类的物质性劳动转化成物质性产品才能最终进入人类的消费领域。所谓"技术发明通过技术创新实现商业化应用。没有实现商业化应用的发明,不可能转化为直接的、现实的、物质的生产力"。[1]即便部分知识产品,如文艺作品无需转化而能作为人们的精神消费品,但鉴于物质性消费在人类生活中的决定性意义,知识产品在人类生活中的地位只能依赖于农业产品和工业产品等物质性产品。所以,"知识产品从物质生产领域讲都是中间产品,因为它为物质资料的生产注入活力、提高品质;从精神生产领域看,它可能是中间产品,也可能是最终产品"。[2]

知识产品作为农业产品和工业产品中创新技术因素的独立形态,知识产品的开发、利用可以促进农业产品和工业产品的生产,包括新品种的生产和旧产品的改造以及生产效率的提高

---

[1] 赵玉林:《创新经济学》,中国经济出版社2006年版,第15页。
[2] 参见孙伯良:《知识经济社会中的价值、分配和经济运行》,上海三联书店2008年版,第98页。

等，这种"促进"实际上是知识产品在更大程度和更广范围上对农业产品和工业产品的服务作用。所以，"如果说，农业经济与工业经济时代人们生产和消费原生自然物质性的使用价值，如米饭、棉毛织品、传统建筑物、甚至汽车，那么，知识经济时代的现代人则以生产和消费以自然物质性能深度开发和重造而形成的崭新消费品和崭新科技性使用价值为特征"。[1]

（三）人类社会产品系统

农业产品、工业产品和知识产品的上述既区别又联系的关系，使这三类产品在人类社会系统中形成满足人类需求的产品系统。在这个产品系统中，农业产品是核心，因为农业产品能够直接满足人类的基本物质需求，也是工业产品中生活消费品生产的基本原料。工业产品是为农业产品的生产提供工业化的高效率的生产工具，或者是农业产品的物质改变形态，或者是满足人类基本生存需求之外的物质需求产品，本质上是服务于农业产品的生产和对农业产品的补充。知识产品则是农业产品和工业产品的新品种、新方式，本质上是服务于农业产品和工业产品的生产的。所以，这三类产品虽然因为人类生产力的发展而同时存在并形成系统，但相对于人类需求而言，各种产品的意义是不一样的，各种产品在产品系统中和社会系统中的地位是不一样的。

这个产品系统是人类需求结构及其实现方式的外在表现，需求是产品系统形成的动力之源，当然，也是产品系统的起点和归宿。不同的生产劳动是产品系统形成的途径，当然，也是产品形成的途径。所以，这个产品系统实际上连接人类的另外两个子系统，即需求系统和生产系统，这三个系统的联动运行满足了人类生命系统的基本运行需要。

---

[1] 刘诗白："论科技创新劳动"，载《经济学家》2001 年第 3 期。

五、知识产品消费与知识产权制度

（一）知识产品消费

从社会范围看，一切经济行为的最终目的在于满足人类消费需求。根据消费对象的不同形式，消费包括物质消费、能量消费和信息消费，不过，我们传统的分类是物质消费和精神消费。实际上，传统的物质消费包括物质消费和能量消费，精神消费则是信息消费的一部分，而且一般而言，物质消费在先，精神消费在后，精神消费是消费的高级阶段。

物质消费的对象是物质产品，知识产品无法直接用于物质消费。所以，知识产品只有通过物质生产过程才能转化为物质产品，进而实现其相对于人类物质需求的使用价值。结合上面关于知识产品的分类，能够进入物质生产过程转化为物质产品的是技术作品。

精神消费需要读取知识性信息，知识性信息在传统媒体时代必须通过物质载体储存和传播。因此，能够作为精神消费的知识产品，如文学艺术作品，必须转化和附着到固定的物质载体上储存和传播。这种情况在互联网时代改变了，储存和传播不再通过固定的物质过程和形式，而是不固定的网络和计算机或手机终端，知识产品传播的范围不断扩大、速度加快，消费群体和时效性也发生了巨大变化。能够直接进入精神消费的有思想作品和文艺作品。

标识作品能够满足人们对特定事物确定性认识的需求，这种需求不是物质需求，也不是传统意义的精神需求，而是信息需求。所以，标识作品的消费是一种信息消费，而且，后面我们会看到，这种信息实际上是产品生产管理信息。产品生产管理信息是伴随产品的，标识作品正是附着于产品之上发挥作用的，所以，标识作品的消费也必须通过产品生产过程。

(二) 知识产权制度的必然性

当代知识经济形成于市场经济背景下，产品要进入消费领域，就要进入市场。而知识是具有共享性的，知识产品在没有被保护的情况下，就会被"共享"。这就违背了市场经济的公平原则，生产者也不愿意，他们一定会采取措施独占知识产品的使用权，否则就不生产、不使用、不传播，知识经济将无从谈起。

可见，独占知识产品的使用权是市场经济的必然要求，知识产权制度正是这个独占使用权的法律确认形式。在市场经济中，知识产权是知识产品的存在方式，知识产权的实现过程就是知识产品的使用过程和价值实现过程。

第三节　知识产品的价值构成

一、知识产品的生产劳动

(一) 劳动

1. 马克思的劳动理论

"劳动作为重大的理论课题，是近代资本主义发展的一个后果。在古典政治经济学的劳动价值论、黑格尔的劳动辩证法和马克思的异化劳动理论之间，保持着一种深刻的思想传承关系。"[1]据此，关于劳动，历史上主要有三个代表性理论，即古典政治经济学的劳动价值论、黑格尔的劳动辩证法和马克思的异化劳动理论，其中，古典政治经济学劳动价值论的具体代表人主要就是威廉·配第和亚当·斯密。

---

[1] 张盾："哲学经济学视域中的劳动论题——关于马克思与黑格尔理论传承关系的微观研究"，载《南京大学学报（哲学·人文科学·社会科学版）》2006年第5期。

在威廉·配第之前，人们对劳动的理解和运用停留在不同具体劳动形式的感性认识阶段，而且普遍存在对劳动的鄙视情况，认为劳动是地位卑贱的人的肮脏粗鄙的活动。威廉·配第则把劳动一般化，认为"所有物品都是由两种自然单位——即土地和劳动——来评定价值"。[1]亚当·斯密在威廉·配第的基础上把一般劳动的概念继续深化和运用，认为"劳动是一切商品交换价值的真实尺度"。[2]黑格尔从一般劳动概念中捕捉到了劳动的更加一般性的本质，进一步提出了哲学化的普遍劳动概念，认为劳动是人与自然、人与自我、人与社会关系的中介，每一个中介又具有不同含义。[3]马克思则在古典政治经济学和黑格尔哲学的基础上，从经济学和哲学两个层面展开对资本主义劳动的批判，对劳动的本质做了经济学和哲学相结合相统一的阐发，并提出了异化劳动的概念。[4]

马克思认为："劳动首先是人和自然之间的过程，是人以自身的活动来引起、调整和控制人和自然之间的物质变换的过程。"[5]"在劳动过程中，人的活动借助劳动资料使劳动对象发生预定的变化。过程消失在产品中。它的产品是使用价值，是经过形式变换而适合人的需要的自然物质。劳动与劳动对象结

---

[1] 张盾："哲学经济学视域中的劳动论题——关于马克思与黑格尔理论传承关系的微观研究"，载《南京大学学报（哲学·人文科学·社会科学版）》2006年第5期。[英]威廉·配第："赋税论"，载[英]威廉·配第：《配第经济著作选集》，陈冬野、马清槐、周锦如译，商务印书馆1981年版，第41页。

[2] 参见[英]亚当·斯密：《国富论》，唐日松等译，华夏出版社2005年版，第24页。

[3] 参见吴鹏："论黑格尔的劳动概念及其困境"，载《中南大学学报（社会科学版）》2017年第3期。

[4] 参见[德]马克思：《1844年经济学哲学手稿》，人民出版社2002年版，第50~64页。

[5] [德]马克思：《资本论》（第1卷），人民出版社1975年版，第201~202页。

合在一起。劳动对象化了,而对象被加工了。"[1]这是从人与自然的关系角度对劳动的阐释,认为劳动是人以自身活动为中介的人与自然之间的物质变换过程。

"种种商品体,是自然物质和劳动这两种要素的结合。……人在生产中只能像自然本身那样发挥作用,就是说,只能改变物质的形式。不仅如此,它在这种改变形态的劳动中还要经常依靠自然力的帮助。因此,劳动并不是它所生产的使用价值即物质财富的唯一源泉。正像威廉·配第所说,劳动是财富之父,土地是财富之母。"[2]这是从商品角度对劳动的阐释,劳动通过改变物质的形式产生商品,认为商品是劳动与自然物的结合,物质财富(使用价值)由劳动产生,但不仅仅包含劳动,还有自然物,比如土地。

"劳动过程……是制造使用价值的有目的的活动,是为了人类的需要而对自然物的占有,是人和自然之间的物质变换的一般条件,是人类生活的永恒的自然条件,因此,它不以人类生活的任何形式为转移,倒不如说,它为人类生活的一切社会形式所共有。因此,我们不必来叙述一个劳动者与其他劳动者的关系。一边是人及其劳动,另一边是自然及其物质,这就够了。"[3]这是从劳动与人的自身关系角度的阐释,认为劳动是生产适应于人类生活的使用价值的有目的的活动,劳动是人类生存生活的基本活动,具有自然必然性。

马克思的劳动理论是其劳动价值论的组成部分,马克思也正是在其劳动价值论基础上发现了市场经济的价值规律,创立了剩余价值论,发现了资本主义经济规律及其历史命运,深刻

---

[1] [德]马克思:《资本论》(第1卷),人民出版社1975年版,第205页。
[2] [德]马克思:《资本论》(第1卷),人民出版社1975年版,第56~57页。
[3] [德]马克思:《资本论》(第1卷),人民出版社1975年版,第208~209页。

地影响了人类历史。

此后，西方经济学因为种种原因，除了对劳动价值论的批判外，再也没有系统研究过劳动问题，苏联、东欧和中国等社会主义国家在计划经济时期则只是对马克思的劳动概念作一些诠释性工作。在中国实行社会主义市场经济体制后，尤其近些年来才有学者提出了一些新观点。

《经济大辞典》把劳动定义为"劳动力的使用和发挥"。并指出劳动有三种形态：①潜藏在人体中有待发挥的潜在形态，即人的劳动能力；②同生产工具结合起来处在使用中的流动形态，即活劳动；③凝结在劳动对象中形成的物化劳动，即物化劳动，在商品生产条件下形成商品价值。[1]但是，这个概念突出了"劳动力"的作用过程，没有目的和使用价值要素，历来质疑较多、较大，尤其是知识经济时代，这个概念及其支持者面临激烈的挑战。

罗清和、鲁志国主编的《政治经济学》认为"劳动就是劳动力的支出和消费。具体来说，是指具有劳动能力和生产经验的人为获取自身或他人需要的有用产品而进行的有意识、有目的的活动"。[2]这个概念与《经济大辞典》中的如出一辙，但是"具体"化后包含了目的和使用价值（有用产品）要素，没有再局限于人与自然的"物质交换"过程，恐怕是感受到了知识经济存在的缘故。

前些年，中国经济学界，乃至哲学界学者围绕着马克思的劳动价值论发生了激烈的争论，王峰明著的《马克思劳动价值论与当代社会发展》就是参与这场争论的论文集，能够充分反映争论的激烈情况。但是，粗略翻看有关争论，双方主要分为

---

[1] 于光远主编：《经济大辞典》，上海辞书出版社1992年版，第1002页。
[2] 罗清和、鲁志国主编：《政治经济学》，清华大学出版社2013年版，第8页。

相对占上风的效用价值论和处于下风的劳动价值论,这几乎是马克思当年面对的和已经解决的问题。[1]然而,效用价值论这个西方经济学的理论,在我国市场经济的改革方向和知识经济来临的背景下"西学东渐",逐渐流行,进而对劳动价值论提出新的挑战。而劳动价值论则多年来近乎荒芜,面对已经来临的信息社会和知识经济只能引经据典,结果是笨手笨脚、且战且退。王峰明著的《马克思劳动价值论与当代社会发展》和孙伯良著的《知识经济中的价值、分配和经济运行》以及一些坚持劳动价值论的论文基本上都存在这个问题。[2]刘刚博士的《知识劳动度量——理论与应用》倒是针对知识经济迎难而上的研究著作,分析了知识劳动的特征,确有突破,不过,却是立足于企业管理角度的"劳动量"的度量方法的研究,而不是关于知识产品价值量的研究。[3]在此过程中曾经出现具有开创性的统一价值论[4],但是,并没有受到重视,甚至很快被淹没。

2. 马克思劳动理论评析

马克思的时代是工业经济刚开始的时代,那时的生产指的就是物质生产,技术只是由劳动力掌握的使用并淹没在物质生产中的一部分,或者淹没在作为生产资料的机器中。马克思就指出:"对脑力劳动的产物——科学——的估价,总是比它的价值低得多,因为再生产科学所必要的劳动时间,同最初生产科

---

[1] 参见吴杰:《财富论》(第1卷),清华大学出版社、中国人民公安大学出版社2006年版,第274~282页。

[2] 参见王峰明:《马克思劳动价值论与当代社会发展》,社会科学文献出版社2008年版,第19~115页;孙伯良:《知识经济社会中的价值、分配和经济运行》,上海三联书店2008年版,第65~109页。

[3] 参见刘刚:《知识劳动度量——理论与应用》,上海财经大学出版社2007年版,第82~104页。

[4] 参见仇德辉:《统一价值论》,中国科学技术出版社1998年版,第1~8页。

学所需要的劳动时间是无法相比的,例如学生在一小时内就能学会二项式定理。"[1]在马克思看来,学习就是科学知识的再生产,劳动者把科学知识用到物质生产中就是实现科学知识的价值,所以,科学知识的价值是融入劳动者的劳动价值里的。另外,马克思还说:"由于劳动资料变成了自动机,所以,它在劳动过程本身中作为资本,作为支配和吮吸活劳动力的死劳动而同工人相对立……生产过程的智力同体力劳动相分离,智力变成资本支配劳动的权力,是在以机器为基础的大工业中完成的。……科学、巨大的自然力、社会的群众性劳动都体现在机器体系中,并同机器体系一道构成'主人'的权力。"[2]可见,在马克思看来,机器体现了科学,科学是劳动资料的一部分,所以,科学的价值是融入劳动资料价值里的。

那个时代,虽然都知道知识、科技,但还不知道信息,或者说信息还没有从生产生活中独立并显现出来,没有普遍的经济意义和研究价值。虽然马克思明确地指出:"劳动生产力是由多种情况决定的,其中包括:工人的平均熟练程度,科学的发展水平和它在工艺上应用的程度,生产过程的社会结合,生产资料的规模和效能,以及自然条件。"[3]但是,马克思也没有专门研究其中的"科学"和"工艺",没有按照他的思维习惯去探讨和揭示科学和工艺的本质和规律。那时的人们还习以为常地认为知识是人类所特有,也就没有人考虑知识的自然属性和本质,认为知识就是知识,它生于人类社会,用于人类社会,也以人类社会为边界,它是人类社会独有的"客观存在物"。

然而,人虽然就其本质而言,首先是社会的,其次是自然

---

[1] 《马克思恩格斯全集》(第 26 卷),人民出版社 1972 年版,第 377 页。
[2] [德] 马克思:《资本论》(第 1 卷),人民出版社 1975 年版,第 464 页。
[3] [德] 马克思:《资本论》(第 1 卷),人民出版社 1975 年版,第 53 页。

的。但是，就其存在形式而言，则首先是自然的，其次才是社会的。所以，一切客观存在，包括人类创造的客观存在，都能在自然界追溯到其终极源头，而人类创造的客观存在就必然在人类社会范围内和自然界内具有两个不同层次的本质规定性。

知识正是这样的客观存在。它是人类的创造物，是人类社会独有的客观存在。它在人类社会范围内的本质就是知识，即人类关于自然、自身的认识系统，在形式上是一套概念化的结构系统，是一系列的概念、命题和判断。但是，放到自然界，这一套认识系统无非是一套信息系统。在自然界，知识的本质就是信息，只不过是人类这个特殊动物收集、加工过的信息。

所以，马克思在研究当时的经济时，在当时的力学科技和机械化物质生产背景下，把生产定格于物质生产。[1]那么，如果是在现代的信息科技和知识经济背景下，他一定不会忽视信息这个源头性的东西，一定会像他研究牛顿力学和达尔文进化论那样深入研究现代科技活动。科技活动恐怕会被他命名为另一个与物质生产并列的生产活动，即信息或知识生产活动。然而，历史局限性是任何一个天才、英雄或圣哲都不能逃脱的宿命。马克思的研究也只能立足并止步于物质生产，并已经极大地超越了他所处的历史阶段，给当时的物质生产形式——资本主义工业经济把了脉，预测和规划了未来。

不过，这并不意味着马克思的劳动理论及其劳动价值论没有任何时代意义了。恰恰相反，由于马克思劳动理论是基于经济学和哲学的结合而形成的理论，其理论内核和最一般的观点必然具有理论穿透性和历史贯通性。其相应的劳动价值论经过了严谨的经济学论证和社会经济的严格考验，具有根本上的解

---

[1] 参见曲三强：《知识产权法原理》，中国检察出版社2004年版，第39~42页。

释力。我们要做的是站在时代科学成果和经济社会发展的高度，检视和发展马克思的劳动理论，解释和指导当代的经济社会现象和经济社会生活。

3. 劳动的时代概念

（1）人的生命系统与劳动的产生和延伸

现代科学证实，客观世界是由物质（实体）、信息和能量三要素构成的系统。但是，从目前为止的研究成果来看，物质实体是一切存在的前提和基础，从这一点上讲，三要素统一于物质。能量和信息均以物质为载体，物质和能量可以相互转化，信息是物质的属性，因而也是能量的属性。能量能够推动物质运动，信息则确定能量向物质发生作用并引导物质变化的方向、方式。

对于生物界而言尤其如此，生物的生命体不存在了，其生命体转化后的物质实体或其他能量、信息的存在对原生命体毫无意义！所以，我们研究的世界首先是物质实体的世界。对我们来说，人的生命体的存在是一切存在的前提和基础，马克思的"自然必然性"没有过时！我们的研究就是要发现物质实体生生灭灭的规律，围绕人的生命体存在而发生的与周围世界的物质性交换过程及其相关物质就要进入我们研究的范围，而且是我们最基本的研究对象。

信息和能量与物质实体互生共存，与物质实体变化相关相成，是规律的内容所在。研究物质实体的变化当然要研究信息和能量。

人是由物质（实体）、信息和能量三要素组成的生命系统，人类社会也是由一个个人组成的系统。人的生命系统首先是生命机体的存在，其次才是机体中能量的运行和转换，以及信息的收集和处理，生命机体系统就在这样的三要素不断运行中运行，我们看到的只是生命机体的生生灭灭。所以，人的生命机体的物质存在是机体能量和信息存在的前提和基础，在人的生命系统中，生命能量和生命信息同样统一于生命机体这个"物质"，生命机体是生命能量和生命信息运动的起点和终点。

那么，为了生命机体的维持和成长，人们就要通过自己的身体活动向外界获取食物等生活资料，这个活动就是劳动。所以，劳动作为人的有目的地获取生活资料的活动，最终是为了获取有用的物质产品，实际上是消费性物质产品。但是，物质产品的形成必然伴随能量和信息的运动，一开始，人类进行物质生产时依靠的是自身人力，物质产品形成过程与能量（表现为人力）和信息（表现为人的经验）统一于人的劳动。后来，随着畜力和机械等工具的应用，最终产品的能量运动过程拉长，相应地，信息运动过程也拉长了，获取最终产品需要经过工具生产环节，需要能量和信息的较长过程的组合，能源开发和产品开发是这个过程的典型形态。人类物质产品的生产线在物质、能量和信息的三维方向上延伸了，人类围绕物质生产的劳动过程和范围也拉长和扩大了。为了提高劳动效率，社会分工在三维方向的不同线段同时展开，全社会形成由三维纵向的劳动链和横向的协作环组成的劳动合作网络。这个网络也是一个系统，是社会生产系统和劳动分工系统，其核心是人类消费性物质产品的生产，是系统的出发点和归宿。

（2）劳动的概念

既然人类到今天已经围绕消费性物质产品的生产形成了物质、能量和信息三个维度的社会生产系统和劳动分工系统，那么，"我们现在已不能再认为生产劳动仅仅局限在物质生产领域，应该拓展劳动的外延，不仅承认物质生产领域内的商品生产劳动是生产劳动，还要承认生产有形和无形精神产品的劳动是生产劳动,从事劳动力商品生产服务的劳动是生产劳动"。[1]这是关于劳动的时代概念的一个重要认识前提,概括而言,就是劳动对象的时代内涵前提。当然,由于我们已经知道"有形""无形"在最高范畴上就是"物质"和"信息",我们的概念已经没有必要用物质这个"唯一"存在的"形"来下定义了,本来"无""非"等否定语词就不应该用来下定义或者指称某个存在。

由于劳动特指人的某种活动,现在,我们以"人"为界,把由人组成的世界称为"社会",特指由人组成的社会系统。由于人首先是一种自然存在,社会系统是自然的一部分,所以,社会系统也是自然系统的一部分。社会系统之外的自然系统又是与社会系统平行对立的世界,在人的社会生活的语境下,这个平行对立的世界又叫"环境""自然环境",或"自然""自然界"。人属于自然,人又相对独立于自然,这个原本浅显的道理是关于劳动的时代概念的另一个重要认识前提,概括而言,就是劳动主体的系统本质前提。

上述两个认识前提,一个反映了时代科学的变迁,一个反映了视角的变化,我们关于劳动的时代概念就是在这两个认识前提下作出的。

首先,从自然系统上看,劳动是人的机体活动,这个活动是为了满足人的生活需要,人的满足需要的目的意识参与自身机体的物质性运动,正是劳动成为人的类本质活动的根据。在这个类本质活动过程中,发生的是物质、能量和信息自然要素存在形式的变化。所以,劳动的自然定义是:劳动是人为了满足生活需要而对自然要素形式实施转化的身体活动。结合客观

---

[1] 程恩富、汪桂进、朱奎:《劳动创造价值的规范与实证研究——新的活劳动价值一元论》,上海财经大学出版社2005年版,第85页。

世界的三要素及其关系的发现，从物质维度看：劳动是在信息引导和能量作用下实施物质转化的身体活动；从能量维度看：劳动是在信息引导和物质支撑下实施能量转化的身体活动；从信息维度看：劳动是在能量作用和物质支撑下实施信息转化的身体活动。

其次，从社会系统上看，劳动是人的社会活动，这个活动是为了满足人的生活需要，付出的是人力，得到的是物质、能量和信息自然要素存在形式变化后的生活资料。所以，劳动的社会定义是：劳动是人为了满足生活需要而通过人力获取生活资料的社会活动。这个社会定义，如果结合世界的三要素及其关系的发现，也可以有不同维度的定义。从物质维度看：劳动是人为了满足物质生活需要而通过人力获取物质生活资料的社会活动；从能量维度看：劳动是人为了满足能量生活需要而通过人力获取能量生活资料的社会活动；从信息维度看：劳动是人为了满足信息生活需要而通过人力获取信息生活资料的社会活动。

以上是从自然和社会两个独立的维度定义劳动的概念。由于自然与社会还存在着统一性，社会系统是自然系统的一部分，所以，如果劳动的定义同时包含劳动的自然本质和社会本质，就能得到劳动的自然与社会的统一的概念。

由于劳动的自然本质在于人的自然力作用下的自然要素转化过程，社会本质在于人的需求目的驱使下的社会活动，那么，统一的劳动定义就是：劳动是人类通过人力实施自然要素的转化而获取生活资料的社会活动。这个定义中用"而获取生活资料"表达需求目的性内容，没有用"需求目的驱使"的字样，目的在于满足定义用语的简洁性要求。

同样，这个统一的定义也可以有三个维度的具体表达。结合客观世界的三要素及其关系的发现,从物质维度看:劳动是人力作用下对物质形式的创构活动。其中,人的主导性体现在人的目的和物质转化的方向和方式上,人的创造性体现在物质形式的创造性构建上,人力的作用是能量的付出。所以,在物质转化过程中,人的劳动同时具有信息传导和能量输出两种形式的运动和功能。以此类推,从能量维度看:劳动是在人力作用下对能量形式的转化活动;从信息维度看:劳动是在人力作用下对信息形式的转化活动。这里的转化包括存在形式的转化和时空位置的转化,所以,使物质、能量和信息形式发生变化的生产活动是劳动,物质、能量和信息的空间运输活动和时间储存活动也是劳动。

(二) 劳动的形式

1. 人类物质生产方式的演变

黑格尔和马克思曾以劳动在个人与社会及自然之间关系,把劳动分为如下形式:①直接占有劳动,即从自然中直接占有对象物;②农业劳动,即以既有劳动为中介与自然发生关系;③手工业和工业劳动,即工人与自然以及社会世界联系具有高度中介性和抽象性,但仍然生产有形物质产品的活动;④普遍劳动,即劳动不仅不同于以满足特殊物质需要为目的的特殊物的创造,而且还是普遍的、智力的、理性的力量运用的结果。[1] 可见,早在160多年前,当时的大思想家们已经发现并梳理了人类劳动形式的变化,而且发现了劳动"还是普遍的、智力的、理性的力量运用的结果"。那么,科学技术高度发达并突飞猛进的今天,我们应该在前人的基础上对劳动有进一步的认识。

---

〔1〕 参见 [英] 肖恩·塞耶斯:"现代工业社会的劳动——围绕马克思劳动概念的考察",周嘉昕译,载《南京大学学报(哲学·人文科学·社会科学版)》2007年第1期。

第二章　知识产品

物质生产就其生产方式来看，迄今为止只有两种形式，即直接作用于自然界的农业生产和把自然物作为原材料的间接作用于自然界的工业生产。此后，物质生产再怎么发展，也无非是称作现代农业或后现代农业、现代工业或后现代工业。

那么，是什么东西在发展以至于要加上"现代"或"后现代"字样的呢？还是物质生产的方式。物质生产方式又是靠什么发展的呢？无非是推动新物质产生和物质新生产方式的科技以及组织实施生产过程的社会管理方式。这些新物质、新方式又是靠什么产生的呢？无非是人们对世界新认识和基于新认识而设计的新方案，包括物质构成方案、物质生产方案和组织实施方案。这个过程，在人类社会范围内是人类的知识生产、科技开发和组织管理活动过程，是人类的认识过程。在自然界，则正是人类对自然界和自身社会的信息收集和加工过程，物质生产的自然本质就是人类利用信息组织物质变化的过程。只不过对信息的利用可能是有意地，也可能是无意地，早期的农业生产和手工业生产无意识的成分居多。至于现代农业或后现代农业、现代工业或后现代工业，"现代"就现代在这些新方案上，"后"也后在这些新方案上，别无他途。而这些"新方案"无一不是对信息和知识的开发利用，进而改变物质结构形式产生新物质，或者改变能量形式发现新能源或旧能源的新的使用方式，或者革新管理方式。可见，人类正是在物质生产中实现了物质生产方式的进步，正是在物质生产中实现了科技和管理革新，正是在物质生产中走进了以知识生产为主导的知识经济时代！

2. 现代物质生产方式下的劳动形式

人类劳动首先是物质生产过程中的劳动，物质生产方式的变化必然导致劳动形式的变化。比如，我们很早就有农业生产劳动,后来有了工业生产劳动和商业劳动或服务劳动。如今,坐在办公室从事软件开发、从事产品设计、从事教育教学和从事文艺创作等,没有人可以否认这是劳动。劳动形式已经再也不只是田野或车间里挥汗如雨的样子了,我们对劳动形式应该有全新的认识。

结合前面三要素的科学发现和劳动的概念,劳动的自然形式可以分为物质生产劳动、信息生产劳动和能量生产(传输)劳动。这三种自然形式的劳动在社会经济活动中基本对应于如今被称为生产劳动、科学文化劳动和服务劳动三种社会劳动形式。这三种劳动是当今社会劳动的三种基本形式,其他的人类活动无非是在这三种劳动基础上发展演变而成的活动,或围绕(包括保障)这三种劳动的活动。

其中,物质生产劳动是直接转化物质形式的劳动,是直接的物质性劳动,农业和工业生产劳动都是以物质生产劳动为主的劳动。

科学发现是揭示自然要素存在形式和运动规律的劳动;技术发明是对自然要素存在形式的创构劳动;管理是以自然要素创构为核心的系统化信息传导劳动;文艺创作是满足审美需求的信息转化劳动。所以,科学文化劳动本质上都是信息生产劳动,这种劳动生产出来的产品都是信息产品,具体而言是知识产品,科学文化劳动就是知识生产劳动。

人类还有一种劳动形式,它不改变物质对象,也不是生产信息产品,但却消耗能量满足了物质生产需求或者人的生活需求,这种活动如今叫作服务,对应行业叫作服务业,其服务形式叫作服务产品。服务劳动虽然不产生新的物质形态和信息形态,但却改变物质的空间或延续物质的时间,也会帮助信息的收集、储存或传播,还会直接作用于人体,使人体恢复"气力"。所以,服务劳动是按照人的意愿传递能量并改变物质、信息的时空状态或人的能量状态的活动,是人类为了满足其他时空需求或直接的身体需求而产生的必要的能量传导活动。这个活动受信息支配,又借助物质,服务劳动就是纯粹的能量传输活动。这里的服务劳动的"服务"不同于前文说的三种经济形式之间的"服务",不是工业服务于农业的"服务",也不是知识经济服务于农业经济和工业经济的"服务",而是特指能量传输在自然要素转化过程之外,对物质产品和信息产品时空转换和人的生理活动的"服务"。

3. 三种劳动形式的关系和劳动系统原理

正如世界的三要素在现实性上统一于物质一样,[1]人类的三种劳动形式也统一于物质生产劳动,物质劳动的统一性是物质统一性在人类社会生产中的自然延伸。具体而言:

(1) 人与人外自然的物质交换过程是以物质为基础的三要素交换过程。这个三要素交换过程与人外自然的物质运动一样,信息、能量的交换运动统一于物质运动。

(2) 人首先是生命体的物质性存在,人首先要完成与人外自然的物质交换,只有解决自己的生命体存在问题,才能谈得上其他生活。所以,人的作为生命体的物质性存在是其他一切存在形式的基础。

(3) 人类劳动作为有目的性的活动,三种劳动归根结底是为了维持人的生命体的良好的物质性存在,归根结底是为了创

---

[1] 参见 [英] 肖恩·塞耶斯:"现代工业社会的劳动——围绕马克思劳动概念的考察",周嘉昕译,载《南京大学学报(哲学·人文科学·社会科学版)》2007年第1期。也有统一于能量的说法,但是能量说的角度与物质说的角度有所不同。虽然二者都从本源意义上谈的,但是,能量说明确把物质作为能量的一种存在形式,信息是能量的属性;而物质说则把能量作为物质的动力属性,而不是把能量作为物质的存在形式。

造出有利于满足人的物质需求的物质产品和精神需求的精神产品，而且首先是物质产品，其次才是精神产品。所以，三种劳动最终是解决人的物质需求和精神需求，而且首先是物质需求。所以，物质生活资料的生产才是决定性的最终的生产，一切劳动都应该有利于最终物质生活资料的生产。

物质劳动统一性原理的派生原理是劳动系统原理，即一切围绕最终物质性生活资料生产的劳动，包括一切物质生产资料生产的劳动、一切能量产品生产的劳动和一切信息产品生产的劳动都是有价值的人类劳动，为生产资料生产、能量产品生产和信息生产劳动提供服务的劳动都统一在最终的物质生活资料的生产劳动中，并共同形成人类劳动的系统。在这个劳动系统中有行业、岗位和劳动形式的差别，但所有行业和岗位的劳动都是围绕最终的物质生活资料生产，都是直接或间接地对物质生活资料的生产发生作用，这就是劳动系统原理。这个原理揭示了不同行业、不同岗位和不同劳动形式的差别和联系，揭示了不同行业、不同岗位和不同劳动形式都在创造价值，而不是只有物质生产甚至只有物质生活资料生产劳动才创造价值的事实。

劳动系统原理以生活资料产品生产为核心，确认了服务于生活资料产品生产的社会活动的劳动本质，指出了直接生活资料产品生产之外的劳动的价值取向和价值依据。不同行业、不同岗位和不同劳动形式的劳动在所在领域和环节提供不同形式的产品，创造不同形式和数量的价值，这个价值体现在最终生活资料产品生产中，并以生活资料产品为计量依据。

（三）知识产品的生产劳动

1. 知识产品生产劳动的产生和演变

人类物质生产劳动是改变物质形态使其满足于人的物质需

求的活动。在这个过程中,存在着人这个有思想的"物"与需要改变的物的相互作用,那么,就需要信息的指导和能量的作用。信息的指导由人的感官和大脑神经组织完成,能量的作用由人的肌体作用于对象物完成。

工具和语言产生后,信息的指导演变成计划、技术和组织等方案,能量的作用借助于工具。于是,方案和工具也演变为"产品",前者为知识、技术,后者为物质生产资料。相应地,知识和技术的生产劳动成为知识产品生产劳动;物质生产资料的生产劳动成为工业劳动。

在物质生产劳动满足人的基本物质需求后,甚至同时,因为人的精神动物特性而具有的精神生活需求会促使人生产满足精神需求的产品。这个产品要能够使人产生感官愉悦或思想冲动,因而不是物质的形态改变,而是信息的形态改变。这种产品在人类有了第二信号系统后成为现实,文艺作品和思想作品作为人类的精神产品出现,相应地,文艺作品和思想作品的生产劳动成为知识产品生产劳动。其中,文学作品是文字作品,是典型的第二信号系统作品,对它的消费需要借助人脑的想象;艺术作品是对图像、声音的重组,是对信息的直接加工处理,对它的消费需求借助人的感官;思想作品是人们对自然、社会本质和规律的真理性认识,是理性思维成果,对它的消费需要通过人的抽象思维。

如今,知识产品的生产劳动已经不是偶然的零散的或闲暇者的劳动了,知识一直在"爆炸",以知识产品生产为核心的知识劳动已经成为经济和社会的主导性劳动形式。知识劳动的内涵已经在人们的社会和经济生活中有了充分体现,"知识劳动,简单地讲就是依靠知识的劳动。具体地讲它是指由知识进步引起的、满足社会发展需要的一种智力集约化的创造性活动。它是通过大脑思维的运动、深化人类对自然与社会的认识,提高人类改造自然与社会能力的一种知识的变换过程"。[1]

而且知识劳动按照劳动指向的客体已经有这么几种形式:"(1)生产式知识劳动,即与物质资料的生产直接联系的知识劳动,如工厂技术、管理人员的劳动;(2)表现式劳动,即通过自身形象表现生产生活的文艺作品;(3)社会意识和科学思想的创造性知识劳动,即科学研究;(4)继承性知识劳动,如教育。"[2]知识劳动过程中的相关问题也已经成为经济学、社会学、法学和哲学等学科的研究对象,并产生了知识经济学、知识产权法学、知识学等新的学科。

2. 知识产品生产劳动的特征

高洪深教授认为,知识劳动有以下特征:"(1)由知识进步引起,是科学技术进步、生产力发展到一定阶段的产物;(2)在劳动力输出中,智力劳动占主导地位;(3)知识劳动的基础以掌握一定量的知识为前提;(4)是创造性劳动思维,活动的成效对知识劳动的结果有重要影响,因此,是一种复杂的非重复性劳动。"[3]这个总结具有代表性,但是,总体而言是经验性总结,而且把"原因"和"前提"也总结进去了,缺乏科学性。

特征是相对于相同大类下的同级别不同小类而言的,知识产品生产劳动的特征应该相对于农业、工业和传统服务业而言。又因为比较的是劳动,那就要对劳动的要素和过程进行具体比较。据此,知识产品生产劳动的特征有:

(1)劳动者只能是知识分子。因为知识产品必须有创新,所以,知识产品要么是知识的增加产生科学著作,要么是知识

---

[1] 高洪深编著:《知识经济学教程》,中国人民大学出版社2010年版,第34页。
[2] 高洪深编著:《知识经济学教程》,中国人民大学出版社2010年版,第35页。
[3] 高洪深编著:《知识经济学教程》,中国人民大学出版社2010年版,第34页。

的利用产生新技术。两者都必须以充分占有现有人类知识为条件，知识产品的劳动主体就不同于其他劳动，而必须是占有了现有知识的人，即知识分子。

（2）劳动对象是已有知识和信息。在知识产品生产中，原有人类知识是劳动资料中的基本原料，收集的相关信息也会是必要的原料，有的时候还是突破性新知识的关键原料。没有这些原料，劳动者只能是"难为无米之炊"的巧妇，将一事无成。

（3）劳动工具主要是信息处理程序和设备。知识产品生产的代表性设备是电脑及其操作程序，这一点不同于农业劳动中的犁耙或工业劳动中的切割机等物质性工具。即便知识产品生产中有必不可少的纸笔、电脑或实验器材等物质性设备，这些设备的基本功能也是信息处理，而不是直接生产物质产品。

（4）劳动产品是新知识或知识信息。无论是新理论、新技术，还是新作品、新数据，都是新的信息形式的产品，所以，知识产品生产的产品要么是新知识，要么是新的系统化信息。这也不同于农业和工业劳动的产品的物质性特征。

（5）劳动过程的信息性。知识产品生产的劳动器官是专门从事信息处理的大脑，劳动从"着脑"处理信息开始，到获得新的信息结束，物质材料都是辅助性的。而农业劳动和工业劳动从头到尾都是以物质处理为主线。

二、知识产品的价值构成

（一）劳动与价值

1. 劳动创造价值

价值在哲学层面是主客体之间的关系范畴，指客体相对于主体的有用性，在人与物的关系中就是事物相对于人的有用性，本质上是客体事物相对于人的生命系统有序化需求的效用。在马克思主义经济学中，价值范畴被具体化为产品的使用价值和价值。其中，使用价值指产品相对于人的需求的有用性，反映的是产品与人的关系；价值指产品中凝结的人类劳动，反映的是人与人之间的关系。在使用价值与价值之间，还有个交换价值，即产品作为商品在市场上交易时相对于交易对方产品的使用价值的量的比例或关系，就像"20码麻布＝1件上衣"所呈现的关系。交换价值由使用价值来反映和承担，同时反映了不同使用价值背后可通约的因素，即凝结在使用价值中的人类劳动，也就是价值。所以，不同质的使用价值是产品交换的原因，相同质的价值却是产品得以交换的根据。

不同的劳动形式生产不同的产品，物质生产劳动生产物质产品，信息生产劳动生产信息产品，能量生产劳动提供能量产品。不同的产品因为不同的劳动形式而具有不同的使用价值。但是，劳动形式的变化并不改变劳动与价值的关系，因为价值反映的是人与人之间的关系，两个产品生产者之间之所以能够交换产品，就是因为他们在各自的产品中付出了等量的劳动，等量劳动在产品交换时就表现为等量的价值，产品交换本质上是人的劳动的交换。而使用价值是产品的物的效用，在形式上不同，既不可比，又不可计量，不能作为交换依据；在数量上不同，不具有等价性；在关系性质上是物与人的关系，而不是人与人的关系，本质上不是用于交换的产品（商品）的价值关系。所以，价值作为产品交换的根据，形成于劳动，来源于劳动，决定于劳动，这一点毋庸置疑！离开劳动谈产品的价值，就像离开了水谈河流海洋一样没有着落！

2. 凝结在产品中的劳动信息

问题是，这里的"劳动"是什么？是如本书前面所定义的"社会活动"，还是马克思所说的"一种自然力的表现，即人的

第二章 知识产品

劳动力的表现"？[1]如果是"社会活动"，那么，价值本质上就是一种运动，是一个动态过程，而一种运动或动态过程是无法在静态的产品中"凝结"的，这是荒谬的。如果是"劳动力的表现"，那也是一个动态过程，结论同样荒谬。

我们不妨回到生产过程看看，比如就以把麻布纯手工做成上衣为例。在这个生产过程中，我们首先要在头脑里想象和设计上衣的模样，其次要在头脑里设计对麻布的剪裁和缝纫等制作过程，最后是动手实施完成制作过程并做成上衣。这个过程大体上可以分为两个阶段，即设计和制作，其中，设计又可以分为款式设计、方案设计两个小阶段，制作又可以分为剪裁和缝纫两个小阶段。这两个阶段在经验丰富的熟练工那里可能会一气呵成，或者边想边做，没有明显的阶段感觉。在分工精细的作坊里则可能是两部分人在劳动，一部分设计，一部分制作。"最蹩脚的建筑师从一开始就比蜜蜂高明的地方，是他在用蜂蜡建筑蜂房以前，已经在自己的头脑中把它建成了。"[2]不管怎样，先动脑后动手的顺序不会错。

在这两个阶段中，人是如何劳动的呢？在设计阶段，设计的器官是人脑，设计中处理的对象和结果都是信息，劳动是人脑对信息的处理过程。在制作阶段，制作的器官是人手，制作中处理的对象和结果都是物质，劳动是人手对物质的处理过程。麻布经过这两个阶段的劳动变成了上衣，物质形态发生了变化。从原料上看，上衣中比原来的麻布少去的是被裁剪的边角料，多出来的是棉线和衣扣。如果拆开来，麻布还是麻布，棉线还是棉线，衣扣还是衣扣，原料的物质结构没有变化，量的变化也是微乎其微。

---

[1]《马克思恩格斯选集》（第3卷），人民出版社1956年版，第5页。
[2][德]马克思：《资本论》（第1卷），人民出版社1975年版，第202页。

那么，在上衣中有没有"凝结"人的劳动呢？或者"凝结"了人的什么呢？首先，肯定不是物质，合格的上衣恐怕连裁缝的手汗都不能有的。其次，也不是人的能量，上衣中"凝结"的能量都是麻布、棉线和衣扣中"凝结"的能量，连裁缝的体温都会散去。剩下的只有信息，是不是信息呢？正是！麻布是一种物质，上衣也是一种物质，但是，劳动把麻布变成了上衣，物质形态发生了变化，而"形态"的本质就是信息！上衣中"凝结"的不仅仅是麻布的信息，而是变形了的麻布、棉线、衣扣和它们结合的信息，还有设计、裁剪、缝纫和人的需求的信息。在所有的信息中，除了麻布、棉线和衣扣等原料信息之外，都是人为的信息——劳动信息——凝结到上衣中的。所以，凝结到上衣中的是信息，既没有物质，也没有能量，更不是劳动。但是，是什么使劳动信息得以凝结，又是什么使劳动信息能够凝结和完成凝结的呢？是物质，是能量，是劳动！

上衣中凝结的劳动信息都是以上衣这个物质作为载体，没有上衣，设计、裁剪、缝纫和人的需求的信息都无处着落。上衣中凝结的劳动信息从设计到缝纫都是在人的脑力和体力的作用下一步步完成的，消耗的是能量，磨损的是人脑和人手。没有能量的消耗，人脑和人手无法劳动，没有劳动，劳动信息无法在上衣中凝结。所以，从产品凝结的自然要素角度看，劳动是在人的需求信息引导下由能量驱动的物质上的劳动信息凝结过程。这个过程是自然三要素不同功能的协同运动，三要素各自功能的发挥和协同运动的完成都依赖于人。

可见，产品中凝结的并不是劳动，而是劳动信息。当然，也不是能量或者"劳动力"，能量或者"劳动力"只是在劳动中被消耗的，而不是被凝结的。既然产品中凝结的不是劳动，那么，价值就不可能是凝结在产品中的人类劳动。如果硬要寻找被凝结在产品中的价值根据,那么,价值只能是凝结在产品中的劳动信息了。但是,劳动信息是信息的一种,是可以共享的,是无需和无法标价出售的。上衣中的劳动信息在精明的消费者那里看一遍就能够完全占有了,凝结的上衣中的劳动信息对这个消费者来说已经没有"价值"了。然而,这个消费者要想获得上衣,还得付出价钱,而且还是高出裁缝购买麻布、棉线和衣扣的价钱。

3. 劳动信息反映劳动量

那么,这个消费者购买的是什么呢?是劳动信息所反映的劳动!在上衣中,从衣袖和前胸后背的布料上我们看到裁缝裁剪麻布的信息,在它们的连接处我们看到裁缝缝纫的信息,在布料裁剪和整体款式上我们看到裁缝设计上衣的信息,等等。上衣凝结的这些劳动信息反映的是裁缝的劳动过程,包括劳动的数量和质量。换句话说,通过凝结在上衣中的劳动信息,我们就能按照通常标准推测出裁缝的劳动量。这个按照通常标准推测出的产品的劳动量就是产品的价值!如果"劳动量"以时间为单位,这个"通常标准"的"劳动量"就是马克思所说的"社会必要劳动时间"。

不过,在本书的劳动概念下,劳动量并不能以时间为直接的计量依据。因为时间是要素运动的延续性,但不是要素本身,虽然可以计量,却不能反映要素运动的量。裁缝在做上衣的一天时间里,可能有效劳动时间只有2小时至3小时,而且在2小时至3小时里的劳动形式和强度是不一样的,所以,时间不是计量劳动量的直接依据。在自然三要素中,能量是一切形式的劳动都需要消耗的要素,不同的劳动形式和劳动强度会消耗不同形式和数量的能量,能量的不同形式之间又是可转化可换算的,所以,能量应该是劳动量的直接的计量依据。这个结论与

"劳动力的消耗"的提法完全一致,因为劳动力是"人的身体即活的人体中存在的、每当人生产某种使用价值时就运用的体力和智力的总和",[1]"劳动力"本质上就是能量。由于按照通常标准推测出的产品的劳动量就是产品的价值,所以,价值就是凝结在产品中的劳动信息所反映的劳动过程中通常消耗的能量。

  这个概念看似推翻了马克思的价值概念,但实际上是在现代科学条件下对马克思价值概念的进一步揭示,而且佐证了马克思在当时科学条件下对价值认识的惊人的深刻性和准确性。马克思已经使用了"劳动力"的概念,可惜当时对"力"的认识还只是处在机械力的阶段,对能量的认识则基本处在机械能的阶段。至于"信息"则根本没有成为科学概念,而"劳动"已经成为古典经济学的最重要的概念之一,所以,"凝结在商品中的人类劳动"不但符合人们的实际体验,而且也是当时非常科学的提法。这种近乎朴素的提法类似于古代哲学家的某些论断一样有很大的包容性,对现代科学发现并不排斥,我们的工作不过是在现代科学条件下发展他们的理论论断。

  这个概念还与当代科学对价值论的启示和当代价值论的价值概念一致,即在最基本的社会实践——劳动——中演绎了系统有序化的有序能的概念,同时,又通过"劳动信息"的规定使产品的价值和使用价值区别开来。

(二)价值度量和价值构成

1. 价值度量

价值是产品中凝结的劳动信息所反映的劳动过程中通常消耗的能量,那么,价值度量就是对通常消耗的能量的度量。产品中凝结的劳动信息我们可以知道甚至测量,但是,劳动信息

---

[1] 《马克思恩格斯全集》(第26卷),人民出版社1972年版,第190页。

所反映的消耗的能量才是价值,如果我们能够找到劳动信息与消耗的能量之间的换算关系,我们就能通过产品中凝结的劳动信息计算出产品消耗的能量,从而计算出产品的价值量。现代科学已经揭示了物质与能量之间的量的关系,即:$E = mc^2$。但是,信息与能量之间的量的关系尚没有揭示。据说佛祖在极乐世界可以把"意念"转化成物质,那也应该能把"意念"转化成能量,也就是能够在能量、物质和信息之间进行转换,不过,那只能是"极乐世界"的事,在凡间,我们只能期待科学的进一步发展!

看来,通过劳动信息直接计算价值量目前还行不通。那么,我们可不可以有比较现实的计算方式呢?有,那就是马克思说的劳动时间!

时间是事物运动的延续性,人的大脑和身体的运动速度也不至于导致时间的弯曲。人的大脑结构和身体结构的基本相同,也决定了正常条件下人的大脑和身体针对相同劳动对象的运动速度基本没有差别,那么,相同时间的劳动耗费的能量也就基本相同,这就为通过劳动时间度量劳动过程中人的能量消耗提供了物理和生理基础。实际上,以劳动时间度量劳动量已经被一百多年来的生产实践证明是可行的基本方法。虽然,信息革命和知识经济产生以来,这种方法面临不少挑战,可仍然是迄今的主要方法。这种方法在最先进的高技术领域,似乎还是基本可行。比如,华为公司的任正非在谈到公司的 5G 技术时就说自己的技术起码领先美国 3 年,也就是说美国没有 3 年时间是研发不出同等水平的 5G 技术的。再比如如今全球范围内实际上正在进行的新冠病毒疫苗研发竞赛,在科研实力相当的情况下,疫苗研发的时间还是大体相当的。类似的以时间说明科技差距的说法,在军事科技、生物医药科技、海洋科技等领域都有,只不过知识爆炸和科技革命使科技进步呈现加速度状态而已。所以,迄今为止,时间仍然是度量劳动量和价值的理想的主要方法。

劳动者的差异性、劳动条件的差异性和劳动对象的差异性都会使具体的劳动时间因人而异、因地而异和因对象而异,那么,一样的产品依据谁的产品的劳动时间为准呢?这又涉及价值的内涵和马克思说的"社会必要劳动时间"了。价值是凝结在产品中的劳动信息所反映的劳动过程中通常消耗的人的能量,其中,"通常"就是在同样的劳动信息反映的消耗的不同的能量中寻求平均值,并以该平均值为准把劳动信息换算为能量。而"社会必要劳动时间"就是在社会正常劳动条件下生产一种产品所花费的"必要"劳动时间,目的和方法都是在谋求一种产品在社会范围内平均消耗的劳动量,只不过以时间计量而已。所以,"社会必要劳动时间"正是测度产品价值的最终依据。至此,我们不得不惊叹马克思劳动价值论的深邃和正确,还有这个理论与生产实践的高度契合!因而,也不得不惊叹马克思劳动价值论的理论穿透性和历史贯通性!

2. 价值构成

价值构成是指某一个生产环节生产出的产品全部价值量的各种生产要素的价值组成。[1]所以,在产品进入消费的第一个生产环节,或者只有一个生产环节,该产品的价值构成是最简单的。比如一瓶矿泉水,假设直接取自某个没有所有者和管理者的山头,下山后就直接卖给消费者消费,盛水的瓶子在把水倒给消费者后留了下来,而且没有磨损。这瓶矿泉水直接取自自然界,只是矿泉水的地理位置发生了变化,导致这种变化的是卖水者的取水和运水劳动,当然,基本上是体力劳动。这瓶矿泉水的价值就是卖水者消耗的能量,具体计量方法可以是卖

---

[1] 注意:这里的价值构成不同于马克思《资本论》的价值构成,因为本书的目的不在于揭示资本的本质。

水者取水和运水花费的时间。在这瓶矿泉水的生产过程中（只是位移和水的形态，并没有改变水的物质结构），原水取自自然，没有消耗人类能量，所以，原水没有价值。矿泉水灌装运输过程中耗费了人力，即人的能量，是价值。所以，这瓶矿泉水的价值只是被消耗的能量。我们设价值为 V，本环节耗费的能量为 E，则：$V = E$。

现在假设某饮料公司要用上述矿泉水添加葡萄糖生产某种功能饮料。在这个生产环节，这个公司要购买矿泉水、葡萄糖、搅拌或配制设备、灌装设备和饮料瓶，要招聘员工投入人力。那么，一瓶功能饮料包含有一定量的矿泉水、葡萄糖和饮料瓶，磨损了搅拌或配制设备、灌装设备，消耗了工人和生产管理者的能量。其中，矿泉水、葡萄糖和饮料瓶都是原料，在本环节中被一次性耗费，也都是相应供应商生产劳动所得，是物质的和有价值的，我们设为 M1；搅拌或配制设备、灌装设备是生产工具，不是一次性耗费，可以经历若干次的磨损，也是相应供应商生产劳动所得，是物质的和有价值的，本环节的磨损我们设为 M2；消耗的工人的能量我们设为 E1，消耗的生产管理者的能量我们设为 E2，设价值仍然为 V。则一瓶功能饮料的价值公式是：

$$V = M1 + M2 + E1 + E2。$$

需要说明两点：①在这个公式中我们计入了生产管理者的劳动量，理由在于前述劳动系统原理。生产管理者的劳动是功能饮料生产系统中的组成部分，只不过，生产管理者的劳动形式是信息创构和传导，而不是物质生产；②我们没有讨论饮料公司按照一瓶功能饮料价值出售饮料后的公司、工人和生产管理者所得比例，所以，没有不变资本（C）、可变资本（V）和剩余价值（M）的说法，那是价值分配问题，不在我们的讨论范围内。

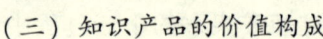

(三)知识产品的价值构成

1. 知识产品价值构成中的要素丢失

知识产品生产劳动的基本特征是信息性,而且,"创造性人才是知识的生命载体,他们依靠前人积累的知识为劳动资料,以抽象的知识产品为劳动对象进行精神生产劳动"。[1]所以,知识产品生产的劳动对象是已有知识和信息,劳动资料是已有知识、信息处理程序和设备,这就决定了知识产品的价值构成也会有自己的特征。

我们假设上衣设计环节已经独立出来,设计师专门开设了服装设计公司。设计师根据制衣公司的需要,结合麻布面料信息,凭借自己的服装设计知识(包括人体工程知识、美学知识、材料学知识等)用手工设计了上衣款式,包括制作过程图纸和标准一起构成了上衣的设计作品。[2]在这个作品的制作中,设计者收集处理了需求信息、面料信息,使用了纸笔尺子等物料,绘制了图纸。在信息收集处理和绘制图纸过程中消耗了能量,能量形式包括脑力和体力,主要是脑力。那么,我们设作品的价值为 $V1$,有关信息收集和处理消耗的能量为 Ei,绘制图纸消耗的能量为 Ep,纸笔等物料的磨损为 M,则作品的价值构成为:

$$V1=Ei+Ep+M=E(i+p)+M$$

在这个价值构成公式中,我们发现知识产品的生产中只有本生产环节消耗的人的能量和物质工具的磨损,居然没有原料消耗和作为劳动资料的知识消耗,被处理的信息也没有以原料价值形式体现出来。这怎么可能?谁都知道巧妇难为无米之炊

---

〔1〕 张璟平:《知识产权制度的经济绩效》,经济科学出版社2010年版,第90页。

〔2〕 这里,我们姑且沿用目前的著作权法关于作品的分类,把产品设计师的"产品"作为著作权法保护的"作品"。

的道理！那么，问题在哪呢？在于这里的原料和作为劳动资料的知识不是物质，而且无需购买即可获得和利用！这里的原料是已有的人类知识和收集的信息，因为它们不是物质，所以"无形"而不为我们所见，被忽略在所难免。这些知识和信息又无需购买，学习和收集就可以获得了，所以计入不了成本，被忽略简直是理所当然了！所以，研究新业态要有新思维，我们一定要在当代科学成果的基础上重构我们的思维方式！

现在，我们来看看这个知识产品生产的原料和知识劳动资料与物质产品生产的原料和劳动资料究竟有什么异同？第一，二者自然本质不同，知识产品生产的原料和知识劳动资料本质上是信息，而物质产品生产的原料和劳动资料本质上是物质。第二，二者社会本质相同，即除了最初生产环节的原料和劳动资料之外，二者基本的原料和劳动资料都是人类劳动产品。即知识产品最初的生产原料和知识劳动资料是生产者收集的自然信息和学习的知识，后面生产环节的原料和知识劳动资料是前人生产的知识和该环节收集的信息，其中，前人生产的知识就是人类劳动产品。物质产品最初的生产原料是生产者采集的自然物质，工具就是人手，没有生产资料，后面生产环节的原料是前人生产的物质产品和该环节采集的自然物质。第三，二者的占有形式不同。基于信息的共享性，同一个知识产品生产的知识原料可以同时为众多主体占有，具有共享性；而同一个物质产品生产的产品原料同一时间却只能为一个主体占有，具有独占性。第四，二者的所有形式不同。知识产品生产的知识原料是人类共同享有的，是没有所有者的，是无主的；而物质产品生产的产品原料都是一个个社会主体分别享有的，都是有所有者的，是有主的。第五，二者都有价值。知识产品生产的知识原料和知识生产资料与物质产品生产的产品原料和生产资料一样都是劳动产品，都有价值。第六，二者在新产品中的成本计价不同。知识产品生产的知识原料和知识生产资料，因为没有所有者而无需购买获得，因而无需进入该环节知识产品成本，也就无需在新产品中计价。物质产品生产的产品原料和生产资料，因为有所有者而必须购买获得，因而必须进入该环节物质产品成本，必须在新产品中计价。

在这六个异同点中，第一点、第二点是其他异同点的根源。其中，所有形式和占有形式的不同源于信息的自然共享性和物质的自然独占性，所有和占有形式的不同又导致原料在新产品中的计价不同；都有价值源于共同的劳动产品的社会本质。这个关系可以如下对比图所示：

知识原料和生产资料——信息性——占有形式共享性——所有形式无主性——有价不计价

物质原料和生产资料——物质性——占有形式独占性——所有形式有主性——有价计价

通过这个关系图，我们可以清晰地看出，知识原料和知识生产资料怎样一步步地淡出了前面的知识产品价值构成过程。其根源就在于知识的信息本质，现实根据在于知识的无主性。

其中，该环节收集的信息原料与知识原料不同，它虽然是原料之一，但却是该环节生产消耗能量收集所得，而不是他人收集和购买而来，收集信息所消耗的能量就是信息原料的价值，并已经进入上述价值构成公式。所以，该环节收集的信息原料已经在新产品中计价。只是，当新产品成为下一个知识产品生产环节的知识原料后，该环节的信息原料价值将在新知识的价值中面临被忽略的命运。当然，如果该环节的信息是他人收集，由服装设计公司购买而来，那么，这个信息就是他人的劳动所得，价值就是他人收集信息消耗的能量，以信息成本形式出现。同时该环节收集的信息消耗能量就被节省了，价值构成公式变为：$V1=Ci+Ep+M$。其中，Ci 就是购买信息支付的成本。[1]

2. 知识产品的价值构成

现在，撇开实际计价不谈，设各生产环节的信息原料也都来自于知识生产者自己的收集，则从人类知识产品的历史长河来看，这件上衣设计作品的价值构成就应该修正为：

$$V2=E(i+p)+K+M$$

其中，$E(i+p)$ 是信息收集和图纸绘制消耗的能量，K 是前人的知识的生产劳动消耗的能量，M 是消耗的物料蕴含的能量。

由于前人的知识是无主的，这个"主"是特定的法律主体，如果把人类作为一个整体，无主的就是人类共有的，所以，前人的知识也是人类共有知识。这就完成了从"无主"向"有主"的转换，人类就是前人的知识的主人，是相对于特定所有者的"共有者"。而且，这个"共有"对象是有价值的人类劳动产品，而不是无主的没有价值的纯粹的自然资源。

又由于劳动消耗的人的能量就是价值，如果用"价值"取代"能量"，这个价值构成公式的语言形式就是：

---

[1] 如果从不变资本、可变资本和剩余价值构成的角度，张守一、葛新权的观点可以参考。他们认为"知识产品的价值 = [C1+Σ（C2i+V2i+M2i）ri+V+M] R。其中，C1——知识产品的物质消耗；（C2i+V2i+M2i）——第 i 种信息与知识所包含的价值量；V——各种劳动报酬；M——剩余价值；ri——知识生产者对信息与知识的拥有程度；R——知识产品在交换中使用价值所承担的价值占总价值的比例。"参见张守一、葛新权主编：《知识经济概论》，中央广播电视大学出版社 1999 年版，第 106 页。

知识产品价值=知识产品劳动价值+共有知识价值+消耗物料价值

需要讨论的是,知识产品的生产者是否已经通过学习,或者学习型"知识性劳动"[1]把共有知识变为其个人的财产?结论是否定的。因为:(1)"学习是行为或按某种方式表现出某种行为的能力的持久变化,它来自实践或其他的经历",[2]所以,学习是个人占有人类共有知识资源的活动,而不是购买活动。(2)知识是信息,可以为多人占有和分享,"不具备消费的竞争性",[3]而具有公共产品的基本特性,所以,共有知识没有所有者,无法购买。学习掌握的知识可以转化为学习者的智力劳动能力,但不会被独占并享有所有权。(3)从对价上看,学习所付出的学费是支付给教育机构和教育者的,是教育机构和教育者即知识传承者的投入的对价,而不是知识所有者出卖知识的对价,教育者只是传播知识,而不是出卖知识。正如马克思所言:"对脑力劳动的产物——科学——的估价,总是比它的价值低得多,因为再生产科学所必要的劳动时间,同最初生产科学所需要的劳动时间是无法相比的,例如学生在一小时内就能学会二项式定理。"[4]如果把人类共有知识比作旅游景点,教育者正是这些景点的导游,他们不是景点的所有者,无法出卖景点,只能介绍景点,并在介绍景点的过程中获得收入。所以,学习

---

〔1〕 参见孙伯良:《知识经济社会中的价值、分配和经济运行》,上海三联书店2008年版,第96页。

〔2〕 [美]戴尔·H. 申克:《学习理论:教育的视角》,韦小满等译,江苏教育出版社2003年版,第65页。

〔3〕 通常将不具备消费的竞争性的商品称为公共物品(Public Goods)。参见赵凌云:《经济学通论》,北京大学出版社2005年版,第126页。

〔4〕《马克思恩格斯全集》(第26卷),人民出版社1972年版,第377页。

没有也不能改变人类共有知识的公共资源性质。

（四）知识产品的价值实现与价值度量

1. 产品的价值实现

价值反映的是人与人之间的关系，所以，只有对用于交换的商品谈价值才有意义。如果生产产品是为了自己消费，自己只会考虑产品在多大程度上满足了自己的需要，也就是产品的使用价值，而不会去计量生产产品时消耗的能量，不会去计量什么价值。所以，这里谈产品的价值实现就是假设产品将要作为商品到市场上交换，因为市场经济是当代经济的基本形式，产品基本上就是商品，这里的产品就是指用于交换的商品。

既然产品是用来交换的，生产者在产品生产过程中消耗的能量就是价值，价值的实现就取决于是否能够成功交换产品。交换成功了，产品生产者消耗的能量就得到了购买者的认可，价值就得以实现。相反，就没有实现。

购买者对产品生产者消耗的能量的认可不是针对生产者，也不是针对生产者消耗的能量，而是针对产品，是因为产品能够满足购买者的需求，即具有购买者需要的使用价值。所以，产品的价值能否实现取决于产品是否具有满足购买者需求的使用价值。只有使用价值得到购买者的认可，价值才能得到购买者的认可。可见，使用价值承载着价值，是价值的承担者，没有使用价值就没有价值，具有使用价值是价值实现的前提。

但是，使用价值的实现并不止步于交换。购买者购买产品的目的在于使用产品，使用产品的过程正是实现产品使用价值的过程。所以，交换、市场或者价值在产品从生产到消费的周期里发挥的正是流通的功能，是社会分工和产品线延伸的结果和条件。

2. 知识产品的价值实现

知识产品作为一种产品，其价值实现的一般途径和条件与一般产品没有区别。但是,作为信息形态,尤其是知识形态的产品,知识产品的价值实现则会呈现自己的特殊性。

前面已经论述,知识产品是人类产品系统中最新的服务于工业和农业生产的产品,是独立于物质生产而服务于物质生产的产品,不是直接满足人类物质需求的产品。即便是文艺作品也是满足人类精神消费需求,而不是直接满足物质消费需求。这就决定了知识产品使用价值的特殊性,即对物质生产的服务性或对精神生活的满足性,所以,知识产品的使用价值实现于物质生产过程中或精神消费过程中。所谓"思想不可专属控制,而表达是具有实践诉求的计划、规划等的知识形态,它进一步要求在实践中或'物化劳动'中实现其最大化的诉求"。[1]然而,当知识产品使用于物质产品生产过程的时候,知识产品既不是生产原料,又不是生产工具,而是指导和规定着生产过程,使物质产品在能量的作用下向着知识产品指向的形态变化,进而产生新的形态的物质产品。这是与物质在物质生产中的作用迥然不同的,而是与生产管理人员的作用具有相似性,因为知识产品和管理共同构成了信息对物质运动的作用,只不过这里表现为知识和管理信息对物质形态变化过程的作用。

---

[1] 徐瑄:"视阈融合下的知识产权诠释",载《中国社会科学》2011年第5期。"决定知识商品价值量的社会必要劳动时间具有两种含义。第一种含义的社会必要劳动时间,是指单个知识商品生产上锁耗费的必要劳动时间。……然而,当把生产过程与流通过程结合起来作为一个总过程来考察,即分析符合社会需求的知识商品总量时,必须考虑两个方面,一是某种知识的供应量与需求量的关系;二是多种知识的供给与需求的问题,在知识经济时代,第二个方面的需求量可能是无限的……从总体上看,生产某种符合社会需求的知识商品总量所耗费的社会必要劳动时间,即第二种含义的社会必要劳动时间。生产某种使用价值所耗费的社会必要劳动时间是否符合第二种含义的社会必要劳动时间,决定知识商品价值量的实现程度。"参见孙伯良:《知识经济社会中的价值、分配和经济运行》,上海三联书店2008年版,第103~104页。

第二章 知识产品

从这个特点看,知识产品具有静态的财产属性,因为它有使用价值;更具有动态的资产属性,因为它的使用价值必须到物质产品生产过程中实现,知识产品的价值可以说是向物质生产过程"投资",投资额就是知识产品的价值量。而且资产属性是根本属性,财产属性是派生属性,财产属性源于资产属性。因为如果不能实现"投资"并在物质产品生产中实现使用价值,知识产品也就失去财产意义了。一个拥有多个知识产权的人还不能直接算富有的人,比尔·盖茨也是因为其拥有实际的美元或可直接兑换成美元的证券而富有。如果是因为拥有知识产权而富有的话,他在研制出第一个操作系统时就应当是富翁了。但显然当时没有人认为他是富翁,即便他自己也至多是因可能摆脱贫困或一夜致富而兴奋,而不会自认为已经成为富翁。财富永远以实物形态存在,非实物形态可以计为财产的一定是可以直接兑换成价值相当的实物,否则不能计量为财产。所以,不能通过经济活动转化为消费品的智力成果就不具有任何财产价值。资产属性是智力成果获得知识产权的根本原因和根据,财产属性是智力成果取得知识产权的结果。

知识产品使用价值实现过程的这个特点,决定了知识产品价值实现和价值度量也将与物质产品的价值实现和价值度量方式迥然不同。既然知识产品的使用价值要在物质生产过程中或精神消费过程中实现,那么,知识产品如果不是物质生产者自己开发自己使用,就得在知识产品生产者和物质生产者或精神消费者之间交换完成后,将知识产品投入生产使用。这个交换使知识产品价值得到物质产品生产者或精神消费者——使用价值使用者——的认可,所以,这个环节的交换完毕才算完成知识产品价值实现的第一步。其他形式的认可或交换,比如评估、奖励、认证,或非物质生产部门参与的什么产权交易市场的交易等，都不构成对知识产品价值的实现。当然，各类交易市场对实现知识产品的价值有促进作用，对知识产品的价值也有初步的发现作用。但是，它们都不能真正发现和实现知识产品的价值，只有物质生产者的购买和使用才能真正实现知识产品的价值。

3. 知识产品的价值决定和度量

前面已经论述，价值就是凝结在产品中的劳动信息所反映的劳动过程中通常消耗的能量，实践中，"通常消耗的能量"往往体现并通过同样产品生产的平均必要劳动时间度量。而且，从宏观上看，知识产品生产领域也存在社会必要劳动时间这种现象。那么，知识产品的价值量是不是也由社会平均必要劳动时间决定并度量呢？社会平均必要劳动时间度量方法的前提是能够"平均"，即有同样的产品。所以，问题的关键就在于知识产品有没有同样的。

单从现象上看，答案就是否定的，因为现实中就没有两个以上同样的知识产品，导致这个现象的原因在于知识产品的信息本质及其共享性特征。一个知识产品一旦进入市场，该产品就处于可共享状态，其他的生产者就没有生产同样产品的必要了。如果该知识产品放开共享，没有获得知识产权，其他人就没有必要生产同样的知识产品，拿来即可；如果该知识产品获得了知识产权，其他人就没有可能就同样知识产品获得知识产权了，也没有生产同样知识产品的必要。所以，知识产品具有天生的唯一性和特定性，不具有重复性和种类性。那么，在知识产品中，"通常消耗的能量"就不能通过社会平均必要劳动时间度量，而只能另寻他法。

问题再回到源头，产品的价值是凝结在产品中的劳动信息所反映在劳动过程中通常消耗的能量，度量价值量就是度量这个能量,而不是社会平均必要劳动时间,社会平均必要劳动时间本来就是现实的间接的办法。其实,知识产品本身就是一种信息,凝结在知识产品中的劳动信息直接体现在知识产品之上。从数量上看,知识产品的信息量就是所有劳动信息量。其中,大于原有知识和信息的信息量就是新的劳动信息量。所以,知识产品的劳动信息可以直接度量,而不需要像物质产品那样要先找出凝结在产品中的劳动信息,再度量在原料物质中凝结这些信息需要的能量。换而言之,知识产品的价值量是原有知识和信息及其之上凝结的新的劳动信息所消耗的能量之和,产品生产是信息转化过程,劳动信息的凝结具有直接性;而物质产品的价值量是在原有物质原料上凝结劳动信息所消耗的能量,产品生产是物质转化过程,劳动信息的凝结具有间接性。那么,理论上看,知识产品的价值量可以直接通过度量原料知识、信息和劳动信息来度量能量消耗,但是,这个方法要以能量与信息之间的转换规律被发现为条件,而这个条件目前还不具备。

但是,有一点是可以肯定的,即知识产品的价值不是由生产它的社会平均必要劳动时间决定的,而是由凝结在知识产品中的劳动信息直接决定的。这个劳动信息的凝结在一定的历史条件下,会受制于科技水平、信息条件和研发人员等因素,所以,知识产品的价值也不是由生产它的单个劳动时间决定的。正是这个原因,我们看到在科技产品生产中,一件新的科技产品的研发往往有可预估的时间,而不是单个研发机构的随心所欲。刘刚博士在《知识劳动度量——理论与应用》一书中已经论述了通过劳动时间来度量知识劳动量的方法,但是,这个可以度量知识劳动量,可以作为企业管理的依据,而不能度量知识产品的价值量,不应作为知识产品的价值度量依据,换句话说，不能以研发人员的工资报酬作为知识产品的价值量。[1]

那么，知识产品的价值度量有没有现实的途径呢？由于知识产品的价值实现取决于物质产品生产者的认可和购买，而产品的价值在流通中又表现为交换价值，所以，知识产品的价值度量可以考虑通过物质产品的方式，即通过对知识产品指导下生产的物质产品的价值增加值或者耗费减少值的度量，来度量知识产品的价值量。这里的"价值增加值或者耗费减少值"应该是整个社会范围内知识产品存续期间的总值，因为这个"总值"都是知识产品的贡献。

这个度量方法也是间接的方法，但是，完全符合知识产品与物质产品之间的关系规律，因而没有理论障碍。进而言之，在物质、能量和信息之间本来就存在着互为表现的关系，所以，物质的能量度量须借助信息，信息的能量度量须借助物质，知识产品的价值度量就要借助物质产品。如果借用传统的"转化"一词，这个度量依据就是知识产品转化而得到的物质产品的价值增加值或耗费减少值。

（五）价值增值与财富积累

结束了知识产品价值问题的讨论，还有个相关的基础性问题需要解决。我们知道，能量是守恒的，那么，根据本书的价值概念，生产商的投入与产出在价值上应该是相等的，而不会有剩余或利润，更谈不上扩大再生产。而且，个人的劳动所得只能补充其自身能量的循环，维持自己的生存，但是，我们看到劳动者不但养活了自己，还养活了下一代，甚至寿命也不断延长。这是在本书的价值概念乃至劳动价值论之上，发生在生产商和劳动者身上的两个矛盾。

---

[1] 参见刘刚：《知识劳动度量——理论与应用》，上海财经大学出版社 2007年版，第 88~104 页。

现在假设衬衣生产商 A 雇佣裁缝 B 生产衬衣。A 拿钱让 B 采购了麻布、棉线、衣扣、剪刀、皮尺和缝纫机，A 一天生产两件衬衣。其中，两件衬衣消耗的麻布、棉线和衣扣价值 80 元，剪刀、皮尺和缝纫机磨损价值 20 元，B 一天的工资 100 元，两件衬衣售价 300 元，则 A 一天的利润是 100 元。

在这个纯粹的雇佣劳动中，A 没有劳动，因而没有能量消耗。消耗的麻布、棉线、衣扣、剪刀、皮尺和缝纫机 100 元价值是这些产品生产者生产它们时消耗的能量，剩下的 200 元价值只能是 B 的劳动消耗的能量，即 B 的劳动价值。也就是说，A 的 100 元利润与 B 的工资有同一个来源，即 B 的劳动价值。这个结论与马克思的剩余价值理论是一致的。至于单个扩大的雇佣劳动和全社会范围的雇佣劳动，无非是纯粹的雇佣劳动个数的叠加和环节的延伸，生产商将会有管理性劳动（知识劳动）的投入，但是，改变不了其利润的来源性质。

那么，B 付出了价值 200 元的能量，却只获得价值 100 元的报酬，他如何能够维持自己的生存和繁衍下一代呢？或者说，这 100 元钱如何能够补充他本人一天消耗的价值 200 元的能量，同时又提供下一代一天成长所需要的能量呢？（这里的能量包括以营养物质形式蕴含的能量）只有一种可能，即这 100 元能够换来这些能量，能够换来蕴含这些能量的物质产品。

虽然物质产品也是他人生产的，按照等价交换规则，B 购买来的物质产品只能是蕴含消耗了价值 100 元等量能量的劳动信息的物质产品。但是，只要这些物质产品足以蕴含 B 所需要的大于价值 200 元的能量，B 就能用 100 元维持一天自身和下一代成长的需要。B 购买的是物质产品的使用价值，而不是价值！

那么，现在的问题就是：B 能不能用 100 元换得大于消耗的价值 200 元的能量物质。这种可能性只有一个，就是买来的物质产品中含有没有计入价值的能量。在市场经济环境下,这种能量会是什么呢?

首先是自然界的慷慨赋予。如今,虽然几乎地球上的每一寸土地都有了主人,对每一寸土地的开发利用都要支付对价,但是,这个对价还基本上是主人初次开发和土地维护所付出的能量,而绝不是土地上的物质所蕴含的能量。比如,一个农民所购买或承包的荒山的价格只是卖方或发包方付出的维护荒山的能量的价值,也许还高出许多,但绝不是荒山中的物质所蕴含的能量。荒山中的物质所蕴含的能量一旦被农作物吸收,就成为农作物所蕴含的能量,这个能量不是农民消耗的能量。另外,阳光还在源源不断地向万物输送能量,光能转化为热能或其他形式的能量进入农产品,就成为农产品所蕴含的能量,这个能量也不是农民消耗的能量。这两个自然界赋予农产品的能量都不会计入农产品的价值。这个结论也是与马克思的相关论述无缝衔接的,马克思认为"劳动不是一切财富的源泉。自然界和劳动一样也是使用价值(而物质财富本来就是由使用价值构成的!)的源泉,劳动本身不过是一种自然力的表现,即人的劳动力的表现。"[1]

其次是人类祖先的知识遗产。如前所述,在人类的繁衍延续过程中,物质遗产会随着主人的更换而传承,价值也被继承。但是,知识却没有主人,而且知识量在不断增加,知识积累的速度在不断加快,人类拥有独一无二的庞大的公共知识库。在这个不断扩充的知识库的支撑下,生产技术不断改进,农产品和工业品的生产效率不断提高,后人的同样的能量消耗会生产出更多的农产品和工业品,单个农产品和工业品的计价价值会

---

[1]《马克思恩格斯选集》(第3卷),人民出版社1956年版,第5页。

不断走低，但是，单个农产品和工业品所蕴含的能量却没有减少。其中，单个农产品和工业品的计价价值中就没有计入前人生产知识产品所消耗的能量。

这两种能量，一个来自于大自然，一个来自于人类，它们因为没有进入物质产品计价价值而使 B 的交换需求成为可能。这些能量一旦进入 B 的身体转化为 B 的脑力和体力，就能支持 B 的劳动，而 B 的劳动所消耗的能量就会形成价值，A 就能继续在 B 的劳动中获得利润，资产继续得到增殖，B 又可以进入下一个能量循环，提供下一次的劳动。这样，在大自然的慷慨和祖先的恩泽之下，A 的利润不断增加，B 的生活得以延续，寿命得以延长，后代得以繁衍。就人类而言，人类通过劳动不断实现自然形式的能量向人工产品形式的能量的转化，人类劳动消耗的能量不断增加，物质资产的价值越来越大，物质产品越来越多，财富不断增加，文明不断演进。

CHAPTER 3 第三章
知识产权

第一节 知识产权的概念和特征

一、从知识产品到知识产权

前一章已经论述,知识产品的使用价值和价值都要到物质生产过程中实现,即便文艺作品也要走向社会得到消费者的认可和购买方可实现其价值。那么,如何保证产品能够展示并交到购买者手中,就是知识产品生产者需要解决的首要问题。这个问题在物质产品生产者那里基本不是问题,因为生产者可以通过对物质产品的占有而自然排除他人的占有,生产者只要保证完好地占有产品就能保证产品的展示和交付。而知识产品是一种信息,具有天然的共享性,生产者占有知识产品并不意味着排除他人对该产品的占有。所以,生产者对知识产品的占有时刻面临被"共享"式侵占的威胁,产品一旦被"共享",交付将失去意义,知识产品的价值将得不到实现。

加之当代知识经济形成于市场经济环境中,知识产品由不同的市场竞争主体生产,知识产品进入物质生产领域还可能要经过多个环节。在进入物质生产领域的过程中,由于知识产品的共享性特征,知识产品极易被竞争者获得,且不排斥生产者对知识产品的占有,其结果必然是知识产品生产者的一无所获和实际上的一无所有。文艺作品也会面临同样的问题,如果消费者"共享"作品时没有给付对价义务,文艺作品的生产者也将一无所获和一无所有。这在市场经济环境下是不公平的,生产者也不会这么干的,生产者必然提出对知识产品的专有性权利需求以排斥"共享"。否则,就不生产或者保守知识产品,经济就会停滞或缓慢发展,知识经济也就无从谈起。

所以,对知识产品的专有性权利需求是市场经济环境下的必然(在商品经济环境下也基本如此),确认这个专有性权利需求的法律形式就是知识产权。在市场经济环境下,知识产品必然以知识产权的形式存在,使用知识产品的过程演变为实现知识产权的过程。

二、知识产权的概念和特征

(一) 知识产权的概念

1. 知识产权概念的不同定义

很多学科都存在这种情况:纵然这个学科已经出现很长时期了,甚至学科的分支都已经出现了,但关于学科的最基本的概念却还众说纷纭,莫衷一是。其原因或许是最基本的都是最本质的,往往是最深奥莫测的,而枝节的概念往往接近实践,比较接地气,审视者有居高临下的感觉,反而容易把握。所以,本质往往要在突破学科局限的时候才能把握,因为一旦突破学科局限,这个学科的本质问题就成为上位学科的枝节问题了,审视者会眼前一亮,豁然开朗,似乎格局也突然变大了。

知识产权的概念也存在这种情况,比如,齐爱民著的《知识产权法总论》定义的概念是:"知识产权是指权利人依法垄断特定知识财产并排除他人干涉的权利。"[1]曲三强著的《知识产权法原理》则认为：知识产权是"在特定期限内赋予创造者就其创造成果的独占权或专有权"[2]。吴汉东教授主编的《知识产权法学》定义的概念是："知识产权是人们对于自己的智力活动创造的成果和经营管理活动中的标记、信誉所依法享有的专有权利。"[3]郑成思著的《知识产权论》则在考察了国内外知识产权的范围后，认为："广义的知识产权，可以包括一切人类智力创作的成果，也就是《建立世界知识产权组织公约》中所划的范围。"[4]"狭义的或传统的知识产权，则包括工业产权与版权（即著作权）两部分。"[5]这几个较有代表性的定义无论在客体内容还是权利内容上都有不同的表述，客体到底是"智力成果"，还是"知识财产"，抑或"标记"并不一致；权利到底是"专有"还是"独占"，或者"垄断"，也不一致。

法律是国家对现实社会的管理制度，即使导致社会现实的原因可能还不明了，法律也得跟随政治家的脚步向社会宣示自己的存在。所以，法律留给人们的印象永远是手忙脚乱的滞后性，尽管法学家们也试图解决这个问题，但是，视野的局限和政治家的冷淡使法学家的尝试没有太多意义。知识产权法律就是在人们还不明了怎么回事的情况下，就已经向人们宣示自己的存在了。而且，勤劳的敏感的法学家跟进后才知道，知识产权法律居然已经存在好久了，近点说在英国工业革命前，远点说居然在中国宋朝时期。

---

[1] 齐爱民：《知识产权法总论》，北京大学出版社2010年版，第160页。
[2] 曲三强：《知识产权法原理》，中国检察出版社2004年版，第3页。
[3] 吴汉东主编：《知识产权法学》，北京大学出版社2014年版，第4页。
[4] 郑成思：《知识产权论》，法律出版社2003年版，第58页。
[5] 郑成思：《知识产权论》，法律出版社2003年版，第62页。

2. 知识产权的本质规定性

其实,根据系统论的观点,子系统的本质既有母系统的一般规定性,又有子系统的特殊规定性,所以,局部领域的最基本事物的本质既要突破本领域到该领域所属的上位领域中认识一般规定性,又要立足本领域认识其特殊规定性。所以,固守本学科,就会茫然;脱离本学科,又会飘忽不定。

如前所述,知识产品生产者为了实现知识产品的价值和使用价值必须解决对知识产品的专有性问题。知识产品是一种信息,独占的一般方式是保密,但是,这就限制了知识产品的交换,就不能实现知识产品的价值。生产者要想实现知识产品的使用价值就只能自己使用知识产品,知识产品就可以继续保密,成为商业秘密。这当然是一种非常重要也很自然的方式,甚至在规模大的企业中是较合理可行的方式。但是,这种独占方式使知识产品的生产不能独立于物质产品的生产,从个人角度限制了知识产品生产者和物质产品生产者的专业技能的最大化发挥;从社会角度不能促进社会分工,社会生产力得不到应有的发展。这就催生了保密式独占之外的另一种"独占"方式——知识产权。

知识产权是由国家赋予知识产品生产者对知识产品的专有权,用国家权力保障这种专有权的行使,保障生产者在市场上与物质生产者交换知识产品,进而实现知识产品的价值和使用价值。在生产者对知识产品行使专有权的同时,非生产者完全可能占有知识产品,[1]却并不享有专有的权利,未经许可,既不能使用,也不能出售。知识产权就是为知识产品的价值和使用价值的实现保驾护航的!知识产权的一切本质都根源于此。

---

〔1〕 这里使用"专有权"而非"独占权"的原因就在于此。

首先，知识产权具有财产权的一般规定性。知识产权属于财产权的一种，财产权的一般属性，知识产权同样具备。所以，知识产权的一般规定性就是：国家赋权性，即是国家赋予生产者的专有权利；财产性，即是一种对财产享有的使用、收益和处分的权利。只是，知识产权的国家赋权性更加突出，表现为权利法定甚至国家机关审查许可，而不完全是一经产生就依法自然取得；知识产权的财产性则表现为信息性财产，而不是物质性财产。

其次，知识产权具有知识产品权的特殊规定性。知识产权的权利载体是知识产品，知识产品的特有属性，知识产权必然予以反映。所以，知识产权的特殊规定性是：智力成果权，即知识产权是对智力劳动产品所享有的权利；系统性信息权，即知识产权是在系统性信息之上设定的权利。由于这两个规定性高度关联，智力成果强调的是知识产品劳动的智力性特征，系统性信息强调的是知识产品成果的系统性信息的特征，所以，简便起见，这两个规定性可以合而为一，统称为知识产品权。

3. 知识产权的概念

知识产权的这两个规定性"规定"了知识产权的概念和属性[1]。根据这两个规定性，知识产权的概念就是：知识产权是国家赋予的对知识产品的专有性财产权。其中，"国家赋予"和"专有性财产权"体现财产权的一般规定性，"知识产品"体现知识产品的特殊规定性。概念中没有体现权利主体，是考虑到知识产品的生产者不一定是知识产品的所有者，所以，生产者不一定是权利主体[2]。概念中也没有用"法律规定"替代

---

[1] 实际上，还将要规定知识产权的权利实现方式。

[2] 前面叙述知识价值和使用价值实现过程使用"生产者"是基于通常情况，且为了指称方便。这里的定义中出于严谨需要，又没有表述障碍，故暂不使用。

"国家赋予",从而体现权利的法定性和知识产权制度的法律性,目的在于突出"国家赋权性"这个根源性的一般属性,进而有助于对知识产权其他方面的理解。概念中也没有把"专有性财产权"简化表述为"专有财产权",因为"专有性财产权"表达的是财产权的专有性,而"专有财产权"表达的却是或可能是"专有财产"的权利,两种表达的含义还是不同的。

(二) 知识产权的特征

上述知识产权的两个层面的规定性,是根据知识产权的产生过程揭示出来的知识产权的本质属性。该属性的表现就会产生知识产权的样态,那么,相对于其他财产权就会显现自己的特征,尤其是特殊规定性的表现一定会呈现出知识产权的特征,而且是本质特征。

另外,知识产权是法律赋予的权利,知识产权的立法是总结知识产权特征的法律根据。如果根据知识产权特殊规定性推理出的特征在法律上并没有确认和体现,那么,这个推理出的特征就不是知识产权的特征。相反,即便没有推理出来,但却在法律中反映出来的特征,就应该认定为知识产权的特征。所以,知识产权的主要特征可以概括为:

1. 知识产品性

这是从知识产权客体角度揭示的特征。该特征同时表明知识产权的智力成果性和系统性信息两个特殊规定性,但是,知识产权并不直接具有智力成果性和系统性信息两个特征。智力成果性和系统性信息是知识产品的特征,不是知识产权的特征。虽然在表述上可以在客体层面把知识产权的特征分为智力成果性和系统性信息,但是没有必要,也不合适。"知识产品性"的表述足以使知识产权在客体上与其他财产权相区别,而且包含智力成果性和系统性信息在内的知识产品的所有特征。如果一分为二,不但会导致事物指向的层级上的混乱,还会有两个客体之嫌。

可是,一些代表性著作或教材基本上都存在这种情况。比如郑成思教授认为,知识产权的特点有"无形、专有性、地域性、时间性和可复制性"[1]。其中的"无形"和"可复制性"就是指知识产品的信息性特征。何敏教授认为知识产权的法律特征有"有构无质性、无体财产性、特别确权性和时空特定性"等,其中的"有构无质性、无体财产性"正是知识产品的智力成果性和系统性信息特征。[2]王洪友主编的教材《知识产权理论与实务》则认为知识产权有"对象是信息""法定专有性""可共享性"和"异域共存性"等特征,其中的"对象是信息"和"可共享性"已经是重复表述了。[3]值得一提的是吴汉东教授主编的《知识产权法学》教材在阐述了知识产权客体的"非物质性""本质特性"后,却没有从客体角度总结知识产权的特征,而认为"知识产权基本特征概为'独占性''地域性'和'时间性'"。[4]这应该是一种缺陷,因为权利的特征就是要从权利的几个要素中比较和揭示,而且客体的本质对其他特征往往具有决定性。权利客体的特征不予揭示,其他特征说得再好也是残缺的和肤浅的。

2. 有限性

这是从知识产权权利内容的效力范围角度揭示的特征。知识产权的有限性表现为权利的存续时间、存在地域、强制许可、

---

[1] 参见郑成思:《知识产权论》,法律出版社2003年版,第64~76页。
[2] 参见何敏:《知识产权基本理论》,法律出版社2011年版,第113~141页。
[3] 参见王洪友主编:《知识产权理论与实务》,知识产权出版社2016年版,第5~10页。
[4] 参见吴汉东主编:《知识产权法学》,北京大学出版社2014年版,第7~9页。

使用在先和合理使用等方面的限制性规定。而且，这些规定具有普遍性，不但涉及所有类型的知识产权，而且在国内外和有关国际组织所有类型的法律或法律性文件中都有规定或认可。所以，这个特征是显著的立法现象，也是必须得到正当性解释的现象！

这个特征在前面引述的几个专著或教材中都有相关表述，如"地域性""时间性"或"特定时空性"等，只是概括性不够，没有反映出法律对知识产权其他方面的限制性规定。

3. 非独占专有性

这是从知识产权权利内容的权能角度揭示的特征。正如郑成思教授所说："笼统讲专有性特点，有形财产权也具备。"[1] 但是，知识产权的专有性确实与物质财产权不同，即在所有权的四项权能中没有占有权，只有使用权、收益权和处分权。所以，这个特征需要提出来，而且不能用所有权字样，还要去掉占有权，因为传统意义上的"占有权"实际上是"独占权"。知识产品因为信息共享性的原因，一旦被授予知识产权就失去独占性，因而财产权的占有权能在知识产权这里是不存在的。所以，"独占性"并不是知识产权的特征，简单地说"专有性"也不准确，"非独占专有性"就是这个特征的概括。

三、知识产权的种类

知识产权是设定在知识产品之上的权利，所以，从来都是先有知识产品，后有知识产权，而且，有多少知识产品就应该有多少知识产权。知识产权的分类也依赖于知识产品的分类，有多少类知识产品，就应该有多少类知识产权。

---

[1] 参见郑成思：《知识产权论》，法律出版社2003年版，第68页。

根据联合国《建立世界知识产权组织公约》的规定，知识产权有包括"关于文学、艺术和科学作品的权利"等八类权利，其权利客体即知识产品有六类，即：①文学、艺术和科学作品；②表演艺术家的演出、录音和广播等演绎作品；③发明；④科学发现；⑤工业品式样；⑥商标、服务商标、厂商名称和标记。这种分类基本上是从产品功能和形式角度对已有知识产品的概括，能够反映知识产品的基本特征，但不能反映知识产品的本质特征，因而不具有包容性。所以，这种分类可以作为临时性管理的依据，不能作为普遍性和长期性管理的依据。

上一章已经论述，知识产品从其劳动过程角度可以分为四类，即思想作品、文艺作品、技术作品和标识作品。那么，可以从客体角度把知识产权分为思想作品权、文艺作品权、技术作品权和标识作品权。据此分类，已有的六类知识产权可以这样归并：科学作品著作权和一些发现权属于思想作品权；文艺作品和演绎作品等著作权属于文艺作品权；发明和工业品式样等专利权属于技术作品权；商标、服务商标、厂商名称和标记等商标权、商号权属于标识作品权。

这四类知识产权除了具备知识产权的共有特征之外，还会因为客体的特殊性而具有自己的特点。

1. 思想作品权的特点

思想作品权客体表达的是人们对自然、社会的本质和规律的真理性认识，反映的是脑力劳动的理性思维过程。所以，思想作品可以启迪智慧、丰富心灵，可以直接消费吸收，却不是方法，没有直接的商业使用价值。思想作品权的内容不在于商业使用，而在于对真理的发现及其表达形式的传播，发现权和传播权是思想作品权的基本内容。

2. 文艺作品权的特点

文艺作品权的客体表达的是人们对世界的美的认识和情感

体验，反映的是脑力劳动的感知转换过程。所以，文艺作品可以丰富心灵、陶冶情操，可以直接消费吸收，但也不是方法，不能付诸商业使用。文艺作品权的内容不在于商业使用，而在于美的陶冶和情趣感染，传播权是文艺作品权的基本内容。

3. 技术作品权的特点

技术作品权的客体表达的是人们对事物本质、规律和对自身需求的双重认识，反映的是脑力劳动对思想性知识产品的创造性运用和劳动的目的性。技术作品是一种方法，可以解决问题、生产出产品，可以直接商业使用。技术作品权的内容不在于直接满足人的需求，而在于通过商业使用后的产品满足人的需求，专有使用权是技术作品权的基本内容。

4. 标识作品权的特点

标识作品权的客体表达的是人们对特定事物的确定性认识，反映的是脑力劳动的独特性。标识作品可以标记事物，提供人们认识事物的信息，可以直接商业使用，却不是方法，标识作品权不在于传播，而在于标记，标识使用权是标识作品权的基本内容。

第二节 知识财产的价值和价值构成

一、知识产权的"价值"

知识产权作为一种财产权，说到底是一种权利。权利不是财产，不是劳动所得，而是法律赋予，根本无经济学意义上的价值可言。套用学界的时髦用语，知识产权的价值问题就是个伪命题。

然而，无论对于经济学界还是法学界，知识产权价值一直都是绕不开的主要论题。经济学界要通过探讨知识产权价值，解决知识产权价值核算问题。法学界要通过探讨知识产权价值，解决知识产权侵权损失认定问题。理论依据有劳动价值论、效用价值论，甚至统一价值论等。论题涉及知识劳动、知识产权使用价值、收益现值法等范围。知识产权价值问题俨然是一个真命题——一个真实存在被热烈讨论的"命题"！

稍微浏览一下就会发现，学界讨论的知识产权"价值"实际上就是知识产权客体的价值，即被授予知识产权的知识产品的价值。郑成思在《知识产权论》中讨论的"知识产权评估"就是关于知识产权权利范围内的知识产品的价值评估，即作为知识产权客体的知识产品的价值评估。[1]陈昌柏教授的《知识产权经济学》在"前言"中就肯定"知识产权是一种生产要素"，后面就系统研究知识产权资产的效用问题，其中的"知识产权"实际上都是作为知识产权客体的知识产品。[2]相关论文，如吴汉东的《知识产权损害赔偿的市场价值基础与司法裁判规则》就认为"以知识产权的'合理价值'即'成本+收益'作为裁判基础"，其中的"成本"只能是知识产品的生产"成本"，所以，该文中的知识产权的价值就是知识产品的价值。[3]张广良的《知识产权价值分析：以社会公众为视角的私权审视》中的知识产权价值也是指作为知识产权客体的知识产品的价值[4]。王磊的《浅谈知识产权价值评估在市场经济中的运用》和徐小奔的《知识产权损害的价值基础与法律构造》也都

---

[1] 参见郑成思：《知识产权论》，法律出版社2003年版，第375~378页。
[2] 参见陈昌柏：《知识产权经济学》，北京大学出版社2003年版，"前言"。
[3] 吴汉东："知识产权损害赔偿的市场价值基础与司法裁判规则"，载《中外法学》2016年第6期。
[4] 张广良："知识产权价值分析：以社会公众为视角的私权审视"，载《北京大学学报（哲学社会科学版）》2018年第6期。

是这样。[1]

二、知识财产的价值和价值构成

(一) 知识财产的价值

1. 知识财产

在上述知识产权"价值"的讨论中有一个共同之处就是：他们讨论的都是关于知识产权权利范围内的知识产品的价值，或者说是作为知识产权客体的知识产品的价值，而不是完全的知识产品的价值。比如，在所有讨论的知识产权价值评估或认定方法中，没有任何一种方法会把保护期外的知识产品使用获利计算在内。为什么呢？因为知识产权的一个特征是有限性，知识产权是有限财产权，知识产权的真正客体是有限的知识产品，所以，知识产权的"价值"实际上是有限知识产品的价值。我们在前面经常用"知识产权客体"与"知识产品"互相指称，完全是因为着手于知识产权现象的讨论的需要，严格来讲是不严谨的，因为"知识产权客体"与"知识产品"并不等同。所以，当我们把"知识产权客体"与"知识产品"互相指称的时候，都是在知识产权现象层面上使用的。

知识产权客体虽然是有限的知识产品，但是，"有限的知识产品"一旦获得"知识产权客体"的身份，这部分有限的知识产品就不再是没有家长监护的孩子，而是成了名副其实的"财产"。权利人可以公开地拥有它、使用它，并从中获利，别人则不得擅自使用。这种财产有别于以前的任何财产，因为它的本

---

[1] 张广良："知识产权价值分析：以社会公众为视角的私权审视"，载《北京大学学报（哲学社会科学版）》2018年第6期。参见王磊："浅谈知识产权价值评估在市场经济中的运用"，载《中国发明与专利》2019年第8期；徐小奔："知识产权损害的价值基础与法律构造"，载《当代法学》2019年第3期。

质是知识,我们把它叫作知识财产。知识财产就是知识产权保护下的知识产品。

在此,需要特别指出的是:知识财产与知识产品一样是本书研究中的基本概念,它不同于知识产权客体称谓之争中的对象和含义。在本书的知识财产的定义下,知识财产无论在种类范围、主体范围和单个财产的价值量上都小于知识产品。知识财产是知识产权的客体,所以,知识财产只是被设置了知识产权的部分知识产品,大量的未设置知识产权的知识产品还不能成为知识财产;知识财产是知识产权人的财产,大量的拥有知识产品的人却不一定是知识产权人;知识财产是知识产权客体范围内的有限的知识产品,就单个知识财产而言,其价值量一定小于其对应的知识产品的价值量。

2. 人类的财产阶梯和第三次私有化

(1) 人类的财产阶梯

当知识产品获得了知识产权客体的身份后,知识财产就诞生了,从此,人类社会又多了一种财产形式。这种财产看不见、摸不着,却在人类社会中发挥越来越大的作用,以至于社会经济的发展和个人财富的增加都与这种财产直接相关。知识财产可以引领资本的集聚方向,对天下财产重新布局,知识财产俨然站在了人类财产的顶端,几乎能够呼风唤雨了。"人类在一切社会形态下,为了维持自身生命运动所需要的各种物质要素"的"财富",在经历了原始自然的、小农经济的和商品形式的几种历史形态后,似乎要进入新的阶段了。[1]

无疑,知识财产的出现是值得关注的历史现象。知识财产的出现不但改变了人类的财产结构,而且,实际上形成了新的

---

[1] 参见吴杰:《财富论》(第1卷),清华大学出版社、中国人民公安大学出版社2006年版,第18~28页。

财产系统和财产阶梯。人类在以族群为单位宣示自己的领地之时，以族群为单位的自然财产就诞生了，土地和土地上的万物都是族群的财产，并由果实动物等食物和洞穴石器等场所工具构成族群共同的财产系统，对应于人的基本生存需求。进入农业社会后，劳动产品有了剩余，以家庭或家族为单位的农业财产出现了，并以土地为基本要素，由粮食、棉麻、住房和牛马等生活生产资料构成农业社会的财产系统，对应于人的基本生活生产需求。工业社会，劳动产品更加丰富，以工业企业为单位的工业财产出现了，并以资本为基本要素，在继续拥有农业社会财产形式的同时，由厂房、汽车、石油等生产生活资料构成工业社会的财产系统，对应于人的更加丰富的生活需求。知识财产的出现，知识成为基本要素，在继续拥有农业社会和工业社会财产形式的同时，由专利、作品等知识财产构成知识经济社会的财产系统，对应于人的更高的生活需求。

可见，人类在文明进步的过程中总是伴随着财产系统的扩充，并形成对应于人类不断提高的需求的财产阶梯。这个阶梯以基本要素为基石，迄今已经形成土地、资本和知识三级。很显然，这个阶梯与人类的产品系统和经济形态也是对应的，它们共同昭示着人类文明进步的规律性。

（2）第三次私有化

从财产的历史形态看，财产并不等同于"维持自身生命运动所需要的各种物质要素"的"财富"，散在于自然界的花鸟虫鱼都可能是这样的"财富"，但它们绝不是财产。财产还需具备使用价值、稀缺性和可控性三性，其本质特征是主体归属性，只有被宣示了所有者归属的财富才是财产。所以，马克思说："只有一个人事先就以所有者的身份来对待自然界这个一切劳动资料和劳动对象的第一源泉，把自然界当作隶属于他的东西来处置,他的劳动才成为使用价值的源泉,因而也成为财富的源泉。"[1]马克思这段话虽然论述的是劳动与财富的关系,但是,劳动创造财富的前提正是对劳动资料和劳动对象的所有者身份的宣示。

那么,如果我们对照财产的历史形态及其密切关联的经济形态,就会发现,人类财产的历史也是财富私有化的历史。如果以财产阶梯为参照,人类历史上已经发生了两次私有化浪潮,现在正在经历第三次私有化。

其中,第一次私有化是原始社会后期以族群为主体单位的土地私有化。族群以武力宣示自己的领地,从此,大地——这个万物和人类生存的共同基地开始了私有化的第一步,由于族群争斗不断,这次私有化并不稳定。农业社会,族群在争斗中分分合合,并大量定居,国家形成了,国王或皇帝是最大的地主,第一次私有化的成果得到巩固。同时,国家内部的各种财富的私有化持续发展,以家族、家庭为主体单位的财产持续演化,并提出了进一步的财产私有化需求。

进入工业社会后,产品剩余大量增加,家族逐渐解体,以家庭、个人和企业为主体单位的私有化浪潮出现。商品形式的财富逐渐演化并集中体现为资本形式,人类社会实现了一切自然的和社会的物质财富的资本形式的私有化。

如今,人类进入知识经济社会,或者后工业社会,资本开始围绕知识旋转,同时,也把知识卷入资本的漩涡,以企业和个人为主体单位的知识私有化浪潮汹涌而来。本来,知识是排斥私有化的,然而,资本为知识产品发明了知识产权,人类几千年甚至几万年以来积累的公共知识伴随知识产品的开发被逐

---

[1]《马克思恩格斯选集》(第3卷),人民出版社1956年版,第5页。显然,这里的"财富"就是财产,而不是吴杰先生定义的"财富"。——引者注

步包装侵蚀，成为私人财产。资本的旋风正在横扫人类自己的知识家园，最终是资本战胜知识，还是知识战胜资本，抑或和谐共处，那就要看人类的智慧了！

3. 知识财产的价值和价值构成

知识产权没有经济学意义上的价值，但是知识财产作为知识产权保护下的知识产品是有价值的，只是知识财产的价值以知识产权保护的知识产品的用益范围为边界，这个边界就是知识产权的权利边界。

知识产权的权利边界是由法律明确规定的。比如，空间上有法律的空间效力范围，时间上有产权期限，权利主体、权利内容在不同的知识产品上也都有相关的规定，强制许可和合理使用又在时空范围内对具体事项作了边界划分。权利边界是知识产权的独特风景线！

这个边界圈定了知识产品受保护的专有使用范围，物质产品生产者购买的正是这个范围内的知识产品的使用价值，也就是知识财产的使用价值。这样，这个边界以圈定知识产品使用价值的方法，圈定了知识财产的交换价值，并因此圈定了知识财产的价值。

这就涉及一个问题，确定这个边界的依据是什么？是知识产品生产者的要求，还是知识产品生产者的地位？是国家或社会的需要，还是立法者的权威？似乎都是，又都不是。这些都太主观，太没有准头，到头来还是立法者拍脑袋。

然而，知识产权的权利边界就切切实实地划在那里，而且各国之间大同小异，不管你是谁，不管你愿意不愿意，它就在那里！没有这个边界不行，乱划这个边界也不行！天地之间有杆秤，这个边界的背后一定有个客观的标准。财产权边界的客观标准只能是财产的价值，知识产权权利边界的标准只能是知识财产的价值。这个答案与上述知识财产价值圈定的说法形成逻辑上的循环，知识财产价值有知识产权权利边界确定，知识产权权利边界依据知识财产价值确定。这是个"鸡生蛋，蛋生鸡"的循环，知识产权制度的一切秘密都在这里！

（1）知识财产的价值及价值构成

前面讨论了知识产品的价值和价值构成。价值是知识产品生产者消耗的能量，价值构成有 V1 和 V2 两个公式，区别在于是否计入知识原料和生产资料的价值。V1 没有把使用的前人的知识价值作为原料和劳动资料成本计入知识产品的价值，V2 则计入该部分知识成本。

现在，我们设定知识产品交易双方分别为知识产品生产者 A 和物质产品生产者 B。因为 A 的实际成本为 E（i+p）+M，那么，只要 A 能够以 V1=E（i+p）+M 的价值出卖知识产品，A 就能实现自己产品的价值，收回成本和补充自己的能量消耗。而且这个价值相较于 V2 是小的，是 B 更愿意接受的。为了交易安全，A 需要申请知识产权，B 也要 A 提供知识产权保障。A 在申请知识产权时需要保护的就是 V1 的价值，知识原料和知识劳动资料部分 A 并不关心，如果国家给了他，那就是意外之财，A 会喜出望外。所以，V1 的价值就成为知识财产的价值，V1 的价值构成就成为知识财产的价值构成。

因为 V1 不是知识产品的全部价值，但是 A 占有的却是知识产品的全部。如果把全部知识产品许可 A 专有无限使用，则意味着 A 在知识产权的保护下侵占了前人的知识的价值。A 把知识财产以 V2 价值卖给 B，B 就得多付出购买前人的知识的代价 K，而这个代价 A 并没有支付，A 与 B 之间将形成不平等交易。当 B 把付出的 V2 价值的对价计入物质产品生产成本时，B 的付出就会转嫁到后面的买家，直至转嫁到消费者头上，最终对 K

买单的是社会大众。而这个 K 却是前人的知识的价值，是社会公共知识的价值，公共知识的所有者正是社会大众。所以，如果给知识产品设定无限专有权，知识产品生产者将是最大的意外之财获得者，社会大众将是最大的冤大头，国家将是罪魁祸首！

为了合理体现和实现 V1 价值及其价值构成，为了在知识产品生产者与社会大众之间实现公平，对知识产品设定有限专有权就是必然的选择，知识产权的权利边界的设定就是必然的选择。这就是"鸡生蛋"的逻辑！

也许有人认为，知识具有共享性，知识产品生产者使用公共知识时并没有占有公共知识，公共知识也没有被消耗掉，怎么能在知识产品价值中包含公共知识价值呢？对于这个问题，要结合知识产品的组成结构及其价值实现过程来判断。首先，任何一件知识产品都不是孤零零的创新知识，而是以创新知识展现的包含公共知识的知识系统。这一点，只要看看专利产品说明书或者某个技术秘密侵权案件就清楚了。所以，在知识产品这个知识系统中，创新知识总是内含着公共知识，离开了公共知识，创新知识也就无以着落、无法存在了。其次，如果把知识产品全部授权给生产者专有，则其中的公共知识将被一起专有，别人将不能使用其中的公共知识，公共知识实际上就被权利人一人独占和消耗了。这个从知识产品组成结构角度的反向推理，就足以证明知识产品价值中包含公共知识价值。最后，再进一步，知识产品在商业使用过程中，只能是对知识产品的整体使用，而不是对创新知识的孤立使用。这就像一杯开水，创新知识价值就是临近 100 度到 100 度时的热量，公共知识价值则是此前的所有热量，我们要喝开水，就不可能仅仅消耗临近 100 度到 100 度时的热量，而是要消耗开水中所有的热量，否则,喝的就不是开水。所以,公共知识的价值始终是与创新知识的价值融合在一起的,创新知识被消耗和实现价值的过程也是公共知识被消耗和实现价值的过程。那么,如果整个知识产品都被生产者独占使用,则其中的公共知识的价值就在价值实现环节切切实实地被无偿消耗了。这个从知识产品的价值实现角度的反向推理再次佐证了知识产品价值中包含公共知识价值的结论。可见,公共知识虽然看不见摸不着,又没有归属,无人看管,但是,知识产品价值中包含公共知识价值的事实却是不可否认的。

(2)知识产权的权利边界

权利边界是通过对权利在各要素中的效力范围的划分来设定的,从主体到客体和内容都可以设定效力范围。主体方面可以规定符合什么条件的人可以申请或依法享有权利,客体方面可以规定符合什么条件的知识产品才能够申请或享有知识产权,内容方面可以规定权利的时间、地域、权能、强制许可和合理使用等等。所以,权利边界看似"无边",却实实在在地存在着,是完全可以设定的抽象的边界。

一旦权利边界被设定,权利行使的范围就被圈定,那么,通过知识产权保护使用知识产品的获益范围和大小就被圈定,知识财产的使用价值和价值就被圈定,知识产权的"价值"就被圈定。这就是"蛋生鸡"的逻辑!

在"鸡生蛋"的逻辑里,我们看到了知识财产价值对知识产权权利边界的决定作用,这个决定作用产生了知识产权和知识产权的独特风景线。在"蛋生鸡"的逻辑里,我们又看到了知识产权权利边界对知识财产价值的决定作用,这个决定作用圈定和实现着知识财产的价值。知识产品就在这样的"循环"中走向市场,完成自己的生命周期。在这样的"循环"中,知识产权就像人类在知识产品的生命旅途中绘制的绚丽的彩虹桥！它抓不住，摸不着，却绚丽灿烂。有了这道彩虹桥，知识产品才能够跨过阻隔知识生产与物质生产的鸿沟，穿过市场海洋中的惊涛骇浪，到达它的彼岸！所以，从这一点上说，知识产权制度堪称人类文明史上的神来之笔！

第三节　知识产权制度的历史正当性

从上一节"知识财产的价值和价值构成"的论述中，我们能够看出，知识产权可以说是知识产品生产者的自然权利，只不过权利的所有要素都由法律确定而已，[1]其正当性毋庸置疑。但是，鉴于知识产权制度或知识产权正当性的论题太重要，以至于知识产权制度出现几百年后的今天，关于这个论题的争论仍然存在，有时候还非常激烈，而且事关知识产权制度的存留问题，所以，本书在这里专门讨论这个论题。

一、正义和正当

"正当"是重要的社会价值概念，它与公平、正义等都有引领人类社会前行方向的功能。由于它们如此宏大和重要，古今中外的历史事件的发起者往往都会用它们发动追随者。即便是一般的官吏、庶民，甚至学人，为了证明自己，也常常把它们

---

[1] 笔者无意介入知识产权的自然权利理论和法定主义的争论。一者，这里的"自然权利"与洛克的自然权利并不相同。这里的自然权利来自劳动，但是，并不认为公共知识因为与生产者劳动结合，生产者就应占有全部知识产品。二者，笔者同时认为，知识产权之所以"法定"，并不是因为知识产权的"公权"属性，而仅仅是因为知识产品的共享性特征和对财产专有权的保护需要。所以，笔者的"自然"和"法定"与争论双方都不同，他们都有思考起点错误的问题。没有正确和相同的起点，争论一万年也不会有结果。

挂在嘴边,所以,关于知识产权制度"正当性"的争论也毫不奇怪。

人类关于价值的探究,从古代先哲到当代思想家绵绵不断。关于正义,古代有无所不包的"善",近代有无所不包的"理性",当代最有代表性的是约翰·罗尔斯《正义论》中的"公平的正义"观。《正义论》在传统契约论的基础上提出人类社会原初状态的假设,提出"作为公平的正义的主要观念",并提出和论证了著名的正义的两个原则,即平等自由原则和机会平等及差别原则[1],全书都是从这两个原则展开论证的。所以,罗尔斯的《正义论》,实际上是"公平论",这个"正义论"是不全面的。

科学告诉我们,正义是人类社会独有的价值,这是由结成人类社会的人的智慧特质和社会群体结构决定的,截至目前发现的任何自然动物都不会同时具备这两个条件。也正是这个原因,人类社会需要有和才会有正义的社会关系状态的价值追求,正义的内涵和实现才有现实的基础和可能。

历史告诉我们,正义的内涵是随着社会的变迁而变化的,人类历史上曾经不断出现过相对于过去的符合正义价值的社会形态。在人类的原始状态下,每个人和每个群体时刻面临来自自然的或其他族群的生存安全威胁,安全是最大的需求,符合安全利益的习惯是人类的最重要的"法律"。杀害如今的"珍稀"动物,以减轻对族群的安全威胁或向族群提供肉食,是英雄的正义之举,而如果这个人收藏了被杀害的动物肉留给自己独食,则是要受到谴责和惩罚的非正义之举。在安全和生存问题解决后,人们开始憎恨剥削和压迫,开始追求平等和同样的

---

[1] 参见 [美] 约翰·罗尔斯:《正义论》,何怀宏、何包钢、廖申白译,中国社会科学出版社 1998 年版,第 1、56~61 页。

富足，坐拥土地和特权获得收益的大部分被认为是不公平的和不正义的。斯巴达克斯领导的起义、《人权宣言》和孙中山领导的起义，后来者没有人否定它们的正义性。如今，人类已经不满足于物质上的基本需求、形式上的平等、恐怖和污染的环境，开始追求富足、尊严、安宁和干净的生活环境，坐拥资本或行政权力操纵或垄断收益分配，被认为是不公平的或不正义的，对人乃至野生动物的一切形式的杀戮，也已经越来越失去正义性。未来的某一天，人类可能难以想象我们今天的贫富差距，难以想象我们今天在大自然中的大规模"建设"，难以想象小小的地球上居然有这么多"国家"，难以理解这些情况为什么没有受到谴责、抵制和改变，正义的内涵恐怕是今天的我们难以理解的。

所以，正义是人类社会基本需求的观念化表达！正义的社会关系状态一定是顺应社会基本需求的状态！社会的基本需求基于全体成员的个体需求和社会发展的程度，并在根本上受制于社会发展的程度。社会发展是遵循自然历史规律的，社会的基本需求也必然遵循自然历史规律，正义观念的变化也必然遵循自然历史规律，正义的一定是合规律的。合规律性在认识层面的内容就是合理性，合理性是合规律性的观念化表达。

正义是人类社会的价值，是群体的共同价值，社会性是正义成为必要和得以产生的主体基础，荒岛上的鲁滨逊做的任何事情与正义都没有半点关系。社会性要求社会和社会成员之间的关系能够有利于社会和社会成员的需求的实现，因而要有一个价值观念作为指针，要有一套规范来调整社会关系和由这些规范搭建而成的社会结构。这些规范在原始状态的社会主要是习惯，在国家社会中主要是法律。当这些规范符合正义观念，我们会说它们是正义的，否则，就是非正义的。当社会组织或社会成员的行为符合这些规范,我们会说,他们是正当的,否则,就是不正当的。正当性是正义规范的符合性,在现实社会,正当性往往就是规范的符合性。

社会性需要规则和结构作为支撑,规则和结构的形成则需要社会成员之间的利益平衡。利益平衡是社会成员在特定的社会生产生活条件下资源占有能力的平衡。没有这种利益平衡,规则和结构就会被不断打破,社会就会失去稳定,社会族群的整体利益就会随时受到威胁或破坏。所以,凡是有利于形成或维持这种利益平衡的就是有利于整个社会的,就是正义的,否则,就是非正义的。正义与非正义是相对于社会整体而言的,就具体的社会关系而言,公平与否是对利益平衡关系的直接反映和描述。符合利益平衡要求的,我们会说是公平的,否则,就是不公平的,而不是正义的或非正义的。

概而言之,正义是人类社会整体的最高价值,正义是人类社会基本需求的观念化表达。正义的形成、存在和实现需要社会规则和社会结构的支撑,社会规则和社会结构的形成、存在和实现需要社会成员之间的利益平衡。人类社会的基本需求是正义的起点和归宿,社会规则和社会结构是正义的现实基础,利益平衡是正义的动力机制。这三个方面构成了正义赖以形成、存在和实现的实体要素,它们的观念化表达即合理性、正当性和公平性是正义的三个内涵和要素。

所以,正义作为人类社会的最高价值,是人类关于作为人的自然生命在结为人类社会的经济、政治、文化生活中的合规律利益平衡状态的观念。正义的内涵包括合理性、正当性和公平性,其中,合理性是合规律性的反映,正当性是人的社会性的反映,公平性是利益平衡的反映。

正义之所以被认为"有一张普罗透斯似的脸(a Protean

face）"[1]，除了认识主体因为生活环境、个人素质、人生经历等原因而有不同看法之外，另一个重要原因是人们的价值体系结构不清晰，甚至混乱，一些相关的词语多是这些内涵的分解、延伸或混合。比如"公正"就是最典型的一个，一般会理解为"公平、正义"，这样的理解放到人类价值体系中就出现不同价值阶位的价值混合，因为正义是最高阶位的价值，公平是第二阶位的价值，而且只是正义价值的部分含义。如果理解为"公平、正当"则是同一价值阶位的价值混合，因为公平和正当都是第二阶位的价值，都是正义的内涵。

"平等""自由""秩序""安全""效益"也往往被认为是重要价值，甚至是最重要价值。实际上，"平等""自由""秩序""安全"都是关于人与人之间关系状态的价值，都可以纳入人的社会性价值分系统中，往往体现在一些道德规范或法律规范中，都是正当性的内涵。比如，大凡导致不平等、不自由、社会动乱或暴力杀戮的事件，我们都会在规范层面作评价，都可以说是不正当的事件，而不会说是不正义的事件。但也不好说是不公平事件，即便不平等会导致不公平，但不平等只是不公平的原因，却不是不公平的内涵。"效益"则是利益衡量的指标，属于利益平衡价值分系统的公平性内涵。比如，没有效益，公平无从谈起；有了效益，就涉及谁的效益、效益大小和什么时间取得等，所以，不应有的效益、该有而没有的效益，和未及时取得的效益如"迟到的公平"都不是公平。

可见，与真理知识构成的科学体系一样，人类社会还存在自己的价值体系。在这个价值体系中，处于顶端的是正义，然后是正当、公平等第二位的价值，再其次是其他阶位的价值。

---

[1]［美］E. 博登海默：《法理学——法律哲学与法律方法》，邓正来译，中国政法大学出版社1999年版，第252页。

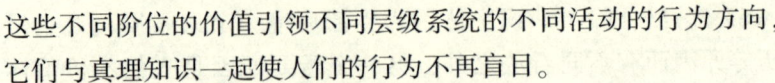

这些不同阶位的价值引领不同层级系统的不同活动的行为方向，它们与真理知识一起使人们的行为不再盲目。

二、知识产权制度的历史正当性

（一）知识产权制度的历史正当性

如前所述，在人类价值体系中，正当性是正义规范的符合性，达成正义规范的动力机制是社会主体间的利益平衡。在现实社会，正当性往往就是规范的符合性。但是，当我们讨论知识产权制度的正当性时，正当性并不是知识产权对知识产权制度的符合性，而是知识产权制度对正义规范的符合性。

由于达成正义规范的动力机制是社会主体间的利益平衡，当然，是合规律的利益平衡，而合规律的价值观念是合理性，利益平衡的价值观念是公平性，所以，检测知识产权制度的正当性就要看知识产权制度是否合理和公平。如果合理而公平，则是正当的。否则，就是不正当的。

首先，看知识产权制度的合理性问题。我们在本章第一节第一部分"从知识产品到知识产权"的论述中，已经论证了在市场经济环境下知识产权制度产生的历史必然性，也就是知识产权制度的合规律性。所以，知识产权制度具有历史合理性。

其次，看知识产权制度的公平性问题。我们在本章第二节第二部分"知识财产的价值和价值构成"的论述中，已经论证了知识产权权利边界设定的劳动价值论依据，知识产权制度对知识产品生产者和社会大众利益的公平关照。所以，在劳动还是生存手段，和社会存在多元特定法律主体的历史环境下，知识产权制度具有历史公平性。

知识产权制度作为知识产品之上的社会主体之间的社会规范，同时具有历史的合理性和公平性，这个制度就具有正义规范的符合性,这个制度就具有历史正当性。

(二)知识产权制度正当性论证评析

我国知识产权法学界关于知识产权制度正当性的论证很多,但是,绝大多数的思路和观点是雷同的。一般都是从洛克的劳动理论或自然权利理论,到卢梭、康德和黑格尔的人格理论,不同的往往是马克思历史唯物主义理论、激励理论和利益平衡理论等。

如曲三强的《知识产权法原理》第二章的"知识产权基本理论"实际上就是从"传统财产理论""历史唯物主义观念"和"知识产权的经济学分析"三个角度论证知识产权制度的正当性[1]。吴汉东的《法哲学家对知识产权法的哲学解读》[2]和《知识产权法的平衡精神与平衡理论——冯晓青教授〈知识产权法利益平衡理论〉评析》[3]则是在洛克到黑格尔的论证之后,加上扎霍斯的"抽象物"理论和所谓"利益平衡理论"。丁丽瑛的《知识产权法专论》则在梳理了洛克到黑格尔的理论之后,加了个"经济激励理论"和"利益平衡理论"[4]。

这些论证林林总总,如果我们跳出来看,就会发现这么几个问题:

1. 所有的论证都没有考虑到知识产权制度正当性的历史性

这个情况,从对洛克到黑格尔理论的共同运用中就能够看出。在学者们看来,这些近代哲学家的财产权理论,似乎具有

---

[1] 参见曲三强:《知识产权法原理》,中国检察出版社2004年版,第16~47页。

[2] 吴汉东:"法哲学家对知识产权法的哲学解读",载《法商研究》2003年第5期。

[3] 吴汉东:"知识产权法的平衡精神与平衡理论——冯晓青教授《知识产权法利益平衡理论》评析",载《法商研究》2007年第5期。

[4] 丁丽瑛:《知识产权法专论》,科学出版社2008年版,第22~32页。

原始而永恒的真理性,可以从不同角度对知识产权制度提供哲学社会学理论支持。根据这些理论,知识生产者对知识财产的获得具有天然的正当性,由此可以推断,这个正当性无论过去、现在和未来都一样。所以,知识产权制度不但具有天然的正当性,还具有永恒性[1]。

从人类价值的合规律性来看,从来就没有永恒的价值,任何价值都具有历史相对性。目前的关于知识产权制度正当性的论证,不过是从知识产权制度的现实存在出发寻找其存在的理由,如同黑格尔为现存国家寻找"意志"理性根据一样。这样的论证,难免自我遮蔽历史普遍规律,甚至"头脚颠倒",把论证建立在虚幻的"人格"或"理性"上,在一定情况下可以说服自己,但是,对社会大众或者同行学者,恐怕只会导致满脸狐疑或者激烈的批判。

2. 关于知识产权财产权的论证与知识产权权利边界的论证自相矛盾

在财产权的论证上借用的基本上都是从洛克到黑格尔的理论,以此证明,知识产品因为是生产者"人身""意志""人格"的延伸或者社会的"公意"而具有对知识产品的财产权,这个权利是绝对的、排他的,这也是知识产权私权观点的基本理由。在权利边界的论证上则抛开这些哲人的理论,而转向所谓的"经济激励"或"利益平衡"理论。因为要"激励",需要设立知识产权以"激励"创新,但是激励又要有度,不能伤了大众利益,使激励的代价太大,差不多就行了,所以要有权

---

[1] 基于历史唯物主义理论的论证,能够折射出正当性的历史性,但论述者没有提及历史性,而且因为其试图从马克思的论述中挖掘"抽象物"财产权存在的利益,并没有证明知识产权制度的正当性,顶多是一些"启示"。参见曲三强:《知识产权法原理》,中国检察出版社 2004 年版,第 31~43 页。

利边界[1]。因为要"平衡",财产权需要设立边界,要对知识产权进行限制,法律本来就是不同社会主体利益的平衡工具,只不过在知识产权制度中具有特别的意义而已。[2]

显然,姑且不论每一个理论应用时的说服力,单从这两个方面的论证结论来看,二者就是自相矛盾的。矛盾在于:前者论证的结果是,知识产权是自然的绝对的排他的私权;[3]而后者论证的结果是,知识产权要根据公共利益需要设立诸多限制。人们的疑惑是,同样是私权,同样是财产权,物权为什么就没有这样的限制?[4]社会岂不是挟国家之手,假公共利益之名,行霸占财产之实?如果几位先哲在世,恐怕也会表示反对或不解的!

(三) 知识产权制度的未来

知识产权制度具有历史正当性,但是,这个正当性毕竟是"历史"的。既然是历史的,这个制度一定是阶段性的,所以,知识产权制度也像人类社会历史上的各种制度一样会在某些条件具备的时候退出历史舞台。

---

[1] 丁丽瑛:《知识产权法专论》,科学出版社 2008 年版,第 22~32 页。

[2] 参见吴汉东:"知识产权法的平衡精神与平衡理论——冯晓青教授《知识产权法利益平衡理论》评析",载《法商研究》2007 年第 5 期。又参见冯晓青:《知识产权法利益平衡理论》,中国政法大学出版社 2006 年版,第 11 页。

[3] 冯晓青教授认为"知识产权是一种具有很强的公共利益性质的私权,知识产权具有公共利益目标"。这是极其荒谬的。冯晓青:《知识产权法利益平衡理论》,中国政法大学出版社 2006 年版,第 41 页。

[4] 有人认为也有限制,比如地役权、征用权,这是牵强附会的。首先,这种限制的种类和范围与知识产权的限制不可相提并论;其次,这种限制并不构成对物的价值的割占,地役权只是在没有妨碍物权的前提下通过,征用则对物的价值予以补偿,所以,对物权的限制与对知识产权的限制的性质是不一样的,二者的法理依据一定是不一样的。参见吴汉东:"知识产权法的平衡精神与平衡理论——冯晓青教授《知识产权法利益平衡理论》评析",载《法商研究》2007 年第 5 期。又参见冯晓青:《知识产权法利益平衡理论》,中国政法大学出版社 2006 年版,第 11 页。

这些条件会是什么呢？就是产生它的条件！产生它的条件有两个：一个是科学文化的高度发展，另一个是商品经济环境。毫无疑问，科学文化只会越来越发达，那么，知识产权制度的这个条件只会越来越充分。所以，知识产权制度的未来就看商品经济的发展了。

关于商品经济及其运行规律，马克思在《资本论》中已经专门揭示了。其中，商品经济的产生、发展和未来命运的必然性也被清楚地展现出来，一个无可辩驳的基本结论就是，商品经济将随着私有制一起消失在历史的长河中。按照这个逻辑，知识产权制度也必将随着私有制一起消失。

其实，知识产权制度在它诞生之时起，就与商品经济存在巨大的张力，可以说，知识产品的出现就是对商品经济及其根基——私有制——的潜在否定。这表现为：

Ⅰ. 知识共享性排斥私有和交易，知识产权是国家权力对人类产品归属的强力介入，既不符合知识共享的自然规律，也不符合私权无限的市场规律；

Ⅱ. 知识的信息性和智力成果性使其本身不具有可计量性和可定价性，所以，总体而言，在知识产品的生产流通过程中市场机制失灵；

Ⅲ. 思想作品和文艺作品的思想性和审美性排斥功利性，所以，市场机制对于思想作品和文艺作品是失效的，甚至会扭曲思想作品和文艺作品的社会功能。

可见，知识产品本身就在否定商品经济，只不过，为了否定商品经济，它却要栖生在商品经济中成长。而科学文化的发展是不可阻挡的，可以想见，在未来的某一天，知识产品一定会摆脱知识产权的庇护走向自由的大海。那时候，知识产品将实现它的人性回归功能，人将通过知识产品自由展现其作为自然动物的智慧性和作为社会动物的伦理性。而现在，即使在市场经济环境下，我们也应该在知识经济的基本制度——知识产权制度中，确认知识产品所蕴含的人的本质属性，从而体现知识产权制度的未来趋势，迎接高级阶段的人性回归！

第四节 利益平衡理论评析

利益平衡理论是我国知识产权法学界较为认可的理论，该理论越来越被作为知识产权法基本理论看待，甚至在知识产权制度正当性的论证上已经作为一个理论依据，有的学者还据此认为知识产权法的基本原则就是利益平衡原则。[1]

一、现有利益平衡理论的悖论

（一）现有利益平衡理论的含义和依据

1. 现有利益平衡理论的含义

利益平衡理论主要是冯晓青、任寰等学者艰辛探索和大力提倡的，并集中反映在冯晓青教授长篇巨著《知识产权法利益平衡理论》一书中。其后，该理论受到了多位知识产权领域著名学者的肯定和推广，并逐渐被学界和司法实践所接受。

利益平衡是"在一定的利益格局和体系下出现的利益体系相对和平共处、相对均势的状态"[2]。利益平衡理论的内容是："在本质上，知识产权法的利益平衡理论是以一定的价值导向和

---

[1] 参见任寰："论知识产权法的利益平衡原则"，载《知识产权》2005年第3期。又参见冯晓青："论知识产权法的利益平衡原则：法理学考察"，载《南都学坛》2008年第2期。

[2] 冯晓青：《知识产权法利益平衡理论》，中国政法大学出版社2006年版，第11页。

制度选择与安排为特色的规范性理论。知识产权法关于利益平衡理论的最基本主张是：知识产权法的立法目的、功能以及整个制度设计应着眼于平衡知识产权人的专有权利和社会公众权利、相关的个人利益与社会公共利益等社会多元利益之间的关系。其基本的内涵，一是以私权保护作为利益平衡的前提，以利益平衡作为私权保护的制约机制，在立法上进行权利义务的合理配置；二是以利益平衡原则贯穿整个知识产权法的解释和适用过程。"[1]

2. 现有利益平衡理论的依据

关于利益平衡理论，冯晓青教授主要从利益平衡的合理性和必要性两个方面论证。其中，合理性论证又从利益冲突的协调、后现代哲学关于利益有机体的观点和我国经济及思想观念基础等维度展开；[2]必要性论证则从法理学和财产权理论维度展开。[3]

细细研读冯晓青教授的论证，合理性三个维度的论证实际上都是必要性论证。比如利益冲突的协调维度，冯晓青教授就是在谈利益冲突社会利益调节机制对社会发展的必要性；后现代哲学维度的论证还是在谈利益协调机制对利益有机体社会的必要性；关于我国经济及思想观念基础维度，仍然是谈改革开放后我国多元利益主体间利益平衡的必要性，同时还谈了这个必要性得以实现的传统和现代思想基础。

而关于利益平衡理论必要性的论证中却包含有合理性论证

---

[1] 冯晓青：《知识产权法利益平衡理论》，中国政法大学出版社2006年版，第62页。

[2] 冯晓青：《知识产权法利益平衡理论》，中国政法大学出版社2006年版，第15~21页。

[3] 冯晓青：《知识产权法利益平衡理论》，中国政法大学出版社2006年版，第26~62页。

的因素，比如关于知识产权法追求正义价值的实现就涉及确保公平、合理分享社会知识财富，认为"社会公众在知识产权法中也存在合法的权利和利益"，因为"任何知识产权人在一个环境下是所有人，在另一个环境下则是使用者"[1]。虽然理由极其牵强，却是关于合理性的论证思路。在财产权维度的论证也有类似情况，比如关于财产权的价值功能，认为财产权反映的是人与人之间的关系，而"在现代，权利义务的双重本位与社会和个人的双向本位的价值模式要求人们从一个协调、均衡的总体看待权利与义务"[2]，实际上仍然是从社会系统整体角度分析权利义务的关系，因而也是从社会系统角度关于利益平衡理论合理性的论证。概括而言，所有的合理性都在于社会的系统观，而这又都是必要性论证的依据，二者同出一辙。

可见，关于利益平衡理论的论证总体上都是基于社会的系统观而展开的必要性论证。不可否认，就法律制度的正当性而言，这已经很有说服力了，因为法律制度都是从社会整体角度制定的。社会整体利益，或者公众的利益、公共利益本身就有毋庸置疑的正义力量。但是，社会是由一个个个人组成的，个人是社会的要素和基础，社会整体利益应该体现个人利益，应该是个人利益的结合并有利于个人利益的实现。的确，"法律需要按照一定的正义标准对不同利益个体的权利义务进行配置，这是衡量一个特定社会或国家的法律法治正义情况的晴雨表"[3]。但是，正义的标准不是"配置"本身，而是配置的依据必须反

---

[1] 冯晓青：《知识产权法利益平衡理论》，中国政法大学出版社2006年版，第34页。

[2] 冯晓青：《知识产权法利益平衡理论》，中国政法大学出版社2006年版，第46页。

[3] 冯晓青："论利益平衡原理及其在知识产权法中的适用"，载《江海学刊》2007年第1期。

映正义理念。就现代正义理念而言,应该基于个人利益的实现保护社会整体利益,而不是反过来,基于整体利益的实现"保护"或"限制"个人利益。所以,单从社会整体角度对知识产权法基本理论进行论证,无疑是片面的,结论必然是失去"平衡"的。利益平衡理论应该找到知识产权人的个人利益中蕴含的平衡机理。

(二) 现有利益平衡理论的悖论

由于利益平衡理论只是从平衡的必要性和权利义务配置的层面寻找正当性依据,所以,这个理论依据是片面的和肤浅的,这就不可避免地会在理论体系内部产生结构性的矛盾,就会隐含着理论体系及其制度体系崩塌的危险。

1. 与知识产权私权属性的矛盾

知识产权的私权属性在学界和国际国内的法律文件中已经是普遍共识。[1]但是,根据利益平衡理论,知识产权这个私权需要被"平衡",即在知识产权人的权利和公众的权利之间平衡,平衡的方式是期限限制、权利限制和使用许可等。那么,问题来了,在传统观念中,私权是神圣的,私权在没有损坏公共利益的情况下断无被限制的道理。知识产权既然是私权,为什么在设立的时候就要被平衡呢?既然是权利人的东西,为什么要限制权利人的使用期限,规定他人未经同意可无偿使用,甚至还要强制权利人许可别人使用呢?

法律作为现代文明社会的基本治理工具,平衡好不同社会主体的利益是法律得以制定和有效实施的前提,所以,平衡——实际上是管理学上的"协调"——各方利益是法律的基本功能。我国《物权法》的制定过程就是法律协调功能的典型

---

[1] 参见王洪友主编:《知识产权理论与实务》,知识产权出版社2016年版,第10页。

反映，但是，作为私权的物权之上却没有这么多的"平衡"制度。把法律的平衡功能提高到知识产权的基本理论高度并不能解决对知识产权私权限制的理论问题，也不是法律的"平衡精神"几个字就能解决的，[1]而必须要有符合现代正义理念的回答。

2. 与公共领域理论的矛盾

公共领域理论是利益平衡理论的另一个重要支撑。如果说私权理论是利益平衡理论的左翼，公共领域理论则是利益平衡理论的右翼，二者分别是个人利益和公共利益所在，因而都是利益平衡理论的基本支撑。

关于知识产权法的公共领域有不同的理解，但核心含义是指被知识产权保护的私有知识产品之外的所有知识领域。"知识产权法保护的知识产权是一种专有权，在这种专有权之外的知识产品则处于公有领域。通常包括没有纳入知识产权法中的知识创造成果、保护期限已经届满的知识创造成果以及权利人放弃知识产权的成果。"[2]所以，知识产权法的公共领域是个十分庞大的领域，它涵盖了人类古今中外所有未被知识产权占有的知识。

利益平衡理论认为，知识产权法在保护知识产权的同时，应该保护和促进公共领域的扩大，以便为知识创新提供不竭的资源，所以，对知识产权私权的急剧扩大也感到担忧。

但是，基于公共领域的基本属性，公共领域人人得以无偿使用，而绝不会被任何人据为私有的，公海、公空、公共设施

---

[1] 吴汉东："知识产权法的平衡精神与平衡理论——冯晓青教授《知识产权法利益平衡理论》评析"，载《法商研究》2007年第5期。

[2] 冯晓青："知识产权法的公共领域理论"，载《学术论坛》2007年第3期。

无不如此。那么，何以在知识产权法的公共领域就有了被知识产权私权侵蚀之虞呢？[1]是不是每一个知识产权的授权都将导致公共领域的部分丧失呢？果若如此，公共领域还叫"公共领域"吗？所以，利益平衡理论关于保护和促进公共领域的依据，与公共领域的基本属性是矛盾的，公共领域理论不能为利益平衡理论提供有益支撑。

3. 与洛克财产权理论的矛盾

洛克的财产权理论是现有知识产权正当性的基本理论依据之一，利益平衡理论当然不能违背该财产权理论，相反，还必须从中找到立足点。利益平衡理论认为，知识产权人因为劳动而有权获得对劳动所得的财产权，即知识产权，这是洛克财产权理论的基本观点。同时，知识产权人获得知识产权时必须具备先决条件，即为他人留下"足够且良好"的部分，这个部分就是公共领域，这个"足够且良好"的观点也是洛克财产权理论的基本观点。所以，这两个基本观点恰好支撑了利益平衡理论，甚至可以说，洛克的财产权理论更适合知识产权法。"运用洛克的财产权劳动理论及其相关的理论来佐证智力创造者的财产所有权的正当性在国外已有一些学者作出过初步探讨，得出的结论是，与对有形财产权的正当性相比，财产权劳动理论更适合于对知识产权制度的佐证。"[2]

但是，洛克的财产权理论是基于当时的自然理性和人权思想提出的。洛克认为，自然物是人类的共有物，不属于任何人。同时，每个人对自己的身体有天然的权利，因而每个人都有权

---

[1] 参见吴汉东："知识产权的制度风险与法律控制"，载《法学研究》2012年第4期。

[2] 冯晓青："知识产权的劳动理论研究"，载《湘潭大学社会科学学报》2003年第5期。

获得通过自己身体劳动添加到自然物上而获得的财产。不过要有两个限制条件,即:一是要给他人留下足够的同类自然物,二是要对所得财产予以充分和有效利用。[1]可见,在洛克的理论中的公共领域是不属于任何人的"自然物",而不是知识。而人类的共有知识与自然物的根本区别在于共享性,共有知识不会因为个人的劳动添附而受到损失。从知识产权取得角度看,知识产权人在获得知识产权时,没有取走任何业已存在的"同类自然物"——已有公共知识,没有影响"公共领域"。那么,以保护或促进公共领域为由对知识产权私权进行平衡就不能成立了,因为不存在保护或促进公共领域的必要性。

另一方面,洛克的财产权理论还认为,所有权以所有物得以充分而有效的生活利用为正当理由,这是神的启示——自然理性的要求。如果劳动者劳动附加的财产超过了他的生活需要,而又没有通过交换等形式让给他人使用,他就没有权利获得劳动附加物的所有权。据此,由于现代的知识产品生产者绝大多数都不是生活需要而对原有知识进行劳动附加,而且绝大多数并没有得到有效利用,[2]那么,现代的知识产品生产者大多数都无权获得对知识产品的所有权,即知识产权。这个结论恰恰否定了利益平衡理论的另一个支撑——知识产权私权理论。

所以,洛克的财产权理论非但不能为利益平衡理论提供立论依据,反而提供相反的否定依据,甚至否定了知识产权的正当性。利益平衡理论与洛克的财产权理论是矛盾的。

不难看出,矛盾的根本原因在于理论前提的不同,即洛克

---

[1] 参见[英]洛克:《政府论》(下篇),叶启芳、瞿菊农译,商务印书馆1964年版,第31~36页。

[2] 万静:"中国专利申请数量泛滥利用率不高 许可实施率仅2%",载http://www.xinhuanet.com/legal/2017-04-04/c_1120747605.html.

的理论基于上帝赐予人类的自然物和人身。而利益平衡理论，乃至知识产权理论是基于人类的共有知识和智力。洛克财产权理论的劳动对象是"自然界的物"，劳动基本上是人的体力劳动，劳动产品是物质形式的物质产品；而知识产权理论的劳动对象是"人类的知识"，劳动是人的智力劳动，劳动产品是信息形式的知识产品。不同的理论前提必然得出不同的结论，所以，不同理论前提的理论是不能相互直接借用的。利益平衡理论作为解释知识产权法律现象的学说，应该具有基于知识产权本质及其规律性认识的依据。

二、现有利益平衡理论悖论的原因

（一）基本理论应该基于研究对象的本质和规律性认识

毋庸置疑，利益平衡是知识产权法突出的现象，它在知识产权人的个人利益和公众的公共利益之间从权利的确立到行使、从立法到司法都有明显的体现。但是，无论如何体现，也无论体现得如何，现象只能是现象。现象只能且应该得到解释，而不能用现象解释现象。

决定现象的是事物的本质和运行规律，解释现象的只能是对事物本质和运行规律的认识，这个认识就是关于被认识对象的理论。当某事物在一定范围内具有普遍性，形成运行"领域"，那么，关于这个事物某个领域的基本规律的认识就是关于该领域的"基本理论"。没有反映事物本质及其领域基本规律的"学说"都不能也不应该成为"基本理论"。

（二）利益平衡理论需要有对知识产品本质和规律的认识

利益平衡理论作为对知识产权法利益平衡现象的解释性理论，且试图向指导性理论发展的学说，姑且不论其以现象解释现象的用语性问题，其作为基本理论就应该发现知识产权法规范对象的本质和规律,并在此基础上构建理论体系。那么,知识产权法作为对知识产品确认权利和使用的规范,知识产权法的基本理论必须发现知识产品的本质和运行规律。

虽然有赞成利益平衡理论的学者正确地指出了知识产权客体的信息本质,认为"'没有合法的垄断就不会有太多的信息被生产,但有了合法的垄断又不会使太多的信息被使用'这样一个信息产权理论中的著名'悖论'。这是知识产权利益平衡的逻辑起点。解决这一悖论与矛盾成为利益平衡论的核心命题"。[1]其中的"悖论"就是基于知识产品的信息本质尤其是其"共享性"本质特征而产生的,不垄断就面临"共享",生产者以后就不干了。垄断吧,别人只能看,不能用,"共"而不"享",大众的能量发挥不了。但是,当这个"悖论"成为"逻辑起点"后,其意义就在于,如何针对知识产品的"共享性"处理个人利益与公共利益问题,结论就是"利益平衡"。形象一点说,为了保护个人利益,就要通过法律捆住"共享性",让个人先用;为了保护公共利益,就要释放"共享性",让公众享用。至于为什么要"保护"公共利益,因为社会大众需要知识产品,只顾个人利益,社会就得不到发展,"公共利益"就受到损害了。这里就隐含或产生了另一个"逻辑"大前提:对社会重要的个人东西不能完全和永远归个人所有。所以,这个"悖论"原本可以引起注意,通过深究"悖论"的原因揭示其背后或深层次的根据,从而可能有新的科学发现,从而真正成为研究的问题"起点"。然而,利益平衡理论没有这么做,而是把"悖论"直接作为"逻辑起点",然后顺着"悖论"的两个枝干搭建起了"理论大厦",这样的理论大厦是十分靠不住的!

---

[1] 参见刘友华:"利益平衡论:穿行于理想与现实之间——《知识产权法利益平衡理论》读后",载《电子知识产权》2006年第11期。

需要特别提醒的是，知识产权法的规范对象很容易且实际上非常多地被认为是知识产权，这是大错特错。道理很简单，知识产权是通过知识产权法在知识产品上设立的，人们使用的是被赋予知识产权的知识产品，而不是"权利"，这一点与物权法无异。

三、知识产品的价值构成是利益平衡的根据

知识产品的价值实现需要知识产权的保驾护航，但是，知识产品价值中属于生产者投入的毕竟只是一部分，虽然很关键，却是有限的，没有所有者的公共知识才是最基础的部分。那么，在授权过程中就应该体现知识产品的价值构成，国家就应该承担起知识产品价值分配者的角色，授权期限长短、保护范围和力度大小就是价值分配的基本工具，这些工具使用的结果就表现为利益平衡。所以，知识产品的价值构成才是利益平衡的根据。

知识产品在生产过程中利用了人类公共知识资源，知识产品的价值中有人类公共知识价值，生产者对知识产品的所有权就应当只是部分的。知识产权作为国家赋予生产者在知识产品上的专有权也就必须是部分的，即有限的。生产者依据知识产权享有的部分知识产品才是他的财产，即知识财产。所以，知识财产是在商品经济条件下，基于符合正义观念的劳动价值论的必然的分配结果。知识产权法对知识产权的平衡是对知识产品价值构成的理所当然的确认，知识产权法的正义基础正在于此。

CHAPTER 4 第四章
知识经济与知识产权制度基本原则

第一节 经济形态及其演变

一、经济形态

经济活动是人类获取生活资料的活动，是人类的基本活动，这个基本活动在不同的历史时期会呈现不同的状态。这个状态是由经济活动的基本要素、要素结构及其运行机制决定，并在实际运行中形成的。一个完整的经济形态应该由经济活动基本要素、要素结构、运行机制和运行状态四个方面构成，所以，经济形态就是由人类经济活动基本要素、要素结构及其运行机制决定的经济运行状态。由于基本要素、要素结构及其运行机制具有相对稳定性，所以，经济形态也具有相对稳定性。一般认为，人类历史上曾出现过采摘渔猎（原始）经济、农业经济和工业经济三种经济形态，目前，人类正在进入知识经济形态。

但是，关于经济形态，大众乃至学界都有不同的理解，各种各样的称谓就是对经济形态不同理解的最好体现。比如，除了前面较为一致的几种经济形态以外，还有像自然经济、商品经济、市场经济、产品经济和计划经济等；像土地经济、石油经济、技术经济、信息经济、知识经济和网络经济等；像循环经济、生态经济、旅游经济和文化经济等。这些称谓及其指称的经济形态实际上都是经济活动的基本要素、要素结构、运行机制及其运行状态的某一个或几个方面的描述。它们在特定的论域中对讨论的特定命题是有意义的，比如市场经济和计划经济就是关于经济要素运行机制的描述，对市场经济或计划经济的高效运行的研究很有意义，但是，对要素是什么、要素结构怎么样，市场经济和计划经济不予描述。石油经济和信息经济则是关于经济要素的描述，对要素的开发和高效利用的研究很有意义，但是，要素结构和运行机制就不在描述范围内。

所以，当我们要围绕建立一个怎样的法律制度来研究当代经济形态的时候，我们不能单从构成经济形态的某一个或部分要素来定义，因为法律制度面对的是整个经济社会环境。即便是某一个方面的法律制度，也必须有与整个法律制度相协调和匹配的考量，所谓"不谋全局，不足以谋一域"。

二、经济形态的演进

经济活动是人类获取生活资料的活动，经济形态的演进受制于人类获取生活资料方式的演进，即生产力和生产力组织方式的演进。"生产力有三个因素，即劳动者、劳动资料、劳动对象，这三个要素不同的排列组合，构成不同的生产力结构和不同的生产力发展层次。纵观生产力发展史，可以断定：生产力的发展从宏观上看可以分为三大阶段，第一阶段是以劳动对象为主导的生产力结构；第二阶段是以劳动资料为主导的生产力结构；第三阶段是以劳动者为主导的生产力结构。"[1]实际上，生产力三因素的不同结合形成的生产力三阶段，也决定着相应

---

[1] 陈朝宗："生产力结构的历史演变与社会的历史发展"，载《生产力研究》2003年第5期。

的经济形态及其发展阶段。

原始社会,尤其是冰河时期的早期人类只有简陋的石器和粗糙的渔猎工具,生活资料基本上依赖大自然的恩赐,狩猎需要集体合作,生存需要抱团取暖。这个时期经济活动的要素主要就是人和自然,其中,人是劳动资料,自然是劳动对象。[1] 至于石器和其他渔猎工具,虽然是文明进步的重要的标志,但是在经济活动中几乎可以忽略不计,因为人类可以随时随地打制,也会随时随地抛弃,没有财产价值。这个时期的要素结构非常简单,人与自然直接作用,没有中间环节;人与人之间在生产中也是以一定的血缘关系为纽带随机聚集,没有固定的组织。这个时期的运行机制因为要素结构的简单而非常直接,甚至没有"机制"可言。正是在这个意义上,原始社会的经济形态是原始经济形态。

大约一万年前,以耕种和驯养动物为代表的农业革命把人类带入农业社会。[2] 人类有了金属工具和气象知识,生活资料通过利用自然的生产方式获得,人类以血缘关系组成的自然农户形式就可以生产生活。这个时期经济活动的要素是土地、农业工具和人,其中,工具和人是劳动资料,土地是劳动对象,土地是最重要的要素。这个时期的要素结构还比较简单,人通过农业工具作用于土地,工具是中间环节;人与人之间主要是通过血缘关系和土地控制而形成的生产关系。这个时期的运行机制是:地主是要素的控制者、生产的发动者和收益的分配者,经济增长主要依靠土地和体力劳动者的投入。正是在这个意义

---

[1] 参见 [英] 彼得·杰伊:《财富的历程》,杨建民译,国际文化出版公司 2005 年版,第 20~23 页。

[2] 参见 [英] 彼得·杰伊:《财富的历程》,杨建民译,国际文化出版公司 2005 年版,第 24~26 页。

上，农业社会的经济形态是农业经济形态，同时，也是自然经济形态。

到了工业社会，人类有了机器工具和物理化学知识，生活资料通过人工的生产方式获得，人类主要以农场、工厂、公司等经济组织形式生产。这个时期经济活动的要素是资本、土地、机器和人。其中，机器和人是劳动资料，土地是劳动对象，资本可以换取土地、机器和人，所以，资本就是一切，是最重要的要素。这个时期的要素结构已经比较复杂，人通过机器作用于土地或原料，机器是中间环节，但是，资本又在所有要素之间发挥作用，是所有要素的连接者、协调者和控制者；人与人之间主要是通过资本的雇佣关系形成的生产关系。这个时期的运行机制是：资本是要素的控制者、生产的发动者和收益的分配者，经济增长主要依靠资本的投入。正是在这个意义上，工业经济同时也是市场经济。

后工业社会，人类有了计算机网络和信息科学知识，生活资料通过自动化的生产方式获得，人类主要以网络化的农场、工厂、公司、个人等经济网络形式生产。这个时期经济活动的要素是知识、信息、资本、土地、计算机、自动化机器和人。其中，计算机、自动化机器、知识和人是劳动资料，知识、信息和土地是劳动对象，资本可以换取知识、信息、土地、计算机、自动化机器和人，但是，知识却可以主导资本的流向、决定要素的构成，所以，知识主导一切，是最重要的要素。这个时期的要素结构非常复杂，人通过计算机作用于知识和信息，产生知识产品；再通过自动化机器将知识产品实施于土地或物质原料，计算机、知识产品和自动化机器是中间环节，资本在所有要素之间流动，知识主导资本的流动；人与人之间主要是通过网络和资本雇佣形成生产关系。这个时期的运行机制是：

知识通过主导资本流向调整要素结构,通过知识创新决定经济增长。正是在这个意义上,后工业社会的经济形态是知识经济,同时也是市场经济。

在梳理上述几个历史上的经济形态中,我们没有完全按照西方经济学者的观点确定经济要素,而是把代表性生产工具也作为经济要素。其理由在于:我们是在研究经济形态,而不是研究经济模型。代表性生产工具是基本的稳定的劳动资料,在任何一个经济形态的经济活动过程中都具有标志性,决定了经济形态的生产方式和样貌,所以,代表性生产工具就成为划分经济形态的要素。

在经济形态的演进过程中,经济运行机制受制于经济要素及其结构,经济要素又受制于生产方式,而生产方式又受制于人类的知识积累和科技进步。所以,在人类历史上,我们看到每一次经济形态的变化都发端于重大的科技进步,单单在这个意义上,"科学技术是第一生产力"的论断就堪称经典。当然,知识的获得和积累发生在生产实践中,科技进步也要孕育在生产实践中,经济形态就在人类的生产实践中前后更迭、不断演进。

第二节 知识经济的特征和概念

一、知识经济的特征

我们认识一件事物,往往先涉及的是它的表象,而不是它的本质。当表象不断积累,事物的特征就越来越明显,我们就可以开始总结它的特征,研究它的本质了。

知识经济自被美国学者首次提出相关概念以来,已经过去60多年,自世界经济合作与发展组织提出相关概念以来,也过去了 20 多年。这些年来，人类的科学技术在 20 世纪中叶的量子理论、基因理论、信息论、控制论和系统论等重大科学理论之后，又在材料、能源、太空、海洋、计算机、网络、人工智能等许多领域陆续发生了突破性的进展。微型计算机面世以来，在信息科技和网络技术的推动下，知识不断"爆炸"，知识在经济领域的推广应用不断加速。以美国为代表的西方发达国家在 20 世纪 90 年代左右，知识对经济的贡献率已经高于 50%，纷纷进入知识经济时代。在世界贸易组织的《知识产权协定》谈判中，广大发展中国家已经直接感受到来自发达国家的知识经济的压力。1996 年世界经济合作与发展组织（OECD）在《以知识为基础的经济》的报告中首次提出知识经济的概念，以国际组织身份宣布人类社会进入知识经济时代。

经过 40 多年的改革开放和快速发展，知识经济这个最新的经济形态在我国也快速成长，并在进入 21 世纪后呈现迅猛发展和欣欣向荣的态势。网络和信息技术的发展、经济转型和国家政策法律的多方推动，让人们不断领略新的产业形态，尤其是中美贸易战到科技冷战的变局，几乎在一夜之间让人们明白了什么叫知识产权，什么叫知识经济。

如今，工作就是不断地"烧脑"，就是"在额头上出汗"！"锄禾日当午，汗滴禾下土"的场景对于现在的人们简直难以想象了。一个巴掌大的手机里有各种各样的知识和信息，想知道什么，动动手指即可，人和网络已经"一刻也不能分离"！网络和信息科技正在全方位改装着整个社会，传统农业和工业生产方式正在被淘汰，经济活动的每个方面和每个过程都在面临新知识新技术的洗礼，没有知识已经寸步难行，我们已经比较生动而充分地感受到知识经济的魅力和力量了。

关于知识经济的特征，学界有不同的总结。我国知识经济学者张守一"概括出32条区别",并着重强调了这样几个特征:①知识经济主要是脑力劳动或新型劳动创造的成果;②知识经济最重要的资源是知识;③知识经济遵循边际收益递增规律;④知识产品的共享性;⑤精神驱动力在知识经济中不断增强;⑥知识经济是网络经济;⑦知识经济是可持续发展的经济;⑧知识经济是全球化经济。[1]高洪深教授也梳理了国内外学者的观点,又提出了知识经济的综合性、集约性、高增值性、高技术性和可持续性等五个特征。[2]赵玉林认为知识经济的特征有:①智力资源为第一生产要素,②高技术产业为支柱,③新为发展的灵魂和动力,④可持续发展。[3]法学界张文显教授牵头的"知识经济与法律制度创新"项目研究认为:"知识经济的根本特征在于,知识和信息的经济化以及经济的知识化和信息化,亦即知识和资本的高度发达与深度结合。知识经济中,知识信息作为基础性生产要素,促动经济社会产生了新的运行机理,同时也引起了新的利益纷争与价值冲突。"[4]《以知识为基础的经济》的报告总结的知识经济的特征有:①科学技术的研发日益成为知识经济的重要基础;②信息和通信技术在知识经济发展过程中处于中心地位;③服务业在知识经济中是主要产业;④人力素质和技能成为知识经济的先决条件。应该说,经合组织的总结具有国际范围的代表性。

可见,关于知识经济的特征,虽然有共同的认识,但总体

---

〔1〕 张守一、葛新权主编:《知识经济概论》,中央广播电视大学出版社2004年版,第17-20页。

〔2〕 高洪深编著:《知识经济学教程》,中国人民大学出版社2010年版,第45~46页。

〔3〕 赵玉林:《创新经济学》,中国经济出版社2006年版,第30页。

〔4〕 张文显等:《知识经济与法律制度创新》,北京大学出版社2011年版,第2~3页。

上是众说纷纭的。在笔者看来,知识经济的特征,尤其是本质特征有哪些,应该以经济形态的要素为视角,从不同的经济形态比较中发现。这就要首先统一对经济形态及其构成要素的理解,其次在比较中划分历史上和国际范围的经济形态类别,发现知识经济的本质特征。

有了这个思路,根据前述经济形态的概念及其历史演进的论述,知识经济的本质特征实际上已经比较清楚了。

第一,在要素方面,知识经济的最基本的要素是知识。在知识经济中,经济活动的要素有知识、信息、土地、资本、计算机、自动化机器和人。其中,知识既是原料,又是产品,即知识产品;信息是生产知识产品的原料;土地仍然是重要的劳动对象,是农业产品和建筑工矿产品生产的基本对象;资本在市场经济环境下仍然是经济活动的血液,是其他要素得以组织起来发挥经济功能的必要条件;计算机和自动化机器是最重要的生产工具,计算机是生产知识的主要工具,自动化机器是生产物质产品的主要工具;人是生产和消费主体,是智力资源和消费者。在市场经济环境下,资本可以换取知识、信息、土地、计算机、自动化机器和人,但是,知识却可以主导资本的流向、决定要素的构成,所以,知识主导经济活动的结构和过程,知识是最基本的要素。

第二,在要素结构方面,知识经济具有以知识产品生产为主导,以物质产品生产为基础的双层要素配置体系。其中,在知识产品生产中,人通过计算机作用于知识和信息,产生知识产品,计算机是知识产品的生产工具,是介于人和知识之间的中间环节。在物质产品生产中,人通过自动化机器将知识产品实施于土地或物质原料,自动化机器是物质产品的生产工具,是介于人和土地及物质原料之间的中间环节。资本在所有要素之间流动，在生产过程中具体化为各种生产要素。

在知识产品生产和物质产品生产之间，总是先生产出有用的知识产品，再通过物质生产领域向物质产品转化。所以，知识产品生产是关键，而且主导着物质产品的生产，具有主导性。同时，物质生产领域通过接受和使用知识产品，转化为有用的物质产品，实现知识产品的价值，并最终满足社会物质需求。物质产品生产具有基础性，没有物质产品生产，知识产品无以着落，知识经济无从谈起，所以，物质产品生产是知识产品生产和知识经济的基础。

这个要素结构特征与劳动系统原理是一致的。劳动系统原理认为人类社会存在着围绕最终物质性生活资料生产的劳动系统。这个系统包括一切物质生产资料生产的劳动、一切能量产品生产的劳动和一切信息产品生产的劳动，以及为生产资料生产、能量产品生产和信息生产劳动提供服务的劳动，它们都统一于最终的物质生活资料的生产劳动。可以说，知识产品生产和物质产品生产之间的关系在信息产品生产的劳动与物质生产资料生产的劳动之间得到了完全的表现。

这个要素结构特征在美国已经充分展现，一方面，美国占据国际分工的顶端，利用知识霸权从正在工业化进程中的新兴经济体获取高额知识产权使用费，还动辄挥舞科技大棒恫吓新兴经济体，维护自己的霸权地位，其底气就来自于知识优势和知识产品生产对物质产品生产的主导地位。另一方面，特朗普政府十分害怕美国经济的"空心化"，不惜打破市场规则，甚至抛弃诚信，挥舞关税大棒，逼迫制造业"回流"，强求国外制造业企业到美国投资，特朗普政府的害怕就来自于物质产品生产相对于知识产品生产的基础地位。

第三，在运行机制方面，知识经济初级阶段是以市场经济为主导的运行机制。在这个阶段,知识已经对经济活动发挥着驱动和主导的功能,但是,资本对知识功能的发挥起着促进或制约的作用。根据中国国家知识产权局网站 2020 年 1 月 15 日发布的"2019 知识产权主要数据"显示,在 2019 年中国授权的发明专利 45.3 万件中有 95.4% 是职务发明。[1] 所谓职务发明就是在劳动雇佣关系中的发明,而劳动雇佣关系情况是受制于资本占有情况的,所以,职务发明比例充分说明了资本对知识产品生产的促进和制约作用。当代知识经济产生在市场经济环境下,知识已经成为经济活动最重要的要素,经济需要知识的"创新驱动",经济增长主要依赖知识创新,经济增长点基本上都是知识创新点,有的是产品设计创新,有的是运营模式创新,有的是文化创意。与此相适应,由于资本是趋利的,所以,知识的集聚地往往是资本的集聚地,知识创新往往引领资本的流向,而资本流向则决定了其他经济要素的流向和结构。

但是,资本的趋利本性常常是短视的,是急功近利的,而知识创新常常耗时耗力,所以,资本常常不能与知识同步,有时候对知识的经济功能的发挥会起到制约作用。另外,资本在知识创新过程中还常常与民争利,拿走知识产品生产劳动者的绝大部分成果,甚至压制知识产品生产劳动者的进一步创新,这也会制约知识的经济功能的发挥。

第四,在运行状态方面,知识经济是集约型的全球化经济。当知识主导经济过程以后,经济的增长不再依赖物质资源的消耗,而是通过知识创新不断开拓物质资源的范围和利用方式,资源被集约化利用,循环经济和可持续增长成为可能。世界上已经进入知识经济的国家无不呈现这种状态,而且,即使没有

---

〔1〕 2019 知识产权主要数据,载 http://www.sipo.gov.cn/zcfg/tjxwx/1145411.html.

实现持续性增长，也没有出现大规模物质资源消耗的情况。

知识经济是人类公共知识积累到相当程度的结果，且必须继续依赖人类公共知识的积累，这就决定了知识经济的全球性，闭关锁国搞知识经济是行不通的。我国正在大踏步向知识经济挺进，但是，我们一刻也不能离开对西方发达国家科技成果的吸收利用和再开发。同样，美国虽然在许多科技领域领先世界，却也一刻不能离开对别国创新成果的关注和利用，否则，就会在很短的时间内被淘汰，比如目前正在推广的5G技术，我国已经超越美国。另外，知识的共享性和信息网络技术的发展也决定了知识经济必须走全球化道路，而不可能在一国持续发展。任何一件知识产品如果只是在一国获得知识产权，而不被国际或别国承认和保护，这件知识产品将很快被别国"共享"，智慧之火上将失去利益之油，市场经济环境下的知识经济将无从谈起。这也正是国际贸易发展不久，相关国际范围的知识产权公约或国际组织就应运而生的根本原因。

二、知识经济的概念

如许多学科的基本概念一样，知识经济的概念也是一大把，自马克卢普20世纪60年代提出"知识产业"概念以来，国内外很多学者都关注和研究了知识经济。但是，真正大规模重视和研究知识经济是在20世纪90年代以来，并以1996年经济合作与发展组织《以知识为基础的经济》的报告为界。知识经济的定义也主要以该报告的定义为代表。该报告认为：知识经济是建立在知识和信息的生产、分配和使用之上的经济。

此后，学者也纷纷给知识经济下定义，但是，主要还是基于经济合作与发展组织的定义。比如，我国学者高洪深教授认为："知识经济在本质上是'以智力资源的占有、配置，以科学技术为主的知识生产、分配和消费（使用）为最重要的因素的经济'。"[1]张守一、葛新权认为："所谓知识经济，是指在再生产过程中，知识劳动者（脑力劳动者或新型劳动者）利用以高新技术为特征的劳动工具创造价值与财富的经济。"[2]赵玉林认为知识经济"是以智力资源（以智力劳动为主的人力资本与构成知识产权的无形资产，即知识资本的统一）的占有、配置，以科学技术为主的知识的生产、分配和使用（消费）为最重要因素的经济"[3]。除了经济学界，法学界也早已关注知识经济，张文显教授牵头并经多年研究的课题成果认为，"知识经济是继原始经济、农业经济、工业经济之后出现的经济形态，是以人类知识精华和最新科学技术为基础，以知识和信息的生产、分配与使用为主导内容的经济形态"[4]。

上述知识经济的概念既有共同的内容和表达方式，也有不同的内容和表达方式，反映了人们关于知识经济共同的或不同的侧面或层面的认识。比如，经济合作与发展组织的概念突出的是知识经济的知识和信息要素，是从经济形态的最基本要素角度的定义；高洪深教授的概念突出的是经济活动的"因素"，也是从经济形态的最基本要素角度的定义；张守一、葛新权的概念突出的是人、劳动资料和劳动成果的关系，是从经济形态的要素结构角度的定义；赵玉林的概念突出的是"资源"，又是从经济形态的最基本要素角度的定义；张文显教授的概念则指出了经济形态的最基本要素和经济活动的主导内容两个方面，

---

[1] 高洪深编著：《知识经济学教程》，中国人民大学出版社2010年版，第39页。
[2] 张守一、葛新权主编：《知识经济概论》，中央广播电视大学出版社2004年版，第11页。
[3] 赵玉林：《创新经济学》，中国经济出版社2006年版，第30页。
[4] 张文显等：《知识经济与法律制度创新》，北京大学出版社2011年版，第1页。

是比较全面的定义。

概念是关于事物的内涵和外延的规定性，概念必须基于对象的本质认识来确定内涵，同时基于对象的所属范畴确定外延。由于知识经济属于经济形态范畴，那么，定义知识经济的关键就在于弄清楚知识经济的内涵，从而对所属范畴予以限定。为了弄清楚内涵，就必须把握对象的本质特征，这也是本书在讨论知识经济概念之前先讨论知识经济特征的原因。

基于前面关于知识经济的四个本质特征的讨论和揭示，当代知识经济的定义是：知识经济是建立在知识基础上的以知识产品生产为主导、以物质产品生产为基础的集约型和全球化的市场经济形态。在这个定义中，"在知识基础上"描述的是知识经济的最基本要素，"以知识产品生产为主导，以物质产品生产为基础"描述的是知识经济的要素结构，"市场经济"描述的是知识经济的运行机制，"集约型和全球化"描述的是知识经济的运行状态。

第三节 知识经济的基本规律

规律是事物之间的必然联系，是人类认识活动的基本内容。社会活动是有规律的，"宏观上的变化并不是由有意识的设计和意图所造成的，而是在人类的智慧和相关的社会学进步到人能够意识这些变化，并且至少能够梦想去影响变化的进程之后才会发生的"。[1]人类只有发现和揭示了活动对象的规律，才能主动适应规律，有效利用或管理自己的活动对象。知识经济作为一种经济形态，这种经济形态中经济活动的对象之间也会有必

---

[1] [英]彼得·杰伊：《财富的历程》，杨建民译，国际文化出版公司2005年版，第27页。

然的联系,有这种形态下的经济规律。

一、经济规律

(一)研究经济规律的必要性

经济规律范畴是我国传统经济学的基本范畴,但是,自从改革开放以后,我国经济学界纷纷转向西方经济学的引介和其在我国的应用性研究。研究方法从定性研究转向定量研究,各种经济模型和公式被应用,基本规律范畴几乎一夜之间从经济学中消失。翻遍已有的知识经济学著作和教材,没有发现一部探讨过知识经济基本规律的,在知网上搜索知识经济学论文,也没有发现专门探讨知识经济基本规律的。

毋庸置疑,经济学研究如果没有实现定量化,没有公式和模型,这个经济学一定是有缺陷的,是不成熟的。但是,根据系统论的观点,任何事物都是一个系统,任何活动都是多系统构成的动态系统。试图在这个动态系统中抽取其中一个或几个子系统(因素)描述系统的运动轨迹和预测系统的运动趋势,都不是系统运动的真正全貌,都是不可靠的。比如,经济活动的主体是人,经济活动时刻伴随人的主观因素,是人的主观意识支配下的实践活动。作为研究人类经济活动的科学,无视经济活动中人的主观因素,结论必然是偏颇的。经济学作出排除主观因素的理性"经济人"假设本身就等于宣布自己的研究前提是有局限的,研究结论是有缺陷的。

而定性研究把握的是推动系统运动的主要矛盾和主要矛盾的主要方面,是从事物的本质和规律出发判断事物的运动趋势,具有根本性和决定性,研究结论具有高度的抽象性和概括性。系统中的其他要素和矛盾虽然都会影响系统的运动,但是,都是影响因素和次要矛盾,决定不了系统运动的大势。定量研究就是在对影响系统运动的因素和矛盾作出定性判断的情况下，进一步从各因素量的变化方面研究系统量的变化，具有细节性和暂时性，结论具有具体性和精确性。所以，定性研究的优势是在根本上抓住事物运动的大趋势，而且是在无需定量研究或还不能定量研究的情况下就能把握事物运动大趋势。所以，定性研究是定量研究的前提，定量研究是定性研究的具体化，二者相辅相成，缺一不可。因此，定量研究不应取代定性研究，经济学研究一味从事定量研究是不可取的，也是不科学的。

（二）经济规律的影响因素

辩证的系统观告诉我们，矛盾是事物运动的动力之源，矛盾总是由对立统一的两个方面构成，矛盾的两个方面是影响事物运动的两个因素。经济活动是个动态系统，推动这个系统运动的也是系统内不同因素之间构成的矛盾。这个系统内有多个子系统，有多个因素，经济规律是系统内所有因素作用的结果，但是，决定系统运动方向和趋势的只是其中的主要矛盾。次要矛盾会对主要矛盾的运动产生影响，但不是决定性的，而且会随着主要矛盾的变化而变化。

所以，在经济系统内有多少个矛盾就有多少个经济规律，就可以有多少个经济公式或模型，但是，决定经济系统运动方向和趋势的只有主要矛盾以及在主要矛盾推动下形成的基本规律。我们的研究不能穷尽所有规律，不过，只要我们抓住了主要矛盾和基本规律就能够把握经济活动的基本方向和趋势，如何治理经济就有了基本的底气。正如马克思论述人类在掌握规律前后的区别所言："这里的区别正像雷电中的电的破坏力同电报机和弧光灯的被驯服的电之间的区别一样，正象火灾同供人使用的火之间的区别一样。当人们按照今天的生产力终于被认识了的本性来对待这种生产力的时候，社会的生产无政府状态就让位于按照全社会和每个成员的需要对生产进行的社会的有计划的调节。"[1]

二、知识经济基本规律

(一) 知识经济的主要矛盾

前面我们已经讨论了知识经济的要素、要素结构和运行机制,知识经济的主要矛盾就是由这些要素在运行中构成的,知识经济的基本规律也正是蕴含并作用在这些要素的运行过程中。需要注意的是,经济活动是人的活动,经济要素是在人的意识支配下配置的,经济要素之间的矛盾本质上都是不同利益的人之间的矛盾,所以,分析经济活动中的矛盾和规律不能离开要素背后的人。

1. 知识产品生产和物质产品生产之间的矛盾

如前所述,知识经济有知识产品生产和物质产品生产双层生产结构,这个双层生产结构在知识经济时期形成各自相对独立的知识产品生产活动和物质产品生产活动。以生产活动为中心又会形成不同生产要素流动的各自相对独立的经济活动,进而形成知识经济的二元经济结构。这个二元经济结构是人类改造客观世界三大要素满足自身需求的全面实践活动,分别对应着人类对信息和物质的改造(能量蕴含在物质中)。与信息和物质的关系相对应,知识产品生产活动起着主导作用,物质产品生产活动起着基础作用。由于知识产品生产活动与物质产品生产活动具有不同的生产要素和要素结构,所以,知识产品生产活动与物质产品生产活动一定具有不同的矛盾形态和规律。另外,由于两种经济活动的巨大差异和互生共存,在两种经济活

---

[1]《马克思恩格斯全集》(第20卷),人民出版社1972年版,第304页。

动之间必然存在矛盾,这种矛盾连接着两种经济活动,推动着知识经济活动,这种矛盾应该是知识经济的主要矛盾。所以,在知识经济中存在两个层次的主要矛盾,即知识经济全局范围内的主要矛盾和两种经济活动各自内部的主要矛盾。

知识经济全局范围内的主要矛盾是知识产品生产与物质产品生产之间的矛盾。其实,这对矛盾在人类经济活动历史中一直存在,并一直表现为体力劳动与脑力劳动的矛盾。只是,在以物质生产为主要经济活动的时期,知识产品生产从属于物质产品生产,知识产品生产没有独立成为与物质产品生产相对立的主要经济活动。这种局面在知识经济时期发生了颠覆性的变化,但是,无论经济形态如何演变,人的物质性存在决定了物质需求和物质产品生产的基础地位,所以,物质产品生产活动在知识经济中仍然是基本的经济活动。这样,在知识经济中,知识产品生产与物质产品生产就演变成为一对基本矛盾,并决定着知识经济的基本面貌和走势,是知识经济基本规律的成因。

2. 公共知识和创新知识之间的矛盾

知识产品生产活动是知识经济活动的主导方面,在这个方面,知识产品生产要素在运行中也必然产生一些矛盾。毫无疑问,围绕知识要素的矛盾将成为知识产品生产活动中的主要矛盾。如前所述,知识产品生产过程中的知识要素包括人类公共知识和创新知识,关于公共知识资源的占有使用和知识创新的投入分配将是矛盾的焦点。在市场经济环境下,二者背后分别是社会大众和知识产品生产者两个利益主体,知识产品生产者主要是知识产品研发制作单位,包括各类研发制作机构和企业,文艺作品生产者则还有大量的个人。这两个利益主体在知识产品的归属和可得利益的分配上必然发生矛盾,并左右知识产品生产活动。我们看到,如果前一个创新知识不允许后一个知识产品生产者利用，后一个创新将十分困难，甚至无法开展，国际上各国在芯片技术、5G 技术、人工智能技术、医药技术、航天技术、深海探测技术，乃至育种技术的研发竞争都是典型的例子。试想一下，如果祖先的制火技术、帆船技术、四大发明等不允许后人利用，人类文明会止步于哪里？如果牛顿定律、质量守恒定律、相对论、控制论、信息论和系统论不允许后来者利用，知识爆炸和当代科技又从何谈起？还有，如果苏格拉底、亚里士多德、孔子、洛克、卢梭、亚当·斯密和马克思等等思想家的学说不允许后人利用，人类会不会有今天？所以，创新一定是建立在人类已有知识之上的，知识产品一定包含前人创新付出的劳动。看不到前人的劳动付出，试图完全独占知识产品，甚至排斥后人在知识产品上继续开发是很不公平的。同时，没有创新，新知识也无从谈起，知识产品就不会产生，知识产品一定包含着生产者的创新劳动。轻视甚至忽视知识产品生产者的劳动付出，让生产者把知识产品拱手交给大众，也是很不公平的。

从价值角度看，由于创新知识利用了人类公共知识资源，所以，包含创新知识的知识产品就包括人类公共知识价值和生产者创造的价值两个部分。这两个部分在知识产品将要获得的利益的分配上就要产生矛盾，其背后的利益主体分别是社会大众和知识产品生产者。这对矛盾贯穿知识产品生产的全过程，决定着知识产品的命运，因而是主要矛盾。智力资源有时候也被作为知识要素，但是，由于智力资源实际上就是劳动者，属于人的要素范畴。在知识产品生产过程中，智力资源会与资本构成矛盾的两个方面，实际上是劳动者与雇主的矛盾，这个矛盾与知识经济时代以前的劳动者与雇主的矛盾没有本质区别，因而并不是知识经济时代独有的矛盾。

3. 物质产品生产活动中的传统矛盾

物质产品生产活动是知识经济的基础方面，在这个方面，物质产品生产要素在运行中也会产生一些矛盾。同样道理，围绕物质要素即物质资源的矛盾将成为物质产品生产活动中的主要矛盾。如前所述，物质产品生产过程中的物质资源就是物质原料，包括以物质形式存在的能源。因为物质资源具有稀缺性，围绕稀缺性会产生两对矛盾：一个是资源稀缺和资源需求之间的矛盾；另一个是在资源竞争主体之间的矛盾。前一个矛盾本质上是自然与人之间的矛盾，后一个矛盾本质上是人与另一个要素即资本之间的矛盾，所以，两个矛盾都是物质产品生产活动中的主要矛盾。另外，在物质产品生产过程中，资本与劳动者之间也会因为产品分配问题产生矛盾，其本质上是雇主与劳动者之间的矛盾，这个矛盾也是与知识经济以前的劳动者与雇主的矛盾没有本质区别。由于农业经济和工业经济都是以物质产品生产为主导的经济形态，物质资源早在工业经济时期，甚至农业经济时期就呈现出稀缺性特征（因为稀缺性是相对于生产力状况而言的），所以，物质产品生产活动中的三个矛盾早已存在，只是在新的经济形态下还在延续，不过，矛盾的表现形式和作用必然会发生变化。

（二）知识经济的基本规律

辩证唯物主义告诉我们，推动事物运动的是矛盾，决定事物性质、发展方向和趋势的是矛盾的主要方面。规律就是事物变化的必然性，是矛盾推动的由矛盾的主要方面决定的必然性。上面，我们已经论述了知识经济中的不同层次的主要矛盾，那么，通过分析矛盾的主要方面就不难发现知识经济的不同层次的经济规律。

1. 知识经济的基本规律——二元共振规律

知识经济全局的主要矛盾是知识产品生产活动与物质产品

生产活动之间的矛盾。在这对矛盾中，知识产品生产活动是主导，表现为引领经济方向和发展趋势，变革农业和工业生产方式和结构，引导资本和人才结构调整和流动方向。物质产品生产活动的基础作用表现为科技产品的"产业化""实体经济"的基础地位等。当然，这对矛盾还表现为知识产品生产者与物质产品生产者之间的利益博弈，《知识产权协定》谈判过程中，以美国为代表的发达国家与发展中国家之间的艰难磋商就是典型例子。而传统大型制造企业纷纷成立研发机构，加大研发投入，成立各种"集团"或"联合体"，则是试图避开或解决这个矛盾的反面案例。知识经济中的这对矛盾，根源于信息与物质的矛盾，也根源于人的智慧动物的本性和物质存在的现实，发源于人类物质生产的开始，发祥于知识经济时代，所不同的只是二者在不同经济形态下的相互地位，尤其是主导地位的变化。

在这对矛盾作用下，知识经济在总体上就产生了这样的规律：知识产品生产主导和驱动物质产品生产，物质产品生产实现和支撑知识产品生产，二者共同推动和实现经济发展。这个规律源于知识经济的二元结构，而且二元经济活动之间呈现同频共振现象，知识产品生产的变化会立即传导并推动物质产品生产的变化；反过来，物质产品生产的变化会立即反馈给知识产品生产，并引起知识产品生产的关注或调整。所以，我们不妨把这个规律叫作二元共振规律。

2. 知识产品生产活动的基本规律——生产者有限所有规律

知识产品生产活动中的主要矛盾是公共知识与创新知识之间的矛盾，在这对矛盾中，公共知识是原料资源或工具性劳动资料，创新知识是生产成果。公共知识和创新知识这对矛盾贯穿知识产品生产的全过程，决定着知识产品的命运。并由此产生知识产品生产活动中的基本规律，即知识产品共有规律，即社会大众和知识产品生产者共同享有知识产品。这个规律从生产者角度，可以叫作生产者有限所有规律。因为知识产品虽然是生产者生产的，他却只能部分享有知识产品，即对创新知识部分享有所有权，他对知识产品的所有是有限的。由于社会大众并不是经济意义或法律意义上的独立主体，所以，这个规律从生产者角度指称比较合适，即称为生产者有限所有规律比较合适。

必须承认，生产者有限所有规律的作用是明显的，表现为知识产权的权利限制。但是，产生规律的原因却是隐蔽的，因为公共知识没有作为原料或工具性劳动资料计价进入知识产品生产成本，以至于不能在明面上看到公共知识对知识产品的贡献，甚至给人以国家代表大众强行分割知识产品的感觉，引得许多知识产权法学家不遗余力地论证知识产权的正当性。

3. 物质产品生产活动中的基本规律

知识经济时代，物质产品生产活动因为附属于自己的知识产品生产独立出去而失去了往日的光彩。但是，物质产品生产的本质、功能和基础地位没有改变，物质产品生产活动的基本矛盾没有变化，所以，物质产品生产活动中基本规律仍然是传统的规律。只是，随着全局主要矛盾和基本规律的变化，传统规律会有不同的表现形式。比如竞争规律，在知识经济时代就不会像以前那样仅仅盯着已知的资源不择手段地争夺，甚至发展为战争，而是求助于知识产品生产，寻找替代资源或资源节约型生产方式。对客户的竞争也是这样，不再是一味地低价或垄断市场，而是求助于知识产品生产，增加物质产品附加值，增强物质产品对客户的"黏性"。

梳理上面的论述可以看出，知识经济中新的基本规律只有两个，一个是全局性的经济规律，即二元共振规律；一个是知识产品生产活动的经济规律,即知识产品生产者有限所有规律。其中,第一个规律具有全局性,是我们务必要高度重视的;第二个规律是新的经济活动领域的规律,也是我们要持续关注和慎重对待的。至于物质产品生产活动领域的规律,我们应该在新的经济形态下适应规律的变化,不能犯经验主义错误,也不能轻视或忽视规律的作用。

我们还可以从其他维度发现知识经济中的别的规律,甚至也很重要。比如从知识的共享性出发,可能发现知识产品的唯一性、知识产品生产加速度、边际效用递增等"规律",它们在我们确定某个应对方案时可能是重要的依据。但是,就知识经济治理而言,这些"规律"不具有宏观性,不可能是基本规律。

第四节 知识产权制度的基本原则

张文显教授认为:"就知识经济具体的制度架构而言,主要包括以下三个方面:其一,自由市场制度,例如作为激励知识生产和创新的最有力机制的知识产权制度和自由竞争制度以及风险投资制度和企业产权制度……其二,政府规制制度,表现为政府动用财政政策……经济杠杆所实施的宏观调控和管理制度,以及为防范有限理性和权力寻租造成更大损害和危险的法治和控权制度。其三,公共自主制度,即由公众对人类知识的继承、分享和发展的权利以及知情权、言论自由和结社自由等所支撑和构建起来的以对抗知识霸权和垄断的制度。"[1]

如果按照这个制度框架,则知识产权制度属于自由市场制度的一部分。知识产权制度是管理知识产品的制度,是知识经

---

[1] 张文显等:《知识经济与法律制度创新》,北京大学出版社2011年版,第3~4页。

济的核心制度。知识产权制度包括政策性制度和法律制度，法律制度是政策性制度的法律化，是稳定的政策性制度，因而是知识产权制度的主体。

知识产权自诞生以来，已经形成庞大的权利集群，而且这个集群还在迅速扩大，相关的法律也在不断跟进，包括旧法的修改和补充，也包括新法的制定。但是，我们至今还没有发现合适的、能够统摄知识产权法的基本原则，甚至一些重要的具体的知识产权法都没有自己的基本原则。比如，我国《专利法》就没有规定基本原则；《商标法》只有诚实信用原则，可是这个原则并不是《商标法》的特有原则，而是民法的基本原则；《著作权法》前进了一步，规定了公共利益原则，但是，却是对《知识产权协定》的回应，这个原则还不能说是著作权法特有的基本原则。我国的立法惯例比较注重法律的体系化，一般都会有"总则"条款，其中就有基本原则的规定，所以，这种立法状况是与我国立法惯例不相符的。倒是在国际知识产权制度中会规定一些基本原则，比如《知识产权协定》中就有国民待遇原则、最惠国待遇原则和公共利益原则等，这个后面笔者会有讨论。

与立法状况大体相当，知识产权基本理论的探讨虽已有时日，以"知识产权法学""知识产权总论"或"知识产权法哲学"名义出版的著作或教材已经难以计数，论述"知识产权法基本原则"的却十分罕见。利益平衡理论算是我国知识产权学者的贡献，有的认为这个理论也是知识产权法的基本原则。但是利益平衡理论存在的问题，本书在前面"知识产权"一章中已经设专节讨论过，以该理论为基础确立知识产权制度的基本原则恐怕不行。

一、确立知识产权制度基本原则的根据

原则是人们为了实现行为目的给自己制定的基本准则。原则在人们的活动中具有总规范和总指导功能，以保障行为根本目的的实现。原则虽然是人们自己制定的，但是，任何行为都要面对不同的特定的行为对象。行为是在人和对象的互动过程中完成的，所以，为了实现根本目的，人们在制定和确立原则的时候并不能随意任性，而是要有根有据。

（一）原则的根据

人们的行为总是有目的的，没有目的的行为是没有意义的。目的是具体而现实的，目的服从于价值选择，价值选择取决于人们自己的价值体系和对事物的价值判断和定位。目的具有现实性和浅表性，价值具有抽象性和根本性。所以，目的是行为的目的，虽然反映了行为人的价值选择，但并不直接反映行为人的价值体系和价值判断，目的不是价值。所以，原则要保障目的的实现，但体现的却是目的背后的价值选择。

目的是行为的目的，而行为总是人的行为，而且总是要与他人、它物或环境发生关系的，行为能不能达到目的，取决于行为人自身、他人、它物和环境等多方面因素。在自身和环境状况一定的情况下，如果有他人、它物作为行为对象，对行为对象的认识程度就会决定着行为方式和行为的成功与否。认识的最基本、最重要的内容就是行为对象的本质和运动规律，因为只有这样，人们的行为才能抓住问题本质，才能运用规律实施行为，使行为具有针对性和有效性。否则，认识的错误、肤浅或片面就会使行为盲目、短视或偏离方向，最终，要么什么目的都达不到，要么达不到实质目的，要么不能达到整体目的。所以，对行为对象的本质和运动规律的正确认识在人们的行为

过程中是至关重要的,这也正是各门科学的任务,也是人类越来越注重科学研究的原因。

所以,虽然原则是人们自己制定和确立的,虽然人们为了实现目的动辄这个"原则"、那个"原则"。但是,真正的原则的制定和确立是要有科学依据和科学内涵的,而不仅仅就是个"目的""想法""指示"或空洞的口号。

从内容方面看,原则的制定和确立必须根据和体现两个方面的内容:一个是行为人的价值选择;另一个是行为对象的本质和运动规律。前者体现行为人的主观意识性,是原则的主观根据;后者体现事物的客观存在性,是原则的客观根据。

(二) 公平和效益是知识产权制度基本原则的主观根据

知识产权制度本质上是国家对知识产品的管理制度,其管理对象是知识产品,管理的目的在各大知识产权法中都有表述。如我国《专利法》第1条规定:"为了保护专利权人的合法权益,鼓励发明创造,推动发明创造的应用,提高创新能力,促进科学技术进步和经济社会发展,制定本法。"《商标法》第1条规定:"为了加强商标管理,保护商标专用权,促使生产、经营者保证商品和服务质量,维护商标信誉,以保障消费者和生产、经营者的利益,促进社会主义市场经济的发展,特制定本法。"《著作权法》第1条规定:"为保护文学、艺术和科学作品作者的著作权,以及与著作权有关的权益,鼓励有益于社会主义精神文明、物质文明建设的作品的创作和传播,促进社会主义文化和科学事业的发展与繁荣,根据宪法制定本法。"可见,三大知识产权法第一条规定的都是制定该法的目的,其语言结构基本相同,即"保护……权(益),……促进……发展"。这个目的,在立法习惯相近的日本的知识产权立法中也有体现。比如,日本《专利法》第1条就是"本法的目的是通过保护和利用发明,鼓励发明,以推动产业的发展。"日本《商标法》第1条规定:"本法的目的,在于通过对商标的保护,维护商标使用者业务上的信用,以利于产业的发展,并保护需求者的利益。"所以,知识产权制度的目的就是保护权利人的合法权益,促进社会文明的发展,包括物质文明或精神文明的发展。

这两个目的体现了立法者的两个价值取向,即公平和效益。保护权利人的合法权益体现的是对权利人利益的公平安排,促进文明发展体现的是效益考量,包括经济效益和社会效益。所以,公平和效益是知识产权制度基本原则的主观根据。

(三) 知识产品的本质和运动规律是知识产权制度基本原则的客观根据

知识产权制度的管理对象是知识产品,知识产品的本质和运动规律就是知识产权制度基本原则的客观根据。

如前所述,知识产品的本质是人类智力劳动重构的概象化或符号化的系统性信息。管理知识产品就要知道知识产品的这些本质特征,只有这样,管理才能有针对性,才可能有效。

知识产品的运动规律是作为知识产品的一部分,在以人为主体的经济活动中从生产到消费所呈现的必然趋势。由于知识产品是知识经济的细胞,知识产品的内在矛盾蕴含着知识经济的基本矛盾,所以,知识产品的运动规律就是知识经济的基本规律,知识经济中的二元共振规律和生产者有限所有规律就是知识产品的运动规律。管理知识产品的生产、分配、流通和消费实际上就是治理知识经济,就是要知道和运用这些规律。

二、知识产权制度的基本原则

制度是一系列的规则体系,贯穿整个规则体系的就是基本原则。基本原则必须是制度制定者通过制度治理其对象的根本目的，和对制度治理对象本质规律认识的共同体现。因为不体现制定者的根本目的，制度体系将失去意义；不体现本质规律的认识，制度体系将不会实现根本目的。

现在，我们已经知道了知识产权制度的价值是效益和公平，也就知道了知识产权制度的根本目的是追求经济效益和社会公平。我们也论述了知识产品的本质是系统性信息，还有知识产品运动的二元共振规律和生产者有限所有规律，知识产权制度的基本原则已经呼之欲出了。

首先，在知识经济全局层面上，为了实现效益最大化，同时兼顾社会公平，根据二元共振规律，我们必须优先鼓励知识产品生产。只有这样，知识产品生产活动才能率先启动和发挥主导和驱动作用，物质产品生产才能动起来、活起来，经济增长才能充满动力和活力。与此同时，必须兼顾知识产品生产者和物质产品生产者的利益，避免出现利益向知识产品生产者过度倾斜。因而，必须保证知识产品生产者和物质产品生产者之间的平等地位，避免出现知识产品生产者的垄断和失衡的"卖方市场"，避免出现"知识霸权"，进而确保物质产品生产的基础作用的发挥。当然，也不能反过来出现物质产品生产者的垄断和失衡的"卖方市场"，甚至出现知识经济的倒退。所以，知识经济治理的基本原则就是：二元共建，知识生产优先，物质生产为基础。即，在总体上要兼顾二元经济活动，实现共建，共建的方式是优先鼓励知识生产，确保物质生产。换句话说，如果为了发展，必须优先考虑知识生产活动，为了长期发展和经济社会的稳定，必须确保物质生产，必要时为了确保稳定，可以牺牲发展，包括牺牲短期的知识生产。为了方便表达，我们不妨把这个原则叫作二元共建原则。

其次，在知识产品生产活动中，为了实现效益最大化和社会公平，根据生产者有限所有规律，我们必须依据知识产品的价值构成对知识产品的可得利益予以合理分割，从而同时体现知识产品生产者和人类公共知识对知识产品的价值贡献。做到了这两个"体现"，就能保证对知识产品生产者创新劳动的回报，进而鼓励创新；也能保证对社会大众公共知识共有者的回报，进而促进知识共享和大众创新，可见，这两个"体现"还同时实现了效益和公平两个价值目标。由于知识产品的价值构成中，体现创新知识和公共知识的价值是最主要的组成部分，也是知识产品生产者与社会大众回报的依据，知识创新的不同程度决定了二者的价值构成比例。所以，管理知识产品生产活动就应该依据知识创新度分配知识产品可得利益，进而鼓励知识创新，促进知识共享。又因为在实际运行中，需要分配可得利益的实际主体只有知识产品生产者，社会大众并不是现实经济主体，不会提出分配需求。所以，两个"体现"的关键就是如何体现知识产品生产者的创新劳动价值，而且实现鼓励创新和促进共享的目标。所以，知识产品生产活动治理的基本原则可以概括为：依据创新度确定生产者利益，鼓励创新，促进共享。为了方便表达，我们不妨把这个原则叫作创新共享原则。

知识产权制度是知识经济基本管理制度，所以，以上两个基本原则是知识经济全局和知识产品生产活动一元经济的治理原则，也是知识产权制度的基本原则。在知识经济中，物质产品生产领域也应该有相应的基本治理原则，基于该领域传统基本规律的延续性，相应的基本原则并不是知识经济所独有，因而，没有必要再次讨论。

三、四大类知识产权的治理原则

知识产权是个权利集群，有思想作品权等四大类，它们对应着具有不同本质和运动规律的知识产品，我们对它们的期待和权利设定的目的也会有所不同。那么，在统一的基本原则之下，不同大类的知识产权就应该有自己特殊的大类治理原则。

(一) 思想作品权的治理原则

思想作品是关于事物的本质和规律认识的表达形式，真理性是它的根本属性。思想作品的真理性使它具有启迪智慧、丰富心灵的功能，这个功能又决定了思想作品对其他知识产品生产的基础作用，具体表现为提供生产工具或生产资料的作用。这就决定了思想作品的生产流通规律，即在生产过程中的深刻而系统的理性思维和流通过程中的普遍持久而间接的传播。而我们对思想作品的期待和设定思想作品权的目的，就在于尽可能多地发现事物的本质和规律，为启迪智慧、丰富心灵提供滋养，为其他知识产品的生产提供工具或原料。那么，思想作品权的治理原则就是：依据发现难度确定生产者利益，鼓励发现，促进传播。这个原则的表达方式是上述知识产品生产活动治理基本原则在思想作品生产活动中的转化，即：把"创新度"转化为"发现难度"，把"创新"转化为"发现"，把"共享"转化为"传播"。

(二) 文艺作品权的治理原则

文艺作品是人们对世界的美的认识和情感体验的表达形式，审美性是它的根本属性。文艺作品的审美性使它具有丰富心灵、陶冶情操的功能，这个功能决定了思想作品的直接消费价值，同时决定了思想作品的精神消费品本质和独创性决定价值的规律。而我们对文艺作品的期待和设定文艺作品权的目的就在于尽可能多地提供美感，对社会大众予以美的陶冶和情趣感染，为人类文明提供精神养料。那么，文艺作品权的治理原则就是：依据独创性确定生产者利益，鼓励独创，促进传播。这个原则的表达方式是知识产品生产活动治理基本原则在文艺作品生产活动中的转化,即:把"创新度"转化为"独创性",把"创新"转化为"独创",把"共享"转化为"传播"。

(三) 技术作品权的治理原则

技术作品是人们关于事物本质、规律和自身需求的双重认识的表达形式,方法性是它的根本属性。技术作品的方法性决定了它的解决问题、生产产品的功能和可直接商业使用的价值,同时决定了它的方法本质和创新实用性决定价值的规律。我们对技术作品的期待和设定技术作品权的目的就在于尽可能多地提供新的产品生产方法,并通过商业使用满足人的需求,丰富人类的物质文明。那么,技术作品权的治理原则就是:依据创新实用性确定生产者利益,鼓励实用性创新,促进商业使用。这个原则的表达方式是知识产品生产活动治理基本原则在技术作品生产活动中的转化,即:把"创新度"转化为"创新实用性",把"创新"转化为"实用性创新",把"共享"转化为"商业使用"。

(四) 标识作品权的治理原则

标识作品是人们对事物确定性认识的表达形式,独特性是标识作品的根本属性。标识作品的独特性使它具有标记事物、提供事物信息的功能和直接的商业使用价值,决定了标识作品的信息标记的本质和信息决定价值的规律。我们对标识作品的期待和设定标识作品权的目的就在于通过标记辨识产品,促进诚信。那么,标识使用权的治理原则就是:依据独特信息确定生产者利益,鼓励美名商标,促进诚信。这个原则的表达方式是知识产品生产活动治理基本原则在标识作品权中的转化,即:把"创新度"转化为"独特信息",把"创新"转化为"美名商标",把"共享"转化为"诚信"。

第四章 知识经济与知识产权制度基本原则

以上是依据知识产权基本原则对四大类知识产权治理原则的进一步的一般性阐释，后面对一些重要的具体知识产权种类笔者还会有在此基础上的更加具体的阐释，同时，也将是对知识产权基本原则和四大类知识产权治理原则的进一步丰富。

CHAPTER 5 第五章
著作权原理

第一节 作 品

一、作品的概念和特征

（一）作品的历史形态和本质

1. 作品的历史形态

作品不是有了著作权法以后才有的，也不是在人类有文字以后才有的，早在人类第二信号系统产生之前，古人在石壁上的涂鸦和对动物声音动作的模仿就是最早的作品，岩画和歌舞恐怕是文字产生以前最主要的作品了。

文字产生以后，作品有了文字形式；纸笔出现以后，作品有了书画形式；乐器发明之后，有了音乐作品；照相机发明以后，有了摄影作品；电影发明以后，有了电影作品……作品是随着人类文明的进步而不断扩充自己的形式和种类的，作品是一种形式的存在。但是，任何形式都是特定内容的外在表现，没有任何内容的形式不可能获得自身的存在，没有特定内容的形式不可能获得独立的存在地位。作品作为一种形式的存在，应该有自己特定的内容。

一般认为，作品是表达思想的，所以，作品的内容就是思想。但是，思想这个词的内涵过于宽泛，甚至用作指称作品的内容并不准确。思想可以指人脑活动的所有东西，与"意识"同意，比如"思想活动"中的"思想"；也可以指人脑抽象思维或者抽象思维的成果，比如"思想史""思想家"中的"思想"。但是，"思想"一般指称的还是理性思考的观点，各种形式的作品的内容并不是"思想"能够囊括的，比如书画作品、歌舞作品、诗词作品表达的恐怕情感因素更多些。当然，既然能够表达出来，那一定是经过作者的"思想"的，毕竟，思恋的情感也是作者的所"思"所"想"。所以，被表达的"情感"也可以说是作者的"思想"，只是准确性欠缺了，或者说不够严谨了。

其实，纵观所有形式的作品，如果从人脑的活动角度概括，无非是两大类思维的成果，即形象思维的成果和抽象思维的成果，与感性认识阶段的成果无关。所以，作品并不是所有人脑活动的成果，而只是其中思维活动的成果。

2. 作品的本质

作品是思维活动的成果，但是，并不是所有思维成果的表达形式都是作品。发现、发明、技术方案等显然是人的思维的成果，而且可能是非常复杂的抽象思维的成果，可它们就不能成为作品。为什么呢？因为它们不具有作品的最本质、最基本的功能——直接满足人的精神系统有序化的需求，或者按照目前的说法，满足精神性消费的功能。人作为高级的复杂系统，包括生理系统和精神系统两个方面的系统，人的需求包括生理需求和精神需求两个方面。生理需求需要物质性的消费对象，精神需求需要信息性的消费对象。作品就是人类创造的精神消费品，也只有能被直接精神消费的思维成果才会是作品，这就是作品的本质。

人的精神需求并不因为其信息性——或者通常所说的无形性——就是空洞的，它是具体的精神系统有序化的需求。一个人为了自己的身体健康和长寿，即追求生理系统的有序化，会有追求维持健康长寿的生命科学知识及获取物质生活资料的自然科学和社会科学知识的需求，即求真的需求；为了自己的心理健康和愉悦，即追求精神系统的有序化，会有摄取有趣美好的图像、音乐、故事等信息和营造良好社会关系的需求，即审美需求。求真与审美的精神需求根植于人的生命系统有序化，而且是与社会系统和自然系统协调的有序化。求真与审美的精神需求不同于人们经常挂在嘴边的"快乐"。快乐是生命系统需求满足时的心理体验，包括生理需求满足时的快感和精神需求满足时的愉悦。

所以，精神消费品应该能够满足人的求真和审美的需要，这既对应了创造作品的抽象思维和形象思维两个思维活动，又对作品提出了内容方面的具体要求。

（二）作品的概念

仅仅知道作品的本质，还不能给作品下定义，我们还需要知道它外延方面的规定性。

首先，作品是能够满足求真和审美需要的表达形式。如上所述，并不是所有的思维成果的表达形式都是作品，只有能够满足求真和审美需要的表达形式才会是作品。

其次，作品的表达形式具有独创性。作品的表达形式会多种多样，会有雷同或相似，也会随着文明的进步而不断产生新的表达形式，但是，内容可能是一样的或相似的。那么，雷同或相似的表达形式对人的求真和审美需求就没有意义，既不能对求真思维产生新的启发，也不能给审美思维带来新的愉悦。雷同或相似的表达形式对社会系统也是多余的，甚至产生作者之间或作者与剽窃者之间的冲突，影响社会系统的有序化。所以，作品的表达形式应该具有独创性，不能与已有作品雷同或相似。

最后，作品应该能被他人获取和消费。不能被他人获取和消费的表达形式就不具有满足精神消费需求的功能，也就谈不上是作品。所以，思维成果的表达形式应该能够附着于作者本人人身之外的载体，具有独立于作者人身的载体形式，即载体独立性。

基于上述作品外延的三个规定性，结合作品的本质，作品的定义就是：表达思维成果的具有形式独创性和载体独立性的精神消费品。其中，精神消费品是对作品本质的描述，思维成果是对作品内容规定性的描述，形式独创性和载体独立性是对作品的表达形式的规定性的描述。

二、作品的生产劳动和价值

作品属于知识产品的一种，作品的生产劳动和价值具有知识产品的生产劳动和价值的一般特性，也有自己的特有属性。

（一）作品的生产劳动

作品是精神消费品，要有表达形式的独创性和载体独立性，所以，作品生产的劳动对象、劳动资料、劳动过程和劳动成果都有自己的特点。

1. 作品生产的劳动对象是关于事物的表象、本质或规律性信息

劳动对象须能够加工成为劳动成果，所以，须与劳动成果具有相同的属性。精神消费品须满足人的审美或求真需求，那么作为作品生产的劳动对象就必须是能够加工成为具有美感的或真理性的信息。在人的认识领域，具有这个属性的是关于事物的表象、本质或规律性信息。其中，表象可以经过人脑的形

象思维产生文学艺术作品，本质或规律性信息可以经过人脑的抽象思维产生理论学术作品。

2. 作品生产的劳动资料是已有的美学和科学理论知识

作品要具有能够满足审美或求真需求的属性，就要能够使劳动对象转变成让人产生美感或真理性启发的信息，还要有具体的表达形式。这就既要有美学的和科学的理论知识，还要有辅助的物质资料。美学和科学理论知识就像劳动工具一样在思维的作用下对劳动对象进行分拣、提炼和打磨，最后借助物质资料附着、表达成为作品。所以，已有的美学和科学理论知识就是作品生产时的劳动资料。

3. 作品生产的劳动过程是形象思维或逻辑思维

作品是对事物的表象、本质或规律性信息加工的产品，表象信息的加工只能通过形象思维进行，本质或规律性信息的加工只能通过抽象思维中的逻辑思维进行。当然，二者是相互结合、相辅相成的，[1]而且都离不开辩证思维和系统思维。辩证思维和系统思维是当代科学思维的方法，形象思维和逻辑思维是思维的路径。形象思维使表象信息成为文学艺术形象，逻辑思维使本质或规律性信息成为具有说服力的理论知识。

4. 作品生产的劳动成果是精神消费品

这个特点无需赘述了。

(二) 作品的价值构成和价值实现

1. 作品的价值构成

作品的生产过程总体上与一般的知识产品无异，其价值构

---

[1] 参见金观涛、华国凡：《控制论与科学方法论》，新星出版社2005年版，第69页。"人的思维空间可以分为两个部分，一个称为形象空间，一个称为概念空间……人在进行最简单的推理时都必须涉及到这两个空间的协调。在这种协调中，共轭控制是十分重要的。"

成也遵循一般的知识产品的价值构成公式。但是，由于上述劳动对象、劳动资料、劳动过程和劳动成果的特点，其价值载体、构成比例和价值实现是有自己的特点的。

在价值载体方面，劳动对象的价值载体是表象、本质或规律性信息，劳动资料的价值载体是美学或科学理论知识，劳动价值的载体形式是形象思维或逻辑思维，劳动成果（作品）的价值载体是精神消费品。

在价值构成比例方面，一般来说，在文学艺术作品中，作者脑力劳动的价值要大于劳动对象和劳动资料的价值。因为文学艺术作品重在形象思维及其表达方式的独创性，作者的思维及其表达在作品的创作过程中最为重要和关键。而劳动对象主要是感性认识中的表象信息，无论是作者收集的还是自己感知的，价值量都比较小。劳动资料中的美学理论知识在作品创作中也很重要，但是，相对于作者的劳动，一般情况下还是次要的。我们经常看到，一个文学、美术或音乐教授的作品还不如他的学生的作品。

在理论学术作品中，一般而言，劳动资料的价值要大于劳动对象和作者的劳动的价值。因为理论学术作品中的劳动对象都是收集的各种自然社会信息，价值量较小。作者的劳动中包括抽象思维和表达两个部分，而理论学术作品的表达主要是抽象语言和数字的形式，独创性很小，无需多少脑力劳动。关键就是抽象思维，它要在已有理论基础上加工劳动对象信息，产生新的理论观点，即新"思想"。所以，理论学术作品中的作者的劳动重心不是理论观点的表达，而是理论观点形成过程中的思维。而科学研究中的新的理论成果都是"站在前人的肩膀上"的，要以已有的科学成果为基础的。已有的科学成果正是科学研究中的劳动资料，所以，一般而言，在理论学术作品生产过程中，劳动资料的价值要大于作者劳动的价值，作者劳动的价值则往往大于劳动对象的价值。

由文学艺术作品和理论学术作品的价值构成比例可以得出这样的结论，即文学艺术作品的著作权应该侧重于保护其表达形式，即形象方面；而理论学术作品的著作权则应该侧重于保护其表达过程，即抽象的逻辑方面。

2. 作品的价值实现

在价值实现方面，作品作为直接的精神消费品，其实现价值的基本方式和过程与物质消费品在本质上没有两样，即需要通过市场交换到达消费者而实现价值。这也是作品的价值实现与其他知识产品的价值实现过程不同的地方，即不需要经过物质生产领域，因而不需要通过与物质生产者的交换而实现价值。一幅画、一本书到达消费者手里的时候，消费者就可以消费了，这幅画、这本书的价值就实现了。不过，文学艺术作品和理论学术作品的价值实现除了上面所说的共同点之外，还有一个很大区别，文学艺术作品在消费者那里是终极消费，结果是给消费者带来精神上的愉悦或情感启发，并到此为止；而理论学术作品除了给消费者以思维上的启发之外，还具有转化为社会实践技术方案的价值，系统工程就是系统论和控制论转化的杰作。所以，理论学术作品的价值实现是双维度的，一个是精神消费的维度，另一个是技术转化的维度。

三、作品的分类

分类是进一步研究和针对性管理的重要步骤。关于作品的分类，我国《著作权法》已经有很清楚的列举，即第 3 条规定的"文学、艺术和自然科学、社会科学、工程技术等作品"。从《著作权法》的分类看，其基本标准是"思想"的表达形式，所以，该条下面列举了九种形式的作品。这种分类是不具有科学性的，因为以"形式"为标准的分类除了研究和管理"形式"的需要外都不涉及本质，都没有实际意义。可以想象，随着文明的进步，表达思想的形式必将越来越多，甚至现在的分类都没有囊括所有的思想表达形式，这种分类只能越分越"累"，而且还不能管理未列入的表达形式的作品。即便被列入的分类，由于只是形式上的分类，而不是内在的结构、属性或本质特征上的分类，笼统地放在一个大类下管理，必将产生混乱和失效。所以，无论是研究性的分类还是管理规范性的分类，都不能简单就划定的已知范围作形式上的分类，而应该从结构、属性或本质特征上的区别进行分类。

鉴于前面已经论述了作品的本质、特征、概念、生产劳动和价值，作品的分类已经清晰地呈现出来了，即文学艺术作品和理论学术作品。分类标准就是作品对精神消费需求满足的内容，文学艺术作品是满足审美需求，理论学术作品是满足求真需求。我们看到，这种分类还在它们的生产劳动和价值实现过程中得到清晰的体现和验证。

本书前面在知识产品一章中对知识产品从产品的生产劳动角度进行过分类，上述关于作品的分类的标准是对精神需求的满足内容，但是，结论却是完全对应的。文学艺术作品对应知识产品中的"文艺作品"，理论学术作品对应知识产品中的"思想作品"，说明相同功能的产品的生产劳动本质也是相同的。如果不特别说明，本书后面的文学艺术作品就是指文艺作品，理论学术作品就是指思想作品，反过来也一样。

第二节 著作权

一、著作权的概念

著作权的概念有很多，主流观点认为："著作权，是指自然人、法人或者其他组织对文学、艺术和科学作品依法享有的财产权利或精神权利的总称。"[1]这个定义从权利的主体、客体和权利属性三个方面界定，而且结合了法律的规定，在三个方面也都比较具体，是比较全面稳妥的定义。不过，从著作权应有的本质内涵和外延来看，我们并不需要这样四平八稳的定义，因为我们无需顾及现有法律的规定，甚至要对现有的法律规定中的某些不足之处提出质疑和批判。

著作权无非是通过法律在作品上设定的有关人的权利，这种权利是知识产权的一种，具有知识产权的一般本质。同时，因为权利客体的特殊性，使权利的主体和内容不得不具有一定的特殊性，这些特殊性既框定了著作权的外延，也造就了著作权自己的特殊本质。

作为一种知识产权，著作权也是一种对知识产品的专有使用权，其权利的一般本质就是专有使用权。由于著作权的客体是作品，作品的本质是精神消费品，所以，著作权的使用权就似乎表现为消费权。但是，消费是经济活动的末端行为，消费品是终端产品，消费者是社会大众，作品一旦进入消费环节，消费者对作品就享有消费权，消费权是没法由作者专有的。之所以会得出"专有消费权"的结论，正是因为站在末端消费者角度，而不是从作者角度，把作品看作消费者的消费品，而不

---

[1] 吴汉东主编：《知识产权法学》，北京大学出版社2014年版，第27页。

是作者的作品。所以，被"专有"的并不是消费权，而是其他权利。这个其他权利也不是什么笼统的财产权或精神权利，而应该是财产权或人格权中的某个或某几个具体的权能。[1]

我们知道，作品经表达而产生后，一旦以发行等形式传播出去，消费者就会通过购买、获赠、传阅等方式取得消费权，作者就失去了对作品的控制。表达是作品的生产形式，传播是作品流通形式。作品形成后，作者所能控制的就是传播，法律给作者在作品上设立的权利本质上就是传播权。所以，著作权的最一般的定义是：作者对作品所享有的传播权。[2]

作者的传播权包括选择传播和不传播的权利，以及选择传播方式和由谁传播的权利。传播权可以根据传播方式分解为发表、复制、发行、出租、展览、表演、广播等权利，在行使这些权利的时候，还有决定是否署名、如何署名，是否修改作品、如何修改作品等权利，所以，传播权既有财产权，也有人格权。

二、著作权的权利属性和相关权利

（一）著作权的权利属性

权利作为法律术语，权利属性涉及权利的设置和法律安排。著作权是知识产权的一种，具有知识产权的基本属性，同时，因为权利客体的特殊性，著作权也具有特殊的属性。

1. 人身权属性

由于作品是作者情感和思想的表达形式，作品的内容反映的是作者的情感和思想，是作者的内心世界，是作者的精神人格。所以，作品的内容和表达形式都应该由作者选择，由作者

---

[1] 精神权利的提法是很不严肃的提法。

[2] 著作权的主体暂界定为作者，因为权利主体问题涉及经济制度和经济运行方式，主要是生产者或投资者的利益分配问题，不涉及著作权的本质规定性。

决定，这种选择权和决定权本质上是为了体现和保护作者的人格。当作者向社会公众传播作品时，附着于作品的表达形式及其署名也体现了作者的人格，因而传播权必然具有人身权性质。

2. 财产权属性

作品是精神消费品，作为消费品，其财产属性毋庸置疑，那么，设置在作品上的著作权的财产权属性也就毋庸置疑。不过，著作权的财产权属性还具有自己的特殊性。

首先，财产权的客体是最终消费品。作品是直接的消费品，不是中间"产品"，作者就是生产者，读者就是消费者，媒体只是"中间商"。

其次，财产权的内容是传播权中的有关权利。这是因为作品是通过传播实现最终消费的，作者在作品传播过程中有获取利益的权利。所以，著作权中的财产权不是作品的专有"使用权"，而是专有"传播权"。

最后，两类著作权客体的财产属性不尽相同。文学艺术作品只有最终消费品属性，而理论学术作品除了最终消费品属性外，还具有基本生产资料的财产属性。这是因为理论学术作品还是思维的工具或原材料，为技术产品和下一个理论学术作品提供生产资料。

（二）相关权利

著作权是作者对作品的权利，作品是要传播的，是要走向消费者促进社会精神文明建设的，作品传播者对作品传播形式享有的权利就是著作权的相关权利。这个权利在著作权法学理论中叫作邻接权。

邻接权在作品的传播过程中很重要，没有邻接权，作品的传播形式得不到保护，作品就只能由作者自己传播，或者不传播，作品的社会价值就难以或无法实现。但是，传播形式不是表达形式，作品原有的内容和表达形式没有改变，传播者没有在原有作品基础上独创，所以，邻接权本质上不是著作权。

第三节 著作权制度的基本原则

著作权制度属于知识产权制度的重要组成部分，著作权制度应该遵循知识产权制度的基本原则。同时，鉴于作品的特点，著作权制度还应该有自己的具体基本原则。

前面已经探讨过知识产权制度的基本原则，其中，知识经济治理的全局性基本原则是：二元共建，知识生产优先，物质生产为基础。知识产品生产活动治理的一元经济基本原则是：依据创新度确定生产者利益，鼓励创新，促进共享。由于全局性原则涉及知识产品生产和物质产品生产两个领域，而作品是直接的精神消费品，与物质产品生产没有直接关系，所以，著作权制度无需直接遵循全局性原则，[1]只需遵循一元经济基本原则。而且，这个原则应该与著作权制度特有的目的和作品特有的生产和传播规律相结合，形成著作权制度的基本原则。

一、著作权制度的目的

如前所述，作品是精神消费品，其基本功能是满足人的审美和求真的精神需求。对社会系统而言，就是满足社会系统有序化的精神文明需要。这就是作品相对于社会系统中的个人和社会两个方面的价值。在作品上设置权利，则是把作者个人与社会两个价值主体予以区分，使作品相对于作者的价值和相对

---

[1] 理论学术作品的生产通过技术与物质产品生产发生间接关系，由于现代科学对技术革新的作用越来越直接和重要，所以，理论学术作品的治理应该参照这个全局性原则。

于社会的价值相协调,最大限度实现社会系统的精神文明。

作品相对于作者的价值与相对于作者之外的个人的价值是不同的。相对于作者之外的个人的价值就是作品作为精神消费品的价值,因而就是满足个人审美和求真的价值。而且,一个个个人的精神消费需求的满足就构成了对社会系统的精神文明需求的满足。而相对于作者本人的价值,既有满足自我精神需求的一面,更有满足自己思想感情的表达需求和实现自我社会价值的一面。所谓实现自我社会价值就是通过作品被社会认可和消费,实现作者相对于社会系统的价值,同时获得社会对作者的认可和回馈,进一步满足作者生命系统的有序化需求。

著作权制度就是要通过制度设计和实施实现作品的上述价值,著作权制度的目的就是保护作者权利,满足社会精神文明需求,并使二者相协调。这个目的在我国著作权法中得到了体现,我国《著作权法》第1条规定:"为保护文学、艺术和科学作品作者的著作权,以及与著作权有关的权益,鼓励有益于社会主义精神文明、物质文明建设的作品的创作和传播,促进社会主义文化和科学事业的发展与繁荣,根据宪法制定本法。"其中的重点就是保护作者著作权,促进文化和科学事业的发展和繁荣。文化和科学事业都是精神文明的基本内容,文化事业事关人的价值观和审美格调,科学事业事关人的世界观、价值观、思维和行为方式。

二、作品的创作和传播规律

知识经济有两个新的基本规律:一个是全局性的经济规律,即二元共振规律;另一个是知识产品生产活动的经济规律,即知识产品生产者有限所有规律。作品是精神消费品,不直接涉及物质生产领域,所以,作品的生产和流通不遵循二元共振规律,只遵循生产者有限所有规律。同时,基于作品的精神消费品本质,作品在生产和流通,即创作和传播中必然有自己的特点,有自己特殊的规律。

(一) 作品的创作和传播特点

作品在创作中的特点,也就是作品在人的脑力劳动中的特点,这个特点已经在前面从劳动对象、劳动资料、劳动过程和劳动成果几个方面讨论过。

作品在传播中的特点,也就是作品从作者到达消费者过程中的特点。首先,在传播形式上对媒体具有依赖性。这是因为作品是思维成果的表达形式,无论是情感的还是思想的表达都离不开信息载体,传播则离不开中间媒体。所以,传播的范围和速度也就依赖于媒体的传播力。其次,传播的时长、范围和深度取决于作品在消费者中的情感和思想共鸣的程度,因而取决于作品的审美价值和真理价值。一些经典作品之所以会长期流传而成为人类的共同财富,就是这个原因。所以,作品不一定因短期的或部分人的消费而消失。

(二) 作品的创作和传播规律

这些特点是作品创作和传播过程中内部矛盾运动的表现,根据这些特点就可以总结出作品的创作和传播的特殊规律。纵观作品创作和传播中的特点可以发现,作品的价值取决于作品的独创性程度。在创作中,独创性及其大小来源于并取决于思维的深度、广度和思维方式的科学性。思维的深度越深,对劳动对象即对象信息的提炼和加工就越精深;思维的广度越大,对劳动资料即已有科学成果的利用就越充分;思维方式越科学,思维成果的创新性和真理性就越强。由于独创性决定了作品的审美价值和真理价值,所以,独创性程度也决定着作品传播的范围、时长和深度。作品创作和传播的基本规律就是独创性规律，即独创性决定作品价值的规律。

需要注意的是，独创性在两类作品中的表现是不同的。文学艺术作品的独创性主要表现在表达形式上，这是由作品满足审美需求的价值和创作中的形象思维劳动决定的。理论学术作品的独创性则主要表现在思想观点和论证方式上，这是由作品满足求真需求的价值和创作中的抽象思维（主要是逻辑思维）决定的。

之所以用"独创性"而不是"创造性"或"创新性"描述作品的本质特点，是因为作品包括文学艺术作品和理论学术作品两类。其中，文学艺术作品重在独立的表达形式，即与众不同的形式，而不在于情感或思想的独立或创新；而理论学术作品则重在理论的"创新"，不在于表达形式的创新。所以，姑且把两类作品的本质特点相结合，就描述为"独创性"。

三、著作权制度的基本原则

根据著作权制度的目的和作品创作与传播的规律，我们在设计和实施著作权制度时要做的就是：通过遵循作品创作与传播规律实现著作权制度的目的。实现目的和遵循规律的总的规范层面的结合就是我们要遵循的著作权制度的基本原则。

著作权制度的目的是保护作者权利，满足社会精神文明需求，并使二者相协调。这个目的要求在尊重和实现作者劳动价值的同时，促进传播，满足社会精神文明需求。作品创作与传播的规律是独创性规律，即独创性决定价值。这个规律要求鼓励独创，并依据独创性设定和分配权利。把目的要求和规律要求结合起来，著作权制度的基本原则就是：鼓励独创，促进传播。这八个字分别体现了作品创作与传播规律的要求，和著作权制度的目的的要求的核心内容，应该是著作权制度具有总体指导和规范意义的基本原则。

CHAPTER 6 第六章
专利权原理

第一节 技 术

在人的智力劳动成果中，除了直接的精神消费品之外，还有一大类，就是为消费品的生产提供方法支持的技术。技术既不能直接被精神消费，也不能直接被物质消费，却对精神消费品的生产和物质消费品的生产都至关重要。

一、技术的概念

"技术"一词源自西方，一般指称与"科学"相对应的实用性方法。在我国也有"道"与"术"的提法，意思与"科学"（science）和"技术"（technology）大体相当，不同的是西方的科学技术一般指称自然科学和技术，而我国则基本上指称社会领域的学问和技巧。这个差别是由东西方文化中思维的角度维度不同导致的，但是，殊途同归，关于科学与技术的分类，以及二者的基本含义还是一致的。"科学"和"道"指的是世间的学问、道理，"技术"和"术"指的是方法、技巧。

(一) 技术的历史演绎和本质

1. 技术的历史演绎

动物世界中几乎任何动物都有自己特殊的技能,它们为了觅食,为了逃生,为了配偶,各尽其能。而且,除了奔跑、飞行、潜水等本能之外,有的已经堪称"发明"了。有的飞鸟为了打开贝壳,会把贝壳抓起来再飞到高空找到平坦坚硬的地面抛下;非洲西海岸的鲨鱼会集体围捕一种海鱼,把它们往岸边赶,直至无处可逃,再集体捕杀;有的猫为了抓到水里的鱼,会把尾巴垂到水里吸引鱼的到来;至于猴子、猩猩之类高智商动物就更不用说了,可以用树枝挠痒,还可以用树枝掏食树洞里的虫子。到了猿人阶段,木棒和石头被拿来捕猎、摘果,成为"工具"了。可见,技术是人类与生俱来的东西,从来就没有缺席过。

设想一下,如果这些飞鸟、鲨鱼等动物在每次成功打开贝壳、围捕鱼群等之后能够记录下来整个过程,再总结提高并传授给其他同类及其下一代,是不是就会出现鸟类文明、鱼类文明等动物文明呢?在它们的文明中,这些觅食的方法是不是都是祖先的技术"发明"呢?然而,这些动物没有记录,没有传授,它们只行走在自己缓慢的进化中。而且,这种进化已经很大程度上被人类文明所打断,因为它们已经失去原有的"野生"空间,失去了进化的环境。某种程度上,它们只能按照人类的需要"进化"了,它们已经成为人类文明的一部分。

然而,人类"发明"了语言,有了第二信号系统,有了记录和"文明",使用木棒和石头捕猎摘果的技能成为人类祖先最早使用的"技术"。随后,取火技术、耕种技术、畜牧技术相继出现,语言文字逐渐成熟,技术不再仅仅通过口口相传,而是有文字传播这种更好的方式了。再后来,造纸术印刷术出现,技术传播加快，于是，从蒸汽机到飞机，从电话机到电脑，人类的技术进步一发而不可收，刹不住车了。如今，技术进步越来越呈现加速度态势，技术"革命"间隔时间越来越短，正在进行的以信息技术、生物技术、航天技术等为代表的新的技术革命来势凶猛，人类都快跟不上自己的脚步，有点手忙脚乱了。人们已经担心，技术会不会在有朝一日甩掉人类，甚至毁掉人类。一些关于机器人的科幻片未必仅仅是科幻，也许到时候人们想带着地球去流浪都没有机会！

可见，是语言给思维安上了翅膀，然后是思维成就了科学和技术，技术与科学一样是思维的成果。

2. 技术的本质

前面在著作权一章已经论述过思维和思维的成果形式，其中形象思维的成果是文学艺术作品，抽象思维的成果包括理论学术作品和发明之类的技术。因为技术不能直接被人类精神消费，所以，不属于作品。那么，技术属于什么呢？为什么要"思维"出这么个不能直接消费的东西呢？从上面技术的历史演绎过程就能清楚地看出，技术是人类生产生活使用的方法。相对于科学解决世界的本质和规律问题而言，技术就是解决人的实践方法问题的。套用直白又流行的说法，科学是回答世界"是什么"和"为什么"的问题，技术是回答人"做什么"和"怎么做"的问题。

毫无疑问，相对于科学而言，技术的实践意义更加直接。我们看到的常常是一件件技术，而并不一定，甚至并不想知道它后面的科学道理。这在人类的科学史上多是如此，技术常常是经验性的，而不是科学性的，掌握技术的往往是社会下层的各种能工巧匠，掌握科学的往往是经院里的哲学家。现今关于中医是不是科学的争论也最能说明这一点，中医有一套主要凭借经验总结的非解剖性人体理论指导下的医术，虽然历经千年而不衰，却屡屡受到"科学"的拷问。不过，这种情况，在近百年来发生了根本性的变化，几乎每一次技术的进步都是源于科学的发现，科学对于技术的指导和推动作用越来越突出。

信息科学的出现改变了"技术"研发的格局，技术研发不再仅仅是物质产品生产技术的研发，信息产品生产技术研发产业以高新技术的名义迅速崛起。如今，各种软件技术、大数据技术已经快速进入人们的生产生活领域，它们直接帮助人们控制生产设备、控制物流、制作文档、预定外卖和预测道路拥堵情况，等等。

技术格局的变化启示我们，技术不仅仅是物质生产方法，而是所有的人类实践的方法，技术的本质就是实践方法。

(二) 技术的概念

人类的实践是丰富的，有生产实践，有生活实践；有经济实践，也有政治和文化实践；生产实践中，有物质生产实践，也有信息和知识生产实践等。有实践，就有实践的方法。那么，是不是所有的实践方法都是技术呢？这就涉及技术的特殊规定性，以及由规定性界定的技术的外延。

首先，技术是有目的性的。这是因为技术是实践的方法，而实践是人的有意识的活动，任何实践都是有目的的，所以，合目的性是技术的基本特性。技术的合目的性表现在研发技术的时候总是以实现人的目的为指针，即便研发出的"技术"有其它用途，但是，如果不符合人的目的，就会被弃之不用，甚至被永久封存或销毁，比如制造冰毒、病毒等的"技术"。这与科学是不同的，科学虽然也是在人的意识支配下的思维活动，有时候也会考虑到为人的需求服务的研究方向和目的，但是，在研究过程中只追求真理，只服从真理，不会考虑人的需求而其次，技术是有合理性的。所谓合理性是指对事物本质和规律的符合性。前面已经谈到技术与科学的关系，技术是在科学指导下的实践方法，而科学就是揭示事物的本质和规律的知识体系，所以，针对某件事物的技术一定具有符合该事物的本质和规律的特性，即合理性。即便在远古时期，古人并不懂什么科学，也没有科学，但是，石器技术、农耕技术也一定是在无意中以经验的方式符合了关于石头的物理原理和农作物的培育生长原理的。而巫术和曾经的永动机设计方法都违背了事物的本质和规律，不具有合理性，所以，不是技术。

最后，技术是有生产性的。技术是生产消费品过程中的方法，是服务于生产实践的方法，所以，技术具有生产性。人类社会有各种各样的实践，有各种各样的实践方法，但是，并不是所有的实践方法都是技术，只有服务于生产实践的方法才是技术。一台设备的生产方法、一台设备的控制软件和一杯咖啡的生产方法都是技术，只不过，它们是物质产品生产技术；一款电脑操作系统作为软件操作方法是技术，一款绘画软件作为生产书画的方法也是技术，只不过，它们是信息产品或知识产品生产技术。而企业的经营管理方案或策略、国家的政治文化方针或策略和军事战略战术都不是技术，所以，泰勒的科学管理法、司马光的《资治通鉴》和孙武的《孙子兵法》等都不是技术，因为它们并不直接生产产品，不具有生产性。当然，像机器设备、牛奶和书画也不是技术，因为它们要么是物质产品，要么是精神消费品，而不是方法。

基于上述技术的本质和特殊规定性，技术的定义就是：技术是实现人类产品生产目的的合理方法。在这个概念中，"方法"一词描述技术的本质，"合理"一词描述技术的合理性，

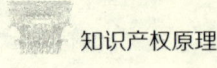

"实现……目的"描述技术的合目的性,"人类产品生产"描述技术的生产性。

二、技术的生产劳动和价值

技术属于知识产品的一种,技术的生产劳动和价值具有知识产品的生产劳动和价值的一般特性,也有属于自己的特有属性。

(一)技术的生产劳动

技术是一种产品生产方法,而且具有合目的性、合理性和生产性三个规定性,所以技术在其生产过程中就有自己的特殊性。

1. 技术的劳动对象是关于事物的信息

劳动对象须能够加工成为劳动成果,所以,须与劳动成果具有相同的属性。技术是一种实现人类产品生产目的的合理方法,那么作为技术的劳动对象就必须是能够加工成为方法的具有合目的性和合理性的信息。在人的认识领域,具有这个属性的是人的价值观和关于事物的本质和规律性信息。其中,人的价值观可以经过人脑的抽象思维产生行为目的,事物的本质和规律性信息可以经过人脑的抽象思维产生合理性。

2. 技术的劳动资料是相关科学知识

技术作为产品的生产方法,就要能够使劳动对象转变成产品。这就要有关于处理或转变劳动对象的科学知识,还要有辅助的物质资料。科学知识就像劳动工具一样在思维的作用下对劳动对象进行分拣、提炼和打磨,最后借助物质资料附着、描述为技术。所以,人们已有的科学知识就是技术生产时的劳动资料。

科学知识在一般含义上或传统含义上是指自然科学知识,

但是，作为技术的劳动资料的科学知识却包括自然科学知识和社会科学知识。这是由技术的劳动对象决定的，技术的劳动对象包括人的价值观信息和事物的本质规律信息，对价值观信息的处理需要社会科学知识，对事物的本质规律信息的处理需要自然科学知识。

3. 技术的劳动过程是形象思维和逻辑思维的结合

技术的生产劳动是有目的地对事物本质和规律性信息进行加工的过程，是生产产品生产方法的过程，是兼具合目的性和合理性的劳动，具有直接的实践性。这就要在技术生产过程中，也就是思维过程中，不断想象产品的生产实践过程，就要不断地进行形象思维。同时，本质和规律性信息的认识和加工只能借助有关科学知识，通过抽象思维中的逻辑思维进行。所以，技术的劳动过程是形象思维和逻辑思维的结合，须同时进行，缺一不可。当然，与作品的生产过程一样，这里的形象思维和逻辑思维也都离不开辩证思维和系统思维。

4. 技术的劳动成果是产品生产方法

这个特点上面已经论述，在此不再赘述。

（二）技术的价值

技术的生产过程与一般的知识产品无异，其价值构成也遵循一般的知识产品的价值构成公式。但是，由于上述劳动对象、劳动资料、劳动过程和劳动成果的特点，其价值载体、构成比例和价值实现是有自己的特点的。

在价值载体方面，劳动对象的价值载体是人的价值观信息和事物的本质规律性信息，劳动资料的价值载体是社会科学和自然科学知识，劳动价值的载体形式是形象思维和逻辑思维，劳动成果的价值载体是技术。

在价值构成比例方面，一般来说，劳动资料的价值要大于劳动对象和生产者的劳动的价值，而劳动对象的价值又大于生产者的劳动的价值，即：劳动资料的价值>劳动对象的价值>劳动的价值。因为技术生产劳动中的劳动资料和劳动对象中都包含艰深的科学知识或价值观信息，而劳动本身就是把它们结合起来进行直接运用。某种程度上，技术是劳动资料和劳动对象在思维的作用下相结合的自然结果，所以，劳动的价值总体上要小于劳动资料和劳动对象的价值。而劳动资料是工具性科学知识，本身具有深刻性、概括性和指导性，知识含量极大，劳动对象是原料性知识或信息，相对而言比较浅显、简单和局部，所以，劳动对象的价值总体上要小于劳动资料的价值。不过，这个价值比较只是总体上的一般性比较，不排除特殊领域、特殊阶段或特定技术的价值构成比例出现不同甚至颠倒的情况。

在价值实现方面，技术作为产品生产方法，其价值实现需要经过生产环节，因而需要通过与生产者的交换，并通过生产者的使用而实现价值。如果技术得不到生产者的认可和购买，不能在生产中实施技术并转化为产品，技术的价值就得不到实现，也就意味着该技术没有价值。所以，技术的价值最终是要体现在产品中的，这将给我们提供测量技术价值的基本思路。

三、技术的分类

技术是产品生产方法，属于知识产品中的技术作品，而且是其中的主要部分。为了有效管理或研究，对技术还应该做进一步的分类。

现今最简单的分类就是依据产品种类倒过来对技术进行分类，所以，有多少种产品就会有多少种技术。这种分类的好处是突出了技术的应用性，在实践中可以很快检索相关产品的生产技术。但是，产品的种类本身就不计其数、名目繁多，而且，随着社会的发展，还会越来越多，这种分类让技术的分类一直跟在产品后面，处于被动状态。而且，这种分类还颠倒了因果关系，原本是先有技术，后有产品，而这里却似乎是先有产品，后有技术。所以，这种分类会误导公众甚至技术管理部门，依据产品的分类给技术分类是不科学的，也没有多少实践意义。

结合前面知识产品的分类，给技术分类的最佳标准还是技术的生产劳动。因为劳动会决定技术的形式、功能和价值，对我们进一步研究和管理技术会有基础性作用。

技术的生产劳动并不像作品的劳动那样比较明显地分为两类，技术的生产劳动都是形象思维与逻辑思维的结合，所不同的只是两种思维的比例和思维的广度深度。这种不同反映在劳动成果即技术上，就表现为技术的功能和创新程度的差异，所以，可以进一步按照技术的功能和创新度进行分类，而无需深究劳动的差异。

(一) 物质产品生产技术和信息产品生产技术

根据技术的功能差别进行分类就会落入依据产品分类的窠臼，因为技术的功能无非就是生产产品。不过，鉴于目前的产品分类主要是基于物质产品的分类，所以，有必要在大类上重新划分，以便从基本功能上厘清产品的类别，适应知识经济时代的社会现实。由于物质、能量和信息是客观世界的三种存在形式，所以，产品的最大分类可以是物质产品、能量产品和信息产品。相应地，技术的分类可以是物质产品生产技术、能量产品生产技术和信息产品生产技术。

这种分类因为产品的存在形式不同，技术的作用形式和过程是不同的，技术的内部结构一定是不同的，内部结构不同也正是功能不同的基础和原因。技术是一种信息，所以，技术的内部结构也就是技术内部的信息结构。而这个内部结构是由生产它的劳动形式和过程导致的,也就是生产技术的形象思维和逻辑思维的结合形式和过程导致的。所以,这种分类已经不再仅仅是纯粹的依据产品形式的分类,而是与生产技术的劳动直接相关的分类。

1. 物质产品生产技术

物质产品生产技术的生产劳动因为物质产品的特性,生产它的技术必须能够反映和利用相关物质的本质和规律,而且在思维过程中必须不断想象物质产品的形象和生产过程,所以,逻辑思维和形象思维都具有内容和形式方面的特点。能量产品生产技术的生产劳动因为能量产品具有物质产品的共同形式,或者说以物质产品形式存在,[1]所以,能量产品生产技术的生产劳动与物质产品生产技术的生产劳动具有共同特点。如果说有什么不同,那就是物质内部的能量含量或者结构不同。据此,物质产品生产技术和能量产品生产技术可以合并为一类,即物质产品生产技术。

2. 信息产品生产技术

信息产品生产技术的生产劳动则因为信息产品的特性,生产信息产品的技术必须能够反映和利用相关信息的本质和规律,而且在思维过程中也会想象信息产品的生产过程。但是,信息没有实体,想象的内容和形式与物质产品生产技术的生产劳动大不相同,所以,信息产品生产技术的生产劳动中的逻辑思维和形象思维都具有与物质产品生产技术的生产劳动不同的特点。

所以,从技术的功能角度,结合技术产品的生产劳动的特点,可以把技术分为物质产品生产技术和信息产品生产技术两大类。

---

[1] 这是质能转换规律存在的原因和作用的结果,这也正是我们一直基本不提能量产品或能量产品生产,而只说物质产品或物质产品生产的原因。

(二) 发明、实用新型和外观设计

根据技术的创新度分类是目前专利法的普遍分类法，而且，一般分为发明、实用新型和外观设计三类，它们的创新度依次递减。

1. 发明

发明的创新度最高，是使具有全新功能的产品从无到有的生产技术。像纸张、蒸汽机、照相机、电话机、计算机都是以前没有的产品，生产它们的技术都是发明，是重大的革新型发明。随着科学技术的进步，这些产品的生产技术不断改进，具有新功能的纸张、机车、相机、电话机、手机、平板电脑等产品不断出现，生产这些改进产品的技术也都是发明，但是，改进型技术的创新度较之此前革新型技术的创新度就要小了。

从发明的生产劳动角度看，发明需要形象思维与逻辑思维的高度结合。形象思维通过想象的方式"提供"发明针对的产品的生产场景和设备原料产品图像，逻辑思维运用有关科学知识在这个场景中分拣、加工有关劳动对象信息，进而在产品生产场景中加工出具有新功能的"产品"，逻辑思维一心一意指向功能，而不是图像。可见，在发明的生产劳动过程中，生产场景和新产品的图像由形象思维完成，在这个场景中创造出这个新产品则由逻辑思维完成。在创新过程中，形象思维和逻辑思维缺一不可，形象思维负责"新"，逻辑思维负责"创"，创新性完美地体现在发明的生产劳动中。这个劳动过程不但揭示了发明的创新度高价值量大的原因，还同时揭示了形象思维和逻辑思维在技术生产劳动中的分工，以及创新度主要由逻辑思维决定的规律。

发明不仅仅是物质产品生产技术的发明，信息革命发生以来，信息产品的生产技术也是日新月异的，关于信息产品的生产技术已经成为新技术的突出亮点,各种软件是这些技术的表现形式。各种娱乐型软件是精神消费品,生产或操作这种软件的软件就是技术。而各种应用操作型软件本身既是技术,也是产品。作为技术,可能是信息产品生产技术,如娱乐型软件的操作软件;也可能是物质产品生产技术,如自动化设备中的软件。作为产品,它们也是被生产和操作的,那么,生产或操作这些应用操作型软件的方法软件也是技术,如 JAVA 语言技术。同样,信息产品的生产技术中的发明也有革新型发明和改进型发明,创新度高的,有全新功能的是革新型发明,对功能作改进创新的是改进型发明。

2. 实用新型

实用新型是对产品的形状、构造或者其结合所提出的实用的新的技术方案。实用新型与发明的关键区别就在于是否涉及产品的功能创新。发明直接涉及产品功能的创新,按照发明生产出来的产品具有新的功能。而实用新型不涉及产品功能的创新,按照实用新型生产出来的产品可以是功能的优化,但没有新的功能。不过,发明是开创性的,相应产品往往都是初级的和粗糙的,实用新型就是对产品不断优化的技术,所以,实用新型也是必不可少的技术。实用新型一般都是通过优化产品的形状或内部构造的方式优化产品的功能,没有优化的新型就没有实际意义,也就没有实用性,就不是"实用新型"。

从实用新型的生产劳动过程看,实用新型的生产劳动也是形象思维与逻辑思维的结合,不过,形象思维的比例较之发明要大,因为这个技术就是重在产品的形状或构造,所以,实用新型的价值量和创新度都较小。

实用新型也有物质产品生产的实用新型技术和信息产品生产的实用新型技术。像壁挂式电话机到"座机"的"座机"技术、"大哥大"到手机的手机技术，都是物质产品生产的实用新型技术，而各种音频播放软件大体上就是信息产品生产的实用新型技术了。

3. 外观设计

外观设计是对产品外在的形状、图案或者色彩的实用而有美感的新设计。外观设计是产品的"外观"方面的生产方法，也是产品生产方法的一个方面，所以，也是一种技术。不过，这种技术只是产品外形的创新，与产品的功能没有关系，其创新度是很小的，对产品的价值贡献也是很小的。

从外观设计的生产劳动角度看，外观设计的生产劳动基本上是形象思维，而且是在有限的产品外在空间上的形象思维，所以，其劳动量是较小的，创新度是低的，价值量也是小的。

由于外观设计针对的是产品的"外观"，而信息产品的存在形式是信息，不存在"外观"，所以，外观设计只有物质产品生产才有，外观设计只能是物质产品的生产技术。[1]

第二节 专利权

一、专利权的概念

（一）专利权的本质

专利权作为一种设定在技术之上的权利，因为技术在社会经济中的重要性，在所有的知识产权中也最为重要、最为典型，以至于迄今的知识产权基本理论基本上是以专利权为底版建立起来的。梳理一下现有知识产权的理论可以发现，知识产权的

---

[1] 一些游戏软件也有背景音乐、背景图案或音效图效，即所谓"皮肤"。这种"皮肤"确有外观设计的功能，司法实践中有的把它作为著作权保护。看来，前面所定义的技术概念还是能够贯通不同的存在形式的产品生产的，是经得起考验的。

基本理论基本上就是专利权的基本理论，许多知识产权论文的标题中的"知识产权"换为"专利权"也没有问题。反过来也行，比如，我国关于专利权的基本理论的主流观点涉及自然权利论、非物质财产论、专利契约论、鼓励竞争论、利益平衡论和产业政策论等，这些理论基本上也是知识产权的基本理论。[1]

因此，知识产权的基本理论基本上也是专利权的基本理论，学界，包括法学界和经济学界，关于专利权的探讨实际上是比较充分的。但是，迄今的探讨基本上没有运用当代科学思维从权利客体的本质出发对知识产权作系统性剖析，而多是运用传统或"经典"哲学、经济学理论对现有法律制度及有关权利现象进行解释论证，所以，现有知识产权理论是有局限和缺陷的，专利权理论也是这样。[2]那么，运用当代科学思维在论述了权利客体即技术的相关问题后，继续探讨专利权问题还是有必要的。

技术的本质是产品生产方法，方法终归是要用的，是要去生产产品的，技术的价值实现也在于走向产品生产，技术的生命就在于在产品生产中使用。但是，技术的存在形式是信息，技术一旦附着在产品上一同进入市场，就脱离了生产者的占有性控制，任何人都可能轻易地占有它，各种"反向工程"甚至就是来干这个的。而新产品在市场上还需要培育期，技术生产

---

[1] 参见吴汉东主编：《知识产权法学》，北京大学出版社2014年版，第121~123页。

[2] 粟源的"知识产权的哲学、经济学和法学分析"有过从权利客体出发的较为系统的探讨，并且提出了知识产权客体是一种"特定有用信息"的观点。但是，并没有从这里出发对客体的生产劳动、价值和规律等问题继续深入研究，进而回到专利权制度系统研究相关制度和权利现象。参见粟源："知识产权的哲学、经济学和法学分析"，载《知识产权》2008年第5期。

者第一次向市场推出新产品，往往不大可能收回技术开发成本，甚至都是亏本。辛辛苦苦开发的技术还没有收回成本就被他人占有，这样的买卖是没人愿意做的。这不仅是技术生产者的事，也是社会的事，因为生产者不愿意生产技术，社会就没法进步。解决的办法就是在技术上设定生产者的权利，这个权利须能保证生产者向市场推出技术及其产品，还要能保证生产者能够继续独家使用技术生产产品，即在技术公开的情况下独家享有技术使用权，这个权利就是专利权。

专利权不能排除非权利人对技术的占有，但却能通过法律保障权利人对技术的独家使用。因为技术的使用就是产品的生产，非权利人一旦生产专利技术产品或者销售专利技术产品，非权利人的行为就要进入法律的管制领域而被制止、处罚或责令赔偿，专利权的本质就是对技术的专有使用权。之所以用"专有使用权"而不用时下多用的"独占使用权"，是因为技术的存在形式是信息，一旦公开就无法"独占"。"使用权"倒可以通过法律规定实施"独占"，但是，那就应叫作"独占的使用权"。而"专有使用权"就不存在这个问题，"专有"的"专"有专门、独家的意思，与专利权一词的"专"也契合，而"有"有享有、所有的意思，所以，无论是对技术的独家"所有"，还是对使用权的独家"享有"，"专有使用权"都可以包含。

（二）专利权的概念

对技术的专有使用权是专利权的本质，但是，并不是所有的对技术的专有使用权都是专利权，专利权还有自己特殊的规定性。

首先，专利权的客体必须是新技术，即具有新颖性。专利权就是给新生产出来的技术保驾护航的，就是用来解决新技术的公开和回报问题的,专利权制度的目的决定了能够成为专利权客体必须具有新颖性。旧技术要么早已公开,要么过时,生产者没有必要费力生产已有的技术,社会也没有必要鼓励旧技术的重复生产。当然,新颖性是相对而言的,一是相对于某个特定的法域,二是相对于特定时点。在美国是旧技术,在我国可能还是新技术,而且由于技术垄断,生产美国的旧技术对我们的生产者和社会都是必要的,在我国还没有的美国的旧技术也具有新颖性。另外,生产时是新技术,甚至使用时还是新技术,但是申请专利时却可能是旧技术了,因为有人已经申请过相同的专利技术。

其次,专利权的客体必须有利于社会,即具有实用性。技术是产品的生产方法,产品是可以有不同定义的,是多种多样的。对吸毒的人来说,冰毒就是产品;对一些网络黑客来说,计算机病毒也是产品。但是,它们都不是社会系统有序化所需要的产品,生产它们的技术不可能被设定专利权。专利权是社会——准确讲是国家——在技术上设定的权利,除非国家已经堕落为极少数贪婪而邪恶的人的工具,这个权利当然要有利于社会的有序化,具有对社会的实用性。

结合上述专利权的本质和客体的特殊规定性,暂把权利主体界定为生产者,[1]则专利权的定义就是:生产者对实用的新技术的专有使用权。其中,"专有使用权"描述专利权的本质,"技术"描述专利权的客体,"新"描述新颖性,"实用"描述实用性。

---

〔1〕 因为权利主体问题涉及经济制度和经济运行方式,主要是生产者或投资者的利益分配问题,不涉及专利权的本质规定性。

二、专利权的权利属性

专利权是对技术的专有使用权，使用的目的无非是生产新技术产品获取市场回报，"专利"一词的确很准确，所以，专利权的财产权属性是明显的，也是知识产权中财产权属性最典型的。

同样是财产权，专利权的财产权有自己的特殊性。财产权一般包括占有权、使用权、收益权和处分权四项权能或具体权利，专利权包括了其中的所有权利。但是，专利权的占有权与物权不同，专利权对技术的占有不是独家的和唯一的，而物权的对物的占有只能是独家的和唯一的。造成这种不同的原因就是上面说的技术的信息存在形式，技术作为一种信息，没有实体，却可以被共享，所以，不可能像物那样被独占。不过，这并不影响财产权的实现，因为财产相对于人和社会的功能不在于占有，而在于使用、收益和处分。何况，对技术的占有不具有相互排斥性，所有人、使用人和非所有人都可以占有，关键在于谁能使用、谁能收益和谁能处分。

专利权的财产权与著作权的财产权也有不同，著作权的本质是对作品的传播权，这就不同于专利权的专有使用权，二者的权利实现方式就会不同。作品本身就是精神消费品，著作权的实现无需通过产品生产环节，作者的财产权可以体现在传播中获得收益，传播就是对作品的使用，也可以体现在对作品的处分，通过处分作品收益。而专利权则体现在对专利技术的产品化使用，权利人可以自己把技术用于产品生产并获得收益，也可以通过出售的方式处分专利技术获得收益，总之，专利权的实现必须通过产品生产环节。

第三节 专利权制度的基本原则

专利权制度属于知识产权制度，而且是其中最重要最典型的部分，专利权制度应该遵循和直接体现知识产权制度的基本原则。同时，鉴于技术的特点，专利权制度也应该有自己的基本原则。

如前所述，知识产权制度的全局性原则是二元共建原则，知识产品生产活动的基本原则是创新共享原则。这两个原则应该与专利权制度特有的目的和技术特有的生产流通规律相结合，形成专利权制度的基本原则。

一、专利权制度的目的

专利权制度的目的在上面关于技术生产者的困境和专利权的产生过程的论述中就能看出，即专利权就是要解决技术公开使用和技术生产者独家享有技术使用权的矛盾。这是专利权设置的初衷，这个初衷在我国专利法中得到了全面体现。我国《专利法》第 1 条规定："为了保护专利权人的合法权益，鼓励发明创造，推动发明创造的应用，提高创新能力，促进科学技术进步和经济社会发展，制定本法。"该条中的"保护专利权人的合法权益，鼓励发明创造"就是要保护技术生产者的利益，并通过这种保护来鼓励生产者生产技术；"推动发明创造的应用"也是通过保护技术生产者的利益的方式让生产者使用公开技术，所以，这几句话就是解决技术生产者利益保护和技术使用公开之间的矛盾的。"提高创新能力，促进科学技术进步和经济社会发展"则是从社会系统的有序化角度和高度给专利权制度确定的目标，也是法律制度的社会功能的体现。所以，概括一下,专利权制度的目的就是通过对专利权人合法权益的保护,促进技术的生产和应用,促进社会发展。

专利权制度的目的体现了技术生产者与社会系统之间的价值关系,即个体与社会系统整体的共和价值关系。技术生产者的技术得到专利权保护后,技术生产者的利益和价值就得以实现。与此同时,技术或物质产品携带技术进入社会,社会的技术进步了,物质产品丰富了,经济发展了,社会系统的有序化利益和价值也就得以实现。当然,在经济领域,价值由劳动决定,产品的价值是凝结在产品中的劳动信息所反映的劳动过程中通常消耗的能量,所以,专利权的设置必须能够体现专利技术中的劳动,这就涉及技术的本质和运动规律了。

二、技术的生产流通规律

技术的本质已经在前面论述过,即技术是一种产品生产方法。现在的讨论点是技术的运动规律,也就是技术的生产和流通规律。

知识经济有两个新的基本规律:一个是全局性的经济规律,即二元共振规律;另一个是知识产品生产活动的经济规律,即知识产品生产者有限所有规律。技术是知识经济基本要素中的主要部分,是最典型的知识产品,技术的生产流通必然全面遵循这两个规律。同时,基于技术的产品生产方法本质,技术在生产流通中会有自己的特点,上述规律在技术的生产流通中也会有具体的特点或运行方式,或者说,技术的生产流通也会有自己特殊的规律。

(一)技术生产流通的特点

技术在生产中的特点,也就是技术在人的脑力劳动中的特点,这个方面的特点已经在前面从劳动对象、劳动资料、劳动过程和劳动成果几个方面讨论过。

技术在流通中的特点,也就是技术从技术生产者到达技术使用者过程中的特点。从产品形态看,技术使用者有物质产品生产者和信息产品生产者两类。实践中,无论是物质产品生产者还是信息产品生产者,往往同时或交叉具备技术生产者与使用者的身份。当自己使用技术的时候,技术生产者同时又是技术使用者,技术无需流通。当身份交叉的时候,技术生产者与使用者之间需要交换,这种情况与专门的技术研发机构或企业向技术使用者转让技术没有两样。所以,技术生产者与技术使用者之间的技术交换是生产者实现技术价值的基本方式。

但是,技术的本质是产品生产方法,技术价值最终要体现在产品上,并通过产品的价值的实现而实现技术的价值。所以,技术生产者与技术使用者交换技术只是技术走向生产领域的必要步骤,也只是技术生产者实现了技术的"交换价值",而并不是技术的价值,技术价值的实现最终要依赖于技术产品的价值实现。技术产品投入市场后,从被认知到被认可,再到扩散开来会有一个过程。这个过程的快慢和范围与产品营销手段有关,但是,产品的认可度却取决于产品的技术含量,而技术含量的核心是技术的创新性和实用性。其中,创新性是技术生产的合理性要求的结果,实用性是技术生产的合目的性要求的结果,这两个要求紧密贯穿在技术生产过程中,具体而言,贯穿于技术生产的形象思维和逻辑思维的全过程。所以,技术的创新性和实用性本质上是技术生产者的合理性和合目的性劳动的付出,技术的创新性和实用性共同决定技术的流通情况是有其劳动价值论层次的根本原因的。

(二) 技术的生产流通规律

上述特点是技术生产流通过程中内部矛盾运动的表现,根据这些特点就可以总结出技术生产流通的特殊规律。这些特点有两个明显的脉络，即合理性和合目的性。技术本身具有合理性和合目的性，技术的生产劳动也有合理性和合目的性要求，它们都指向技术的创新性和实用性，技术的价值也取决于技术的创新性和实用性，而技术的创新性和实用性又将决定技术和技术产品的市场命运，从而决定着技术和技术产品的价值实现。所以，创新性和实用性共同决定价值就是技术生产和流通的具体规律，如果非要给这个规律起个名字，就不妨叫作创新实用规律。

三、专利权制度的基本原则

制度是为了实现某种目的管理系列性行为的规范，合目的性与合理性的最高结合就是一项制度体系的基本原则。专利权制度的目的是通过对专利权人合法权益的保护，促进技术的生产和应用，进而促进社会发展。技术的生产流通规律是创新性和实用性共同决定价值，即创新实用规律。那么，结合知识产品生产活动治理的创新共享原则，即"依据创新度确定生产者利益，鼓励创新，促进共享"原则，专利权制度的基本原则就是：依据创新性和实用性确定技术生产者利益，鼓励实用性创新，促进应用性共享。其中，"依据创新性和实用性确定技术生产者利益"在上文已经论述过，不难理解；"鼓励实用性创新"是新的提法，实际上是创新性要求和实用性要求的结合，同时体现创新性与实用性之间的关系，即实用是创新的方向，创新是实用的前提和基础；"促进应用性共享"也是新的提法，技术是产品生产方法，技术被社会共享，促进社会进步的最好方式就是应用技术，生产出产品，丰富社会精神文化和社会物质财富，而且，应用也是技术生产者收回成本的最好方法，所以，在"共享"前面加上"应用性"。

CHAPTER 7 第七章
商标权原理

第一节 商　标

商标是标识性知识产品的一种，也是传统三大知识产权之一商标权的客体。要研究商标权和有效治理商标的使用行为，就必须清楚商标的本质和规律。

一、商标的概念

同其他知识产品一样，关于商标的定义也有许多，下面还是按照既定的研究路径，从商标的本质和特殊规定性两个方面探讨商标的概念。

（一）商标的历史演绎和本质

1. 商标的历史演绎

商标的历史远没有作品和技术那么悠久，远古时代，人类靠狩猎和采摘为生，常常食不果腹，根本没有剩余产品拿出去交换。农耕时代，虽然偶有剩余，产品交换还不是常态，还不能产生"商业"。手工业出现后，生产者生产出加工食品、纺织产品、农业工具等与他人交换生活资料，于是，商业产生了。商业反过来又促进了手工业和农业生产，剩余产品越来越多，拿到市场上交换的产品越来越多。一些产品的生产销售越来越稳定，规模也越来越大，一些产品或生产销售产品的商家在市场上越来越有稳定的声誉，包括产品质量、售后服务、商家信誉等方面。有良好声誉的产品生产者就想把自己的产品与其他产品区别开来，希望自己的产品能够容易识别，进而卖得快、卖得多和卖出好价，于是，产品的标记出现了，这就是商标。生产商或经营商家的标记也出现了，这就是商号。商标一开始以"标记""纹章""花押""烙印"等名称出现在世人面前，商家的标记则叫"幌子"之类。商标往往与产品生产或销售商家的姓名直接联系，如"吴记""阿三""路易"之类，这与产品生产销售的主体和范围有关。手工业者或早期商人一般都是以家庭为单位从事生产经营的，而且，产品销售范围一般有限，方圆一定范围内就那么几个姓氏或家族，所以，商标的原始形态就与姓氏挂钩了。

工业革命后，工业生产和商业范围非昔日可比，不但产品生产销售者需要把自己的产品与他人的同类产品区别开来，市场上的购买者也需要便捷地把不同的商品提供商区别开来。逐渐地，商标有了包括颜色、语言、数字、字母乃至声音等各种各样的组合，甚至要专门设计，现代意义的商标产生了。而且，商标在法律的护航下声名远扬，跟随商品走向世界。商标也早已有了独立的财产价值，商标本身已经成为可以交易的商品，美誉度和知名度双高的商标往往价值连城。

2. 商标的本质

商标的历史演绎过程告诉我们，商标产生于产品区别的需要，而区别产品本质上是区别产品的声誉，产品的声誉又是产品生产者经营理念和生产过程管理方式的体现和结果，与产品生产者直接相关。所以，一开始，产品区别的最佳方式就是从产品生产主体角度标记产品,商标向购买者提供的是产品生产者的信息。后来,随着产品销售范围的扩大,生产商大量增加,从生产主体角度区别产品也不容易了,商标逐渐演变和回归为特定产品的标记。

标记特定产品是为了展示产品的特定声誉。产品的特定声誉形成于产品生产者在产品生产过程中特别的生产管理方式,而生产管理方式是包括经营理念、生产技术和质量控制等在内的生产管理方式,本质上是产品生产管理方案的实施过程。所以,商标标记的并不是生产者的身份或自然特征,也不是产品生产技术或产品质量,而是产品生产管理信息,商标的本质就是产品生产管理信息的标记。由于标记不是一个科学术语,它本质上是人类第二信号系统中的符号,只不过,这个符号是来标记产品生产管理信息的,所以,商标的本质是产品生产管理信息的符号。

(二)商标的概念

商标的本质是产品生产管理信息的符号,但是,并不是所有的产品生产管理信息符号都是商标,比如牧羊人为了识别羊群在自家羊身上剪出的图案就不是商标,商标还有自己特殊的规定性。

首先,商标具有商业目的性。商标的功能是区别产品,区别产品的目的在于市场上得到购买者的识别、认可和购买,所以,商标具有明确的商业使用目的,"商标"的"商"字名副其实。这个目的是作品和技术等知识产品所没有的,也正是这个原因,商标的出现比作品和技术晚得多。商标要在比较稳定的商业领域中产生,只有商品经济产生了,商标才可能产生。

其次,商标具有标记性。符号是人类记录信息的形式,不同的信息就有不同的符号。产品生产管理信息很多,并不是所有的产品生产管理信息的符号记录都是商标,商标也不会随着产品生产管理信息的变化而变化,而只是对产品生产管理信息做个标记。这个标记可能在内容上或形式上都根本不符合产品生产管理信息对应的语言或符号要求,但它可以通过人的认识活动揭示产品的来源、技术、质量、售后服务和信誉等等方面的信息。

商标的这两个特殊规定性与商标的本质结合起来,就可以得出商标的定义:商标是标记商品生产管理信息的符号。其中,"商品生产管理信息的符号"是商标的本质和商业目的性的描述,商标的本质是产品生产管理信息的符号,因为其商业目的性,所以,用"商品"取代"产品";"标记"一词则是商标标记性的描述。

二、商标的生产劳动和价值

(一) 商标的生产劳动

商标是标记商品生产管理信息的符号,符号在人类第二信号系统产生后可以信手拈来,一般无需生产。比如过去以姓氏为标记的商标,就是一念之间的事,把姓氏标上去就行了。现在的大品牌大多通过文字变形设计商标,如耐克商标就是那么一笔,创意也就是一念之间。即便经过精心设计的商标,也只是单个符号或几个符号的组合,可能会有一定的思想或审美效果,但是,这种精心设计的商标对商品而言也只是标记符号,可以作为作品消费,拥有的是精神消费价值,与商标的价值没有关系。可见,商标本身的生产劳动要么没有,要么与商标价值无关,可以忽略不计。没有生产,也就没有价值;与商标价值无关,也就是不创造商标价值,所以,商标应该是没有价值的,把商标归属为三大类知识产品之一实在难以理解。然而,这显然不是事实，撇开现今动不动就价值几个亿的商标不说，仅仅从逻辑上看，如果商标没有价值，商标就没有存在的必要，就应该没有商标，这个结论是荒谬的。

那么，商标的价值是怎么回事呢？它是从哪里来的呢？或者说，产生商标价值的生产劳动是什么呢？答案只能在被商标标记的对象上。商标作为一种标记性符号，像其他所有标记性符号一样，本身没有实际意义，意义全在于被标记的对象。正如人的名字一样只是一种符号，没有实际意义，有意义的是名字指代的人。物件的名称较之于物件的意义也是这样。所以，既然商标本身没有价值，那么，有价值的只能是被商标标记的对象，即产品的生产管理信息，商标的价值就来自于产品的生产管理信息的生产劳动。为了简便起见，下面以"商标信息"指称"被商标标记的产品的生产管理信息"。

1. 管理是商标信息的生产劳动

商标信息是产品的生产管理信息，产生这个信息的只能是生产管理行为，所以，商标信息的生产劳动就是生产管理行为。

管理是为了实现行为目的对行为相关因素在行为过程中的组织、指挥、协调和监督活动。管理的原因和基础是客观世界的系统存在形式，因为系统存在，行为的影响因素不是单一的单方面的和单时点的，所以，需要统一组织、指挥、协调和监督，需要管理；也因为系统存在，行为的影响因素是关联的和动态的，所以，才可以利用因素之间的关联关系进行组织、指挥、协调和监督，管理才成为可能。管理是基于系统存在的系统的需要，管理是一种基本的社会实践。

手工业产品生产是一个人或少数几个人的行为，看上去不需要管理，也似乎没有管理。但是，在裁缝考虑制作一件上衣的时候，他的头脑中已经开始酝酿管理方案了，在考虑好如何制作的时候，管理方案已经思考成熟。这个管理方案就是什么时间、什么地点、什么工具、什么材料、什么技术、什么能源、什么质量和残次品处理等因素的统筹思考成果。对熟练的裁缝，这些问题几乎不需要思考，那是因为他们曾经多次地思考过，一件上衣的生产管理方案已经被反复使用而已。裁缝制作上衣的过程就是实施管理方案的过程，也就是管理的过程。到了大工业时期，管理就专门化了，管理涉及的问题也拓展了，管理的方式也不断革新，管理学已经成为现代社会十分重要的学科。

管理是与生产直接相关的独立的劳动，但不是直接的生产劳动。管理劳动处理的都是信息，管理劳动是一种信息劳动。但是，产品生产管理行为不直接改变产品生产的劳动对象，不直接消耗劳动资料，不直接使用技术，也不直接产生产品，管理费用也不计入产品成本，管理劳动对产品的贡献是"附加值"，管理方案就是这个附加值的源头。所以，管理往往伴随着创新，或者也是一种创新。"创新是企业家抓住新技术的潜在赢利机会，重新组织生产条件和要素并首次引入生产系统，从而推出新的产品、新的工艺、开辟新的市场、获得新的原材料来源，以及由此而引发的金融变革、组织变革和制度变革。"在这个创新概念中就包含着管理这个重要内容。[1]

2. 管理劳动的特点

管理也有合目的性、合理性和生产性（相对于生产管理而言），但是，管理的目的性内容、合理性依据以及生产性对象与技术大有不同。管理的目的不是管理具体的产品，而是提高产品的效益；管理的合理性依据不是产品相关领域的科学，而是管理科学；管理的对象不是单一的产品生产劳动对象信息，而

---

[1] 赵玉林：《创新经济学》，中国经济出版社 2006 年版，第 14 页。

是多因素的动态的系统信息。

管理的生产劳动也有技术的生产劳动四个方面的特点,但是,在每个方面都有所不同。管理生产的劳动对象是产品生产系统的所有因素信息,而技术生产的劳动对象只是产品生产相关的信息;管理生产的劳动资料是管理科学知识,而技术生产的劳动资料是相关产品涉及的科学知识;管理生产的劳动的形象思维广博而系统,技术生产的劳动的形象思维狭窄而单一,但是,比管理的形象思维更加精细;管理的逻辑思维更具有系统性和辩证性,技术生产的逻辑思维的系统性和辩证性都要小,但是,比管理的逻辑思维更加精深。以上不同的结果是:一个劳动的成果是管理,另一个劳动的成果是技术。管理产生商标信息,商标的价值就蕴含在商标信息的生产劳动中。

(二) 商标的价值

商标的价值不在于商标本身生产劳动产生的价值,而在于其标记的生产管理信息即商标信息的价值。

1. 商标的价值构成

(1) 商标的价值构成

商标市场价值的决定因素有两个:一个是美誉度,另一个是知名度。两个因素都是市场的评价,并共同构成商标的市场评价。其中,美誉度是基础,有了美誉度,知名度会慢慢产生、扩大;知名度是催化剂,可以放大美誉度,包括放大正向美誉度和负向美誉度。用公式表示就是:商标的市场评价=美誉度×知名度。当商标的美誉度为正时,知名度会成倍放大正向美誉度,从而通过扩大美誉度的市场范围放大商标的正向评价,商标的价值就会被正向放大,商品会得到市场的广泛认可。相反,当商标的美誉度为负时,知名度会成倍放大负向美誉度,从而通过扩大美誉度的市场范围放大商标的负向评价,商标的价值就会是负数，商品会被市场普遍抛弃。这就是商标的市场价值现象，这个价值现象反映了商标特殊的价值构成和价值实现方式。

商标的美誉度不是市场对商标本身的评价，而是对商标标记的商品的评价。评价的内容就是商品的品质和与商品相关的服务，而决定商品的品质和与商品相关服务好坏的是生产者的生产管理。因为同样的商品在生产过程中一般会有同样的材料、设备和技术，也就是同样的劳动对象、劳动资料和技术，导致商品品质不同的原因在于对生产要素的使用情况不同，这个要素使用不同的原因又在于对要素使用过程的管理，这个原因对于手工业者和大工业生产者都一样。所以，市场对商品的品质和与商品相关的服务的评价，实际上是对商品生产管理行为的评价。但是，行为无法标记，商标标记的只能是生产管理行为的信息。所以，市场对商标的评价对象和依据是商标标记的商品生产管理信息，即商标信息。

商标的知名度则是市场对商标本身的评价，人们认识一个商品的品质或相关信息往往开始于知道某个商标，而不是相反。所以，商标的知名度不是商品的知名度，也不是商家的知名度，而仅仅是商标的知名度。知名度来自于传播，传播可以通过自然媒介，即通过产品使用者传播，"酒香不怕巷子深"依靠的就是这种传播模式；也可以通过人为推广媒介，即通过专门媒体传播，现代媒体中的各种广告采用的就是这种模式。由于现代市场经济竞争激烈，现代商标的知名度基本上都是通过现代媒体推广模式获得，商标推广成为商品推销的基本方式。既然商标的知名度主要来源于商标推广，那么，商标推广行为就是商标价值的一个重要来源。同商标并不标记生产管理行为一样，商标也不标记推广行为，而只是标记推广行为信息，所以，对商标知名度评价的主要对象和依据是推广行为信息。当然，推广行为信息包括推广的媒体、范围、受众、时长、经费投入等，这不是本书要研究的，故不赘述。

据此，从商标市场价值的决定因素向创造价值的源头追溯，可以得出商标价值由商品的生产管理和商标推广两个行为创造的结论。只不过，这两个行为都以信息形式被商标标记，商标的价值实际上是商品的生产管理和商标推广两个行为创造的价值。而且，商标的价值并不是这两个行为创造的价值之和，而是它们的乘积，这就是商标的特殊的价值构成。

商品的生产管理和商标推广虽然分别产生和对应着商标价值评价的美誉度和知名度两个不同的参数，但是，这两个行为并不是并列的关系，[1]而是种属关系。从管理学角度看，商标推广、商品推广或商业推广都是管理行为的一种，都是实现商品价值、协调商品与市场的关系的行为。这个关系也反映在财务上，在会计科目中推广费用也属于管理费用范畴。所以，虽然由于这两个行为对商标价值的不同贡献而被分开讨论，商标的价值还是属于包括推广行为在内的商品的生产管理行为创造的。它们反映在商标信息上，商标信息再被商标标记，就实现了由生产管理行为向商标价值的转化。

（2）管理方案与管理和商标信息的关系

这里有必要讨论一下管理方案与生产管理劳动和商标信息的关系，因为管理方案已经越来越成为独立的知识产品，只不过是常常被忽视的知识产品，它的重要性也就在现代大生产和大市场的环境下才逐渐凸显。如今许多管理咨询公司就是专门

---

[1] 如果把生产管理做狭义理解，即只是生产过程的管理，则可以说是并列关系。推广行为则属于经营管理范畴，经营管理与生产管理相并列，共同构成企业管理。

生产这种产品的，现代市场中各种管理咨询和服务就是提供这种产品的。所以，管理方案与管理和商标信息一定有密切的关系，一定会影响商标的价值构成。

如上所述，手工业者在生产时并没有独立或明确的管理方案，但是，手工业者在考虑如何生产的时候就是在考虑生产管理方案，其生产的过程同时也就是实施管理方案的过程。大工业生产则有专门的生产管理部门和人员，他们在生产前会提出考虑过的生产管理方案，但是，不一定出台专门的"生产管理方案书"，而只是在研讨思考后就组织实施。所以，大工业生产初期已经有专门的生产管理队伍和管理方案雏形。现代大工业生产则使这个雏形成熟为独立的专业机构制作的专门的管理方案，一种新的独立的知识产品出现了，管理方案也有了独立的生产劳动和价值。

管理方案本质上是一种实践方法，与技术具有共同的本质。但是，管理方案不同于技术，管理方案有自己的特殊性，管理方案的生产劳动也有自己的特殊性。由于管理方案是从管理行为中独立出来的知识产品，管理方案的生产劳动与统一的管理的劳动对象、劳动资料、劳动过程和劳动成果均有同质性。区别在于，统一的管理包括管理方案的生产和实施两个过程，这两个过程在管理中直接衔接、交叉融合为一个过程，而管理方案的生产劳动则仅仅是其中的一个过程。管理方案的价值载体和构成比例方面的特点都是劳动特点的延伸，不再赘述。管理方案的价值实现也是要走向生产领域，并在生产管理中实施，这一点与技术完全一样。

当管理方案成为独立的知识产品后，管理就成为实施管理方案的行为，商标信息就成为实施管理方案产生的信息。管理方案与商标信息都是以信息形式存在的，当管理行为在实施管理方案时，管理方案引导管理行为，行为立即产生商标信息，所以，商标信息实际上是经过管理行为折射的管理方案，二者不但同质，而且同构。

但是，毕竟商标信息由管理行为产生，所以，商标的价值已经包括导致商标信息产生的前面所有的劳动贡献，既包括管理方案的生产劳动的贡献，也包括实施管理方案的管理行为的贡献。这个结论在产品价值的计量方式那里也能得到验证，在产品价值构成中，统一的管理劳动成本是以管理费用名义计入产品生产的间接成本，并不构成产品的价值。当生产管理成为管理方案的执行行为的时候，虽然生产管理劳动与管理方案的生产劳动是独立的两个环节的劳动，但是管理方案生产劳动费用或管理方案购买费用，同实施管理方案的管理费用都是作为管理费用计量的，都不计入产品的价值构成。所以，当管理方案成为独立的知识产品的时候，管理方案的价值是作为统一的管理行为的一部分共同创造商标的价值的。

2. 商标的价值实现

商标的价值不在于商标本身，而在于它所标记的信息，而一旦商标蕴含了它所标记的信息的时候，商标又有了独立的价值，商标就成了财产。

商标是标记商标信息的符号，所以，商标的价值实现只能通过给产品做标记，把一些设计精美的商标用作装饰，并不是实现商标的价值，而是实现作品的价值。要给产品做标记，就只能走向生产领域，实际上，商标就诞生在商业化的生产领域。所以，商标的价值实现就在于生产领域的使用，并伴随着产品走向市场。

商标的价值实现有不同的阶段和方式。在商标设计阶段，商标还没用来标记商品，商标信息为零，商标也没有美誉度和知名度，商标还没有价值可言。商标在商品上使用一个阶段后，商标信息逐渐积累，商标开始有了美誉度和知名度，商标价值就产生了。当商标被商品生产者长期广泛使用，商标信息丰富稳定，商标的美誉度和知名度较高，商标的独立财产价值彰显，市场就有了对该商标的使用需求，商标价值的实现就会脱离原来的使用主体和产品范围，可以通过商标的交换实现价值了。

三、商标的分类

商标的分类在国际上已经有了专门的依据，即《商标注册用商品和服务国际分类尼斯协定》（以下简称《尼斯协定》）。该协定依据商品种类对商标分类，主要将其分为产品商标和服务商标。其中，产品商标包括物质产品商标和能源产品商标，服务商标包括一切服务于产品生产流通的服务，也包括各种生活服务，而且，图纸设计之类的知识产品也包括在里面了。所以，《尼斯协定》实际上是按照三大产业对应的"产品"和产品的形态对商标进行分类的，第一、二产业是农业和工业，对应的产品都是物质产品，对应的商标叫"产品商标"；第三产业是服务业，对应的"产品"是服务"产品"，是"非物质的"和"无形的"，但不是叫"产品"，而是叫"服务"，对应的商标叫"服务商标"。《尼斯协定》的分类过去几十年了，除了增加一些具体产品种类外，也没有什么问题，所以，从商标管理角度看，这种分类是可行的。

商标是一种标记符号，商标本身的生产劳动基本上可以忽略，所以，就其标记符号的生产劳动而言，没有什么区别，怎么分类都可以，方便管理就行。即便追溯到商标的实体即商标信息的生产劳动，也没有什么本质上的区别。因为，商标信息都是生产管理产生的，劳动都是管理性的，都是处理信息的脑力劳动。如果非要追究脑力劳动的区别，那就是劳动对象、劳动资料、劳动过程和劳动成果形式有所不同，但是，反映到商标信息这里，本质区别是不存在的。不过，没有本质区别，却可以有量的区别，还可以从商标价值大小角度对商标分类。这种分类在实践中也已经有了，就是驰名商标、知名商标或著名商标之类，它们对应的美誉度和知名度是不一样的，商标价值大小也是不一样的，这种分类直接涉及商标价值的实现，现实意义更大。

第二节 商标权

一、商标权的概念

商标可以成为一种独立的财产，财产之上可以设定财产权，这种财产权的名称就是商标权。但是商标权不同于其他财产权，也不同于其他知识产权，商标权因为其客体的本质和特点而具有自己特殊的本质和规定性。

从前面关于商标价值构成及其实现的论述中，我们可以知道，商标的价值是使用者通过生产管理活动慢慢培育出来的，当商标使用一段时间以后，商标就不再仅仅是一个标记符号了，而是承载着商标信息的财产。这个时候，商标使用者就产生了独家使用这个商标的需求，就不想让同类产品生产者使用这个商标。这个需求不是他自己一个人能够实现的，因为商标不过是一种符号，很容易被复制或模仿，这就提出了法律需求。为了促进生产和诚信经营，同时也为了便于产品购买者识别产品，法律在商标上设定了独家使用权，商标权就产生了。可见，商标权就是在产品上独家使用商标的权利，即商标的专有使用权。

之所以用"专有使用权",而不使用"独家使用权",是因为商标权是可以通过许可他人使用的方式而与他人共同使用的;没有使用"独占使用权",是因为商标如技术一样,是无法"独占"的。

商标权的本质是商标的专有使用权,这个权利因为客体的原因还有特殊的规定性。

首先,商标权只是商品上的标记使用权。商标是商品的标记符号,是用来区别商品的,离开商品,就不需要商标来做标记,就不应该赋予商标权。

其次,商标权是商业使用权。商标区别商品的目的在于彰显生产者的产品品质,并因此获得好的市场收益。从社会角度看,也是为了便于购买者识别商品,进而促进生产和诚信经营。所以,商标权的使用局限于商业领域,非商业化使用没有必要也不应该赋予商标权。

基于以上商标权的本质和特殊规定性,商标权的一般定义就是:商标权是商品生产者专有的在商品上标记商标的商业化使用权。其中,"专有的……商业化使用权"描述的是商标权的专有使用权本质和商业使用权的特殊规定性;"在商品上标记商标"描述的是商标权的商品标记使用权的特殊规定性;"商品生产者"是商标权主体的规定性,这里同著作权和专利权一样,预设产品的生产者就是权利人。

二、商标权的权利属性

商标权是对商标的专有使用权,商标是有价值的,使用商标的目的是区别产品并获取好的市场回报,所以,商标权的财产权属性也是明显的。

同样是财产权,商标权的财产权也有自己的特殊性。商标权虽然也具有财产权中的所有四项权能，但是，商标权的占有权与物权不同，使用权则与专利权和著作权不同。商标权对商标的占有不是独家的、唯一的，而物权的对物的占有只能是独家的、唯一的。不同的原因在于商标的信息存在形式，这一点与专利权和著作权是一样的。但是，商标权的使用权与专利权和著作权则是不一样的，商标权的使用在于有形的可见的标记，而专利权中的使用是在产品生产中，著作权的使用则在于无形的消费，这与权利客体的价值实现方式直接相关。

除了权利的四项权能方面的特殊性外，商标权还有权利的限制方面的特殊性，即商标权无时间限制，是一种永久性使用权。知识产权一章已经论述，知识产权具有有限性，因为知识产品的价值构成中都有人类社会的公共知识资源，所以，要在权利人与社会公众之间进行价值分割和利益划分，分割和划分的最实质方法就是对权利存续时间的限制。但是如前所述，商标本身不是知识产品，甚至都不是产品，而只是被信手拈来的公共知识资源，被标记的商标信息才是产品，与商标信息同质同构的管理方案更是标准的知识产品。而商标权是对商标的使用权，并不是对商标信息或管理方案的使用权，在商标之上设定标记性使用权时并不涉及商标使用者与社会公众之间的价值分割和利益划分，所以，就没有必要对商标权进行权利存续时间的限制。

第三节　商标权制度的基本原则

商标权制度属于知识产权制度，应该遵循知识产权制度的基本原则。同时，鉴于商标只是一种标记符号，它所标记的商标信息才是与知识产品同质同构的信息产品，商标权制度也必然有自己的基本原则。

一、商标权制度的目的

商标权是为了满足产品生产者区别产品的需求和便于产品购买者识别产品而在商标上设定的专有使用权,这是商标权设定的初衷,也是商标权制度的基本目的。

这个基本目的也得到了我国《商标法》的确认,我国《商标法》第1条规定:"为了加强商标管理,保护商标专用权,促使生产、经营者保证商品和服务质量,维护商标信誉,以保障消费者和生产、经营者的利益,促进社会主义市场经济的发展,特制定本法。"在这条规定中,"保护商标专用权"是第一目的,也是实现后面目的的基本手段;"促使生产、经营者保证商品和服务质量,维护商标信誉"是第二目的,即对生产、经营者的目的,同时也是第三目的的手段;"保障消费者和生产、经营者的利益"是第三目的,这个目的包括商品生产和消费两端主体的利益;"促进社会主义市场经济的发展"是最终目的,是社会系统的价值体现。这个规定已经是一个目的系统,在这个目的系统中,存在手段与目的的递进转换关系,是社会系统中的价值系统的切实反映。在这个目的系统中,"保护商标专用权"就是对区别产品需求的回应,就是设定商标权的初衷,所以,它既是第一目的,又是所有其他目的的基本手段。

二、商标的生产流通规律

商标不是产品,应该不存在生产流通规律。但是,商标确实被使用和流通了,而且有许多商标还那么高调,成了"品牌",许多商品是贴了牌子才走遍天下的。商标的生产流通是客观事实,那么,商标的生产流通就一定有自己的规律。

前面已经论述，商标价值的决定因素是商标的美誉度和知名度，所以，商标还没有使用的时候，商标就不会被市场认知，就不会有美誉度和知名度，就没有价值，也就不会成为独立财产而被交易和流通。而美誉度和知名度是由商品生产者的管理行为产生的，使商标具有价值并成为财产的正是管理行为产生的商标信息，商标的实体是商标信息，商标的生产流通实际上是商标信息的生产流通。这样，在管理行为、商标信息和商标三者之间就形成前者产生后者和后者反映前者的关系，所以，商标的生产流通并不只是一个标记符号的"裸奔"。

管理产生美誉度和知名度，美誉度和知名度共同决定商标的价值，进而决定商标的流通，包括决定流通的时空范围。所以，可以用连接着管理劳动和商标价值的美誉度和知名度描述商标的生产流通规律，即美誉度和知名度共同决定商标价值的规律。为了简便起见，美誉度和知名度可以合并称为"美名度"，这个规律也可以简称为"美名度规律"。

三、商标权制度的基本原则

商标权制度的基本目的是满足产品生产者区别产品的需求和便于产品购买者识别产品。商标的生产流通规律是美誉度和知名度共同决定价值，即美名度规律。那么，结合知识产品生产活动治理的基本原则，即"依据创新度确定生产者利益，鼓励创新，促进共享"原则，商标权制度的基本原则就是：依据美名度确定商标权人利益，鼓励美名商标，促进诚信经营。其中，"依据美名度确定商标权人利益"描述商标的价值认定和权利人的利益认定准则，这里用"商标权人"而不是"商标生产者"或"商标使用者"描述权利主体，是因为商标不是产品，

第七章　商标权原理

谈不上生产者,[1]用"使用者"又会涵盖非法使用者;"鼓励美名商标"是结合商标生产流通规律和设定商标权目的作出的新的提法;"促进诚信经营"是从市场秩序维护的角度对设定商标权目的的引用,同时,也是促进经济发展等进一步目的实现的基础。

---

[1]　当商标符号是作品的时候,就不是商标权的客体;当商标作为商标权客体的时候,商标本身不是管理行为的产品,商标信息才是。

CHAPTER 8 第八章
其他知识产权原理

第一节　其他知识产品

一、知识产品的时代类型

通过知识产品一章的论述,我们知道,知识产品是经过人类智力劳动重构的概象化或符号化的系统性信息产品。而且,从知识产品的劳动过程角度,知识产品可以分为思想作品、文艺作品、技术作品和标识作品四大类。那么,只要是符合上述概念的产品都是知识产品,知识产品也不仅仅是著作作品、生产技术或管理方案这几种。

（一）知识产品的时代外延

人类生产生活和科学技术的历史告诉我们,人类智力劳动的对象和资料与物质生产劳动一样,是随着人类对客观世界认识的进步而不断进步的。古代马车的车轮与现代汽车的车轮制作技术就不可同日而语,古代马车车轮生产技术的劳动对象是木料信息,劳动资料是木料切割组装和动力经验知识,而现代汽车车轮生产技术的劳动对象是钢材信息和橡胶信息等,劳动资料是钢材和橡胶的加工组装以及动力科学知识。智力劳动对象和资料的不同,必然导致劳动成果的不同,知识产品也就随着时代的不同而不同。

当代社会，人类的知识加速爆炸，智力劳动的对象和资料不断变革，加之知识经济越来越占据主导地位，智力劳动越来越成为主要劳动形式，新的知识产品必然层出不穷，新的知识产品类型也必然不断涌现。

我们这个时代的科学成果主要以量子物理、生命科学、信息科学和系统科学等科学成果为代表，这些科学成果实质性地改变了人类对客观世界的认识。虽然这些认识还没有来得及形成统一的或者广泛认可的时代思想，它们却已经实实在在地进入社会实践，形成一些新的社会思潮和革命性技术。这一轮的科技革命主要以信息科技、生物科技、航天科技、海洋科技和材料科技等为代表。这些技术以族群化的方式快速衍生，在市场经济的激励下，快速形成"产能"，生产出各种各样新的产品，推动社会生产生活加速变革。在这个大背景下，各种各样的新的技术和作品不断产生，包括可能出现新的知识产品种类。

与此同时，在新的科技革命推动下，市场环境下的知识经济也加速发展，许多具有智力劳动背景的信息产品也被"开发"为知识产品。一些传统文化形式、地方产品信息和人类遗传资源都被卷入市场大潮，而且，这种情况越来越多，这种态势愈演愈烈，知识经济已经在洗礼人类的一切智力成果。

（二）知识产品的时代类型

结合这一轮的科技革命成果和知识经济形势，目前比较有影响的时代性知识产品大约有以下几类：

1. 技术软件

技术软件是信息科技产品，该类产品以信息形式存在，这种存在形式的名称叫"软件"。技术软件是一种生产产品方法的软件产品，所以，这种软件本质上是一种技术。这个技术包括生产信息产品的技术,如生产各种操作系统软件、生产文字输入软件、生产游戏软件和生产文艺作品的软件;也包括生产物质产品的技术软件,如自动控制软件、物联软件等。

2. 软件作品

软件作品是可以供人直接消费的精神消费品,所以,这种软件本质上是一种作品。软件作品主要是各种游戏或娱乐软件。软件作品也是信息科技产品,也是以信息形式存在,也叫"软件"。软件作品是精神消费品,但是,与传统精神消费品不同,软件作品是一种程序,人们消费这种产品时需要运行程序,需要与产品互动,并在互动运行中获得精神满足。

3. 集成电路布图设计

集成电路是以半导体材料为基片的多个元件的互连线路集成以执行某种电子功能的半导体集成电路。集成电路布图设计就是这种电路的图形设计,该种设计因突破常规或者元件的不同组合而具有独创性和实用性。集成电路布图设计是电子信息技术的基础,主要应用于各种通讯工具、各种计算机和家用电器等电子产品,在现代智能化进程中应用更加普遍,集成电路的最新和极致形式就是通常所说的"芯片"。

集成电路布图设计就像建筑设计一样是一种运行图设计,只不过是电子运行图,这个运行图将用于基片上电子元件的组装,即集成电路或"芯片"的"施工",所以,集成电路布图设计本质上是一种信息工程施工图。这种施工图既不是美术作品,不像美术作品那样讲究美观并用于审美消费;也不是外观设计,不像外观设计那样注重外形和实用;也不是建筑设计图,不像建筑构件都是物质形式的,集成电路布图设计已经是一种独立的新的知识产品。

4. 大数据作品

大数据实际上是至少包含一个 PB 以上数据的信息,大数据也就是海量的信息。大数据技术则是对海量信息采集、存储和处理的技术,所以,大数据技术是信息时代的统计分析技术。但是,大数据技术的发展没有止步于传统的统计分析方法和结果,而是可以直接产生行动方案或分析结论,如物流方案、产品推广方案、证券走势报告、新冠肺炎态势或发病机理报告等。这些方案和报告已经不是简单的统计结果信息,而是基于分析推理产生的"智力成果",这里不妨叫作大数据作品。这些大数据作品可能比我们专业人士提出的方案或报告还要精确、有效和正确,报告中的成果甚至可能就是革命性的新发现,而且是具有深厚扎实的实证数据支撑的实证研究的新发现。所以,从这些大数据作品的结构和特性来看,它们无疑是一种知识产品。

5. 人工智能作品

人工智能是研究、开发用于模拟、延伸和扩展人的智能的理论、方法、技术及应用系统的技术。人工智能不仅仅是我们已经看到的智能锁、阿法狗、扫地机器人等这样的设备,它还是一套理论和技术。不过,我们这里讨论的人工智能是人工智能设备,这里的人工智能可以顾名思义地理解为人制造的智能工具。

人工智能作品就是人工智能"创作"的"作品",目前已经有诗歌、绘画、音乐等形式。这些"作品"独创性和思想性也许并不高,但是,已经有独创性,有的还很精美,已经完全具备人的作品的特征。随着人工智能科学技术的发展,人工智能由弱到强,再到超级,人类的大脑功能将一步步被人工智能替代,就像人类的四肢功能一步步被机器工具替代一样。可以设想,未来人工智能的作品无论是种类范围,还是独创性或创新性，都将取代甚至超越人的智力劳动作品。所以，现在的人工智能作品恐怕已经不仅仅是人操作下的机器的"产品"那么简单，而可能只是新型知识产品的初级形式，或者是对现行知识产品本质的颠覆的开端。

6. 生物新品种技术

随着生物科学的发展，不但原有的生物培育技术取得长足进步，一些植物新品种和动物新品种都被培育出来，只是，许多成果因为生物伦理的原因还储藏在实验室里，没有走向社会和市场。生物新品种培育技术已经是大量存在的知识产品，这种知识产品也是传统知识产权所不能覆盖的新型知识产品。

7. 地理标志

地理标志是表明某一种商品来源并与产品的特定品质、信誉或其他特征相关联的标志，所以，地理标志又常常被称为原产地标志。这种标志与商标不同，不是标记某一种产品或服务的，也不是突出产品或服务提供商的，所以，地理标志是一种新型商业标记。

8. 非物质文化遗产符号

文化遗产是一个民族的文明积淀，其中蕴含着民族特有的理念、思维方式和审美情趣等，包括物质形式和非物质形式。[1]在市场经济环境下的知识经济大潮中，一些非物质文化遗产的标志性符号被知识产权意识强的商家抢注。比如日本抢注"同仁堂"，韩国抢注"中秋节""元宵节"，美欧等抢注"少林功夫""少林武术"等，还有被国外游戏公司抢注为游戏商标的《西游记》《水浒传》等。非物质文化遗产中的标志性符号已经成了被挖掘出来的新型商业标记。

---

〔1〕 实际上是信息形式，非物质文化遗产实际上是"信息文化遗产"。但是鉴于目前的习惯性称谓已经形成，故本书暂不做改动。

9. 商业模式

商业模式是企业运营系统的系统运行方式，是企业管理者根据自己的经营管理理念和掌握的管理科学知识，结合企业的内外资源设计的企业经营管理模式。商业模式也是企业管理者智力劳动的成果，而且是复杂的智力劳动成果。在现代知识经济中，不但企业管理者越来越重视企业的商业模式设计或营造，越来越多的管理咨询公司和职业经理人就是专门以提供这种知识产品为业的，商业模式越来越成为独立的新型知识产品。

二、其他知识产品

（一）其他知识产品与知识产品的时代类型

知识产品自古就有，甚至是人类与生俱来的客观存在。但是，在工业革命前，它们还只是默默地陪伴着人类的成长。工业革命后，它们开始显山露水，并提出权利要求，产生了传统的三大知识产权保护下的三大件知识产品，即作品、技术和商标。如今，新的科技革命如火如荼，信息社会和知识经济已经来临，加之市场机制的作用，新的知识产品层出不穷，知识产品已经远远不是传统的"三大件"了。曾几何时，这些新型知识产品随同它们之上的"其他知识产权"一起，被众多的学者纳入三大件之外的"其他"知识产品行列。可以想象，随着科技革命和知识经济的深入推进，其他知识产品将越来越多。

（二）其他知识产品的生产劳动和价值

通过前面对作品、技术和商标三大件知识产品生产劳动和价值的论述可以看出，产品的生产劳动和价值是产品的本质体现，同时又决定产品的市场命运，对产品之上的知识产权的设立具有直接意义。

1. 商业秘密的生产劳动和价值

在传统三大件之外，较早成为其他知识产品的是商业秘密。根据《知识产权协议》第39条："只要有关信息符合下列三个条件：a. 在一定意义上，其属于秘密，就是说，该信息作为整体或作为其中内容的确切组合，并非通常从事有关该信息工作之领域的人们所普遍了解或容易获得的；b. 因其属于秘密而具有商业价值；c. 合法控制该息之人，为保密已经根据有关情况采取了合理措施。"据此，只要具备秘密性、经济性和保密性的信息就是商业秘密，商业秘密的范围十分宽泛。

根据《反不正当竞争法》第9条的规定："本法所称的商业秘密，是指不为公众所知悉、具有商业价值并经权利人采取相应保密措施的技术信息、经营信息等商业信息。"商业秘密包括技术信息、经营信息等商业信息，范围也比较宽泛。结合前面的论述，商业秘密实际上包括了技术、商业模式两类知识产品和它们的使用、运营信息等。

其中，技术、商业模式两类知识产品的生产劳动和价值问题，前面的专利权和商标权两章中关于技术和管理方案的讨论可以直接适用（商业模式属于管理方案范畴）。关于技术和商业模式的使用、运用信息则是劳动过程的信息，并不是知识产品，不存在独立的生产劳动和价值，它们的"价值"取决于市场机会，而市场机会又取决于产生这些信息的技术或管理方案实施过程中的劳动。换句话说，没有技术或管理方案的实施，市场机会就不存在，纯粹的商业信息的价值就等于零。

2. 技术软件的生产劳动和价值

技术软件本质上是一种技术，只不过是生产信息产品的技术。我们已经习惯于把技术理解为生产物质产品的技术，在信息社会，这个理解已经跟不上形势了。前面已经论述，以产品的存在形式为标准，产品可以分为物质产品、能量产品和信息产品三种。那么，其中任何一种产品的生产方法都是技术，都是信息形式存在的智力劳动成果，其生产劳动和价值构成并无本质区别。

技术软件作为一种技术，其价值实现也是如物质产品生产技术一样要到生产领域。但是，技术软件要进入的是信息产品生产领域，而物质产品生产技术要走向物质产品生产领域。正因如此，技术软件的价值计量方式与物质产品生产技术的计量方式会有不同。当技术软件是物质产品生产技术的生产技术时，技术软件的价值计量最终要体现在物质产品上；当技术软件是精神消费品的生产技术时，技术软件的价值计量就要体现在精神消费品上。

3. 软件作品的生产劳动和价值

软件作品是精神消费品，因而也是一种作品。但是，这种作品的内部结构和消费方式与传统作品不同，其内部结构是一种程序，消费方式是运行程序，并参与运行。所以，这种软件作品的生产劳动就是编程，思维主要是逻辑思维，而且是算法逻辑，表达方式是代码的组合；软件作品的生产劳动也有形象思维，不过，主要是场景设计，而不是场景描述，表达方式也是代码的组合。所以，软件作品与文学艺术作品和理论学术作品在思维上和表达上都是不同的。

软件作品的价值构成和价值实现会因为其生产劳动的特点，而与传统作品有所不同，不过，因为其精神消费品的共同本质而不会有根本性差异。

4. 集成电路布图设计的生产劳动和价值

集成电路布图设计是一种信息工程施工图，施工图要有技术性和实用性，新的设计还要有独创性。技术性是指设计时要依据有关科学原理和已有技术，但又不是技术创新，而只是运用。实用性是指设计成果要有用，一般表现为更好的效用。技术性和实用性的具体体现是集成度、速度和能耗，集成度高、速度快和能耗低就是好的设计，否则就不好。独创性是指设计成果是独一无二的运行图，所以，集成电路布图设计也是一种表达形式，表达的内容是对集成电路的技术性和实用性思考。

集成电路布图设计的技术性和实用性要求使其生产劳动不同于技术中的实用新型，集成电路布图设计不需要实用新型的创造性要求，所以，集成电路布图设计的逻辑思维基本上不涉及原理性科学理论的应用和技术性突破，逻辑思维的深度和强度总体上要低于实用新型的生产劳动。集成电路布图设计的独创性受到其技术性和实用性的制约，使其生产劳动不同于绘画，集成电路布图设计不需要绘画的审美要求，所以，集成电路布图设计的形象思维比较少，而且，其形象思维与绘画也不同，并不像绘画那样在意美学规律。

集成电路布图设计劳动的上述特点可以分解、分析出其劳动对象、劳动资料、劳动过程和劳动成果的特点，并形成其特殊的价值构成和价值实现方式。比如，其劳动资料主要是现有技术，而不是科学理论，其劳动资料部分的价值含量就并不大；劳动成果是运行图，而不是美术作品，其价值实现方式就是要走向集成电路的生产领域。

5. 大数据作品的生产劳动和价值

大数据作品是大数据技术的"产品"，其内部结构和功能与人的同样作品并无差别。所以，大数据作品特殊性在于其生产主体，而不在于作品本身，研究大数据作品的生产劳动没有必要。如果要确定大数据作品的价值，那么，可以直接参照人的同样作品的价值。

6. 人工智能作品的生产劳动和价值

人工智能作品是人工智能技术的"产品",其内部结构和功能与人的同样作品也没有差别。所以,像大数据作品一样,人工智能作品特殊性在于其生产主体,而不在于作品本身,研究人工智能作品的生产劳动没有必要。如果要确定人工智能作品的价值,可以直接参照人的同样作品的价值。

7. 生物新品种技术的生产劳动和价值

生物新品种是人类应用生命科学成果培育出的有生命的物种,生物新品种也是一类物种,只不过因为它是有生命的,我们没有把它们叫作新"产品",我们已经习以为常地用"产品"指称无生命的物质产品了。所以,从人类劳动角度看,生物新品种也是一种产品,生物新品种技术也是一种产品生产技术。那么,生物新品种技术的生产劳动和价值,就与产品生产技术的生产劳动和价值具有同样的特点,遵循同样的规律。

8. 地理标志的生产劳动和价值

地理标志是商品来源地的标记符号,这个来源地因为其特有的自然因素或人文因素而使商品具有特定的质量、信誉等特征。所以,地理标志本身不是产品,不存在自己的生产劳动和价值,它标记的商品的特定质量、信誉等信息才是它的价值实体。那么,地理标志与商标一样,其生产劳动和价值不在于自身,而在于相关信息的生产劳动,只不过,地理标志的相关商品信息的生产劳动发生在具有特定环境的自然对象上,或者融入于具有特定人文环境的劳动者身上或劳动过程中,而不仅仅是生产管理中。

9. 非物质文化遗产符号的生产劳动和价值

非物质文化遗产符号是非物质文化遗产的象征,它的内容实际上是非物质文化遗产信息,包括理念、思维方式、审美情趣和习俗等。这些信息既是相关人群生产生活的指导，又是他们的生产生活的结果，所以，具有文化历史意义，可以为包括当代人群在内的其他人群的精神生活提供滋养。非物质文化遗产的符号则是摘取于非物质文化遗产的外在形式的某一点或某一部分，不是信息本身，却与非物质文化遗产有直接联系，具有象征性作用。当非物质文化遗产的符号被用作商标时，就会让人产生关于非物质文化遗产的联想和联系，进而产生基于非物质文化遗产的美誉度和知名度，从而节省了应有的生产管理劳动。

可见，非物质文化遗产符号与商标一样本身不是产品，它的生产劳动和价值与商标具有同样的特点，只不过不是来源于产品的生产管理，而是来源于某个人群的生产生活。

第二节　其他知识产权

知识产权是设定在知识产品之上的权利，在现代知识经济环境下，有什么样的知识产品就应该有什么样的知识产权，其他知识产权就是以其他知识产品为客体的知识产权。

一、其他知识产权的具体种类

根据联合国《建立世界知识产权组织公约》的规定，知识产权有包括"关于文学、艺术和科学作品的权利"等在内的八类权利，其对应的人类智力劳动成果或标识性作品有以下六类，即：文学、艺术和科学作品；表演艺术家的演出、录音和广播等演绎作品；发明；科学发现；工业品式样；商标、服务商标、厂商名称和标记。这六类知识产品囊括了传统的主要知识产品，但并没有前述时代性的知识产品，这个知识产权的分类显然是不够的，或者纳入的知识产品是不够的。

(一) 商业秘密权

商业秘密权是设定在技术、商业模式和它们的使用、运营信息等知识产品或信息之上的权利，所以，商业秘密权的客体比较宽泛，但是，属于知识产品的只有技术和商业模式。

其中，商业秘密技术（或技术秘密）与专利权客体的技术没有区别，它们的生产劳动、价值构成和价值实现都没有区别，但是，因为权利主体选择了不同的保护措施，它们被归属于不同的权利，拥有了不同的命运。商业秘密技术拥有者选择的是自我保护，并试图永远独家拥有商业秘密技术。这种选择是对技术价值构成中公共知识部分的无视，也排斥了社会公众对该技术进一步的开发利用，因而并不具有完全的正当性。但是，商业秘密技术毕竟是生产者的智力劳动成果，而且公共知识毕竟是没有具体的所有者的，所以，生产者拥有商业秘密技术就顺理成章、理所当然了。

商业模式作为一种知识产品，一直融入商业运行过程中，没有形成独立的产品形式。但是随着知识经济的发展，商业模式已经越来越具有独立产品的品格了，不过迄今尚未有突出或强烈的权利需求，而只是混杂在商业秘密中被"保护"着。保护的落脚点并不是商业模式的财产利益，而是其运行过程中的"秘密"。

(二) 技术软件专利权

技术软件是一种软件形式的产品生产技术，本质上是一种产品生产方法，所以，设定在技术软件之上的权利应该属于专利权范畴，只是具体种类或形式可能有所不同。比如，技术软件一般不会有外观设计专利权，因为信息产品是一种信息，没有"外观"；另外，实用新型也可能是新的结构，而不是新的

"型"。

(三) 软件作品著作权

软件作品的特殊性在于其内部结构的程序性，消费方式是互动的，但它仍然是一种精神消费品，会让消费者在消费过程中获得情感愉悦或思想启迪。所以，软件作品之上的权利应该属于著作权范畴。

(四) 集成电路布图设计专有权

集成电路布图设计成为独立的产品需要有技术性、实用性和独创性，这三性既不同于专利技术，也不同于作品。而且，集成电路布图设计的生产劳动和价值也与专利技术和作品不同，那么，设定在集成电路布图设计之上的权利就不应该是专利权，也不应该是著作权，而是全新的独立的知识产权种类。

其实，这种全新的知识产权在集成电路布图设计出现之前就有，那就是工程施工图。工程施工图是建筑等物质设施施工图，也有技术性、实用性和独创性要求，但却不属于专利技术，也不属于作品。只是因为工程施工图产生在工业经济时期，而不是在知识经济时期，工程施工图就简单地归并到著作权中保护了。集成电路布图设计的命运就不同了，它诞生在知识经济时代，人们的知识产权意识和需求强烈；集成电路是电子信息工程的基础设施，集成电路布图设计还很有价值，很赚钱；集成电路布图设计更新又快，专利权和著作权保护都不能适应或有效，于是新的权利类型出现了，即集成电路布图设计专有权。

(五) 生物新品种技术专利权

生物新品种技术是一种物种生产技术，属于产品生产方法范畴，所以，设定在生物新品种技术之上的权利属于专利权范畴。

(六) 地理标志权

地理标志是商品来源地的标记符号，与商标具有相似性，但是，由于标记的对象和内容不同而不属于商标范畴。设定在地理标志之上的权利就成为独立的知识产权种类。

二、其他知识产权的大类归属

在知识产品一章中，我们从知识产品劳动过程角度把知识产品分为思想作品、文艺作品、技术作品和标识作品四大类，进而在知识产权一章中把知识产权分为思想作品权、文艺作品权、技术作品权和标识作品权四大类。据此，已有知识产权中，科学作品著作权和一些发现权属于思想作品权；文艺作品和演绎作品属于文艺作品权；发明和工业品式样等专利权属于技术作品权；商标、服务商标、厂商名称和标记等商标权、商号权属于标识作品权。

那么，上述其他知识产权也应该可以从客体角度归并到这四大类知识产权中。其中，商业秘密权的客体是技术和商业模式及其运行信息，都是方法，表达的是人们对事物本质、规律和自身需求的双重认识，是合理性和合目的性的理性思维劳动的成果。所以，关于技术和商业模式的商业秘密权应该属于技术作品权；技术软件专利权的客体是信息产品生产方法，也是合理性和合目的性理性思维劳动成果，技术软件专利权应该属于技术作品权；软件作品著作权的客体是精神消费品，是娱乐性程序，表达的是人们对世界的美的认识和情感体验，反映了劳动的感知转换过程，软件作品著作权应该属于文艺作品权；集成电路布图设计专有权的客体是集成电路施工图，也是一种方法，也是合理性和合目的性理性思维劳动成果，集成电路布图设计专有权应该属于技术作品权；生物新品种权的客体是生物新品种技术，也是一种方法，也是合理性和合目的性的理性思维劳动成果，生物新品种权应该属于技术作品权；地理标志权的客体是地理标志,是一种标识,表达的是人们对特定地方地理人文的确定性认识,反映了劳动的独特性,地理标志权应该属于标识作品权。

其他知识产权的大类归属反映和验证了从劳动角度对知识产品和知识产权分类的根本性,以及四大类知识产权的高度概括性。随着科学技术的进步和知识经济的发展,一定还会有新的知识产品出现,如果根据知识产品的生产劳动分类,就能抓住知识产品的本质,对知识产品的管理就能合理有效,知识产权制度就能合理有效。

三、其他知识产权的权利属性

如上所述,其他知识产权可以分别归属于四大类知识产权,那么,它们就有相应大类知识产权的权利属性。同时,因为它们都有不同的生产劳动和价值构成特点,它们也会有自己具体的权利属性或特征。

(一) 商业秘密权的权利属性

商业秘密权的客体比较宽泛,实质性的主要是技术和商业模式及其运行信息。而技术和商业模式是两种不同的知识产品,运行信息则不是知识产品,所以,商业秘密权的属性并不是统一的。

技术的商业秘密权属于技术作品权范畴,应该具有技术作品权的基本属性,应该具有类似于有相同客体的专利权的属性。但是,由于该权利主体对客体采取的是自我保护措施,并试图独家永远占有和享有技术,无视技术价值构成中的公共知识部分,也排斥了社会公众在其技术基础上进一步开发的机会,所以,技术的商业秘密权是片面的、狭隘的、缺乏正当性的权利。所以,虽然技术的开发人应该享有权利,但是,技术的商业秘密权有不同于专利权的特点：一是自保性，商业秘密自始至终需要权利主体自我保护，社会公众一旦通过正当途径获得商业秘密技术，就有权使用该技术；二是自动性，只要主体选择了商业秘密的自我保护措施就主动产生商业秘密权，无需向权力机构办理手续。

商业模式的商业秘密权也属于技术作品权范畴，也应该具有技术作品权的基本属性，但是，因为其特殊的客体和主体对客体的自我保护措施的选择，商业模式的商业秘密权也有自己的特殊性。一是可权利性差，商业模式是一个商业运行系统，不是某个单一产品生产方面的技术，其综合性的功能模块就有决策、组织、指挥、协调、监督等多个，权利要求和说明极其复杂。而且，商业模式的运行需要结合各自的人财物和环境等特殊资源条件，可复制性有限，权利需求和赋权的必要性都不大；二是自保性和自动性，这个道理同技术的商业秘密一样；三是信息衍生性，由于商业模式可权利性差，其运行的信息却相对简单直接，且有"信息价值"，会影响下一步的内外商业资源变化，进而影响产品的市场走势，所以，其衍生的信息就成为商业秘密权客体的重要组成部分。

（二）技术软件专利权的权利属性

技术软件是软件形式的生产技术，与传统技术不同的是，它本身是一种软件，而不是图纸或文字说明。技术软件在形式上与所有的软件一样都是一种程序，都是数字编码，所以，技术软件更像是一种表达，而不像是一种方法，这就会对技术软件的权利归属产生困扰。但只要我们把技术定位为产品生产方法，技术软件的表达形式就改变不了它的技术本质和专利权客体的归属。技术软件专利权同样有传统专利权的基本属性，也是与著作权和商标权不同的知识产权，也是一种专有使用权，也属于财产权范畴,其特殊性就在于它是一种客体数字化的专利权。

(三) 软件作品著作权的权利属性

软件作品著作权在著作权中的情况与技术软件专利权在专利权中的情况非常相似,因为作品的形式是数字化的软件,所以,软件作品著作权的特殊性就在于它是一种客体数字化的著作权。

(四) 集成电路布图设计专有权的权利属性

集成电路布图设计作为一种施工运行图,属于技术作品,所以,集成电路布图设计专有权应该属于技术作品权范畴,具有技术作品权的基本属性。但是,集成电路布图设计具有技术性、实用性和独创性三性,不同于专利技术,也不同于商业秘密技术,当然,也不同于作品。所以,集成电路布图设计专有权的权利范围应该小于专利权,表现为权利限制大于专利权;集成电路布图设计专有权的取得方式应为权力机关确认,而不是自动产生;集成电路布图设计专有权的内容在于商业使用,而不是传播。

(五) 生物新品种技术专利权的权利属性

生物新品种技术专利权是一种专利权,当然也是一种技术作品权,应该具有技术作品权和专利权的基本属性。如果说有什么特殊性,那就在于权利客体生产的产品是生物,与传统的物质产品有本质区别。传统的物质产品可以来自生物,比如水稻的种子和稻草、树的果实和木料、牲畜的肉和奶等,它们会改变生物的生存和繁衍方式,却不会改变生物物种,地球的生物系统总体上以自然基因传递和延续。但是,生物新品种就不同了,它们本质上是新的物种,有自己的新的遗传基因,它们的面世和生产意味着生物系统的物种结构和自然延续进程可以人为干预，这会丰富人类的食谱，同时也意味着生物系统的物种结构和自然延续进程被打破，这对生物系统和其中的人类而言不见得都是好事。所以，生物新品种技术的商业化使用必须严格控制，生物新品种技术专利权的授予必须慎之又慎，生物新品种技术专利权的限制应该大于传统专利权。

生物新品种包括植物新品种和动物新品种两类，如果设定生物系统是以人为中心的，那么，植物新品种处于生物系统的外围，动物新品种处于生物系统的中间，离人类系统最近。所以，植物新品种的出现改变的是生物系统的外围，对人类系统的影响较小，而动物新品种的出现改变的是生物系统的中间，对人类系统的影响较大。那么，生物新品种技术专利权应该就植物新品种技术和动物新品种技术分别设置专利权，两种新品种专利权的授予条件和权利内容在严格程度和权利限制上应该有较大的区别。而且总体上，动物新品种技术专利权的授予条件和权利限制应该比植物新品种技术专利权要更严格和更大。

（六）地理标志权的权利属性

地理标志权是设定在商品来源地标记之上的权利，属于标识作品权范畴，应该具有标识作品权的基本属性。不过，由于地理标志与商标承载的信息的不同，地理标志权的商业使用不是指向单一生产者生产的商品，而是某个地域的多个商品生产者生产的商品，所以，地理标志权在主体上具有集体属性。

第三节 其他知识产权制度的基本原则

其他知识产权可以归并于不同的知识产权大类，应该遵循相应大类的制度的基本原则。鉴于其他知识产权的特殊属性和不一定有独立的制度体系，下面从权利治理的角度讨论它们的治理原则，姑且作为其他知识产权制度的基本原则。

一、分类规制原则

其他知识产权涉及不同的知识产权类别，不同类别的知识产权需要采取不同的治理方式，适用不同的治理原则。所以，其他知识产权没有统一的治理原则，如果要给它们的治理指个方向性原则，那就是分类规制原则，即根据它们的分类归属适用相应的治理原则。

二、几个其他知识产权的治理原则

（一）商业秘密权的治理原则

商业秘密权的客体包括技术和商业模式及其运行信息，技术和商业模式都是技术作品，所以，商业秘密权的治理应该遵循技术作品权的治理原则。同时，鉴于商业秘密权主体对客体采取的是自我保护措施，并试图独家永远占有和使用之，且技术和商业模式又具有不同的本质和运行规律，商业秘密权的治理也应该分别有自己特殊的治理原则。

1. 技术的商业秘密权治理原则

商业秘密技术的本质是产品生产方法，与专利技术的本质相同，所以，商业秘密技术与专利技术拥有同样的运行规律，即创新实用规律。但是，我们肯定技术的商业秘密权的目的是鼓励创新，而没有促进共享的意思。所以，技术的商业秘密权的治理原则就是：依据创新实用性确定生产者利益，鼓励实用性创新，认可自我保护。这个原则与技术作品权和专利权治理原则的区别在于"认可自我保护"，"认可自我保护"表示对技术生产者自我保护选择的认可，既是对其技术生产中创造性劳动的肯定，也是对其自我保护措施下的权利范围的划定，凡是通过不违背其保护措施的方法而获取的商业秘密技术就不在技术的商业秘密权的保护范围之内。

2. 商业模式的商业秘密权治理原则

商业模式的商业秘密属于技术作品，但不是具体的产品生产方法，可权利性差，其运行衍生的经营管理信息成为商业秘密权的客体。但是，当经营管理信息成为客体后，商业秘密权已经不是知识产权，而是纯粹的信息产权（信息产权包括知识产权和纯粹的信息产权）。而经营管理信息本质上就是信息，它的价值就在于减少不确定性，提供市场机会，包括获利和减损机会，经营管理信息的基本规律就是市场机会决定信息价值。[1]我们肯定经营管理信息的商业秘密权的目的在于鼓励科学管理和诚信经营，而不是出售信息。所以，商业模式的商业秘密权的治理原则就是：依据市场机会确定信息价值，鼓励科学管理，倡导诚信经营。

(二) 集成电路布图设计专有权的治理原则

集成电路布图设计属于技术作品，集成电路布图设计专有权应该遵循技术作品权的治理原则。同时，集成电路布图设计的本质是工程施工图，具有技术性、实用性和独创性三性，其技术性不在于创造，而是源于有关科学原理和已有技术的技术含量，所以，决定它的价值的是实用性和独创性。设定集成电路布图设计专有权的目的在于鼓励实用性独创，而不是创新或传播。那么，集成电路布图设计专有权的治理原则就是：依据实用性独创性确定生产者利益，鼓励实用性独创，促进商业

---

[1] 这个规律看上去违背劳动价值论，实则不然，机会是信息提供的，而经营管理信息又是经营管理劳动的产物，所以，机会实际上是经营管理行为创造的。换个角度也一样，"机会"只是"机会"，抓住机会获利或减损都是要付出劳动的，所以，机会的价值源头还是劳动。机会决定价值，那么，信息的价值源头也是劳动。

使用。

(三) 生物新品种技术专利权的治理原则

生物新品种技术专利权是一种技术作品权，应该遵循技术作品权和专利权的治理原则。不同的是，生物新品种可能对生物系统的物种结构和自然延续进程产生影响，进而影响人类系统。所以，我们设定生物新品种技术专利权的目的不仅仅是鼓励创新，促进共享，还包括对生物系统和人类系统的维护，主要是防范对生物系统和人类系统的破坏性创新和使用。那么，生物新品种技术专利权的治理原则就是：依据创新度确定生产者利益，鼓励无害创新，促进共享。

这个原则与传统专利权治理原则的区别就在于"鼓励无害创新"，而不是"鼓励实用性创新"。"实用性"是满足人类某种需求的性能，一般而言比较功利和短视。当然，大一点说，"实用性"也可以包括满足人类系统自组织需要的性能，进而包括不破坏生物系统的性能。不过，对"实用性"作这样延伸，的确伸得太远，"实用性"之手伸得太长，难以达到防范破坏生物系统和人类系统的目的。而"无害"却可以包括无益、有益和实用，突出底线思维，所以，用"无害"取代"实用"可以更好地表达治理目的。

CHAPTER 9 第九章
现行知识产权基本制度评析

　　基本制度是制度制定者对治理对象基本问题的认识和治理目的及其价值追求的共同反映,知识产权基本制度则是制定者对知识产权基本问题的认识和治理目的及其价值追求的共同反映。评析知识产权基本制度可以发现基本制度的问题,反思制度制定者的认识、目的和价值追求,同时,也能够检验知识产权基本理论的科学性。

　　根据张文显教授的观点,"就知识经济具体的制度架构而言,主要包括以下三个方面:其一,自由市场制度,例如作为激励知识生产和创新的最有力机制的知识产权制度和自由竞争制度以及风险投资制度和企业产权制度……其二,政府规制制度,表现为政府动用财政政策……经济杠杆所实施的宏观调控和管理制度,以及为防范有限理性和权力寻租造成更大损害和危险的法治和控权制度。其三,公共自主制度,即由公众对人类知识的继承、分享和发展的权利以及知情权、言论自由和结社自由等所支撑和构建起来的以对抗知识霸权和垄断的制度。"[1]本书研究的仅仅是"自由市场制度"中的知识产权制度。知识产权制度的核心是知识产权法律制度,所以,本章仅仅评析知

---

　　〔1〕 张文显等:《知识经济与法律制度创新》,北京大学出版社2011年版,第3~4页。

识产权法律制度。

第一节　国际知识产权基本制度评析

知识产权制度虽然发端于一个个独立的国家，却很不安分，不会固守于一国领域，知识产权制度国际化已经有一百多年的历史。如今，伴随着经济全球化进程，当代每一个国家的知识产权制度都受到国际知识产权制度的深刻影响，很多国家的知识产权制度几乎就是国际知识产权制度的投影，所以，对现行知识产权基本制度的评析工作应当从国际知识产权制度开始。

一、国际知识产权制度的历史演绎

知识产权制度产生于工业革命发源地英国，1624 年詹姆斯一世颁布的《垄断法》（又称《1623 年垄断法规》）被认为是世界上第一部具有现代意义的知识产权法律[1]。不久以后，其他早期工业化欧洲国家也很快有了自己的知识产权制度。各国的知识产权制度随着国际贸易的发展很快面临地域化的矛盾，知识产权制度开始走向国别协调、协作。部分欧洲国家在 1883 年签订《巴黎公约》，1886 年签订《伯尔尼公约》。两个公约奠定了早期的国际知识产权制度基础，以这两个公约为基础的相关联合知识产权局成为早期的知识产权国际组织。

近百年后的 1970 年，世界知识产权组织在联合知识产权局基础上成立，该组织继续推动国际知识产权的协调合作，主持签署和管理一系列知识产权国际合作文件。1994 年，经过著名的艰苦的乌拉圭回合谈判后，世界贸易组织诞生，《知识产权协

---

[1] 参见郑成思：《知识产权论》，法律出版社 2003 年版，第 5 页。

定》出台。自此,知识产权国际协作与贸易国际协作挂钩,国际知识产权制度有了国际贸易基础和保障,国际知识产权制度进入《知识产权协定》时代。1995年《世界知识产权组织与世界贸易组织间协定》签订,国际知识产权出现了世界贸易组织与世界知识产权组织共同管理的局面。

与之前的知识产权公约或条约主要是由发达国家牵头签订的情况不同,乌拉圭回合谈判签订的《知识产权协定》则是发达国家与发展中国家相互妥协的结果,双方都不太满意。所以,《知识产权协定》签订不久就面临发达国家和发展中国家两方面的挑战,发达国家试图强化知识产权保护,而发展中国家则从人权、文化多样性等角度谋求弱化保护,甚至谋求一些领域的知识开放。

二、国际知识产权制度的基本架构

现行国际知识产权制度由多个公约和条约组成。其中,由世界知识产权组织管理的工业产权方面的有《巴黎公约》《专利合作条约》和《商标国际注册马德里协定》及其《议定书》,版权和邻接权方面的有《伯尔尼公约》《保护表演者、录音制品制作者与广播组织罗马公约》《世界知识产权组织版权条约》和《世界知识产权组织表演和录音制品条约》等;由世界贸易组织管理的主要就是《知识产权协定》。

在所有的公约、条约中,《知识产权协定》无疑是当今最为重要的基础性的制度文件。之所以这么说,理由有五:一是协定内容的全面性,协定涉及现今几乎所有的知识产权类别;二是协定规范的体系性,协定不但有关于不同知识产权的具体规范,还专门规定了原则规范,不但有权利义务等实体性规范,还有争端解决等程序性规范;三是协定文件的协调性,协定充分考虑了已有的国家知识产权制度性文件,规定了诸如与《巴黎公约》《伯尔尼公约》和《集成电路知识产权条约》等文件的关系条款;四是协定主体的广泛性,由于知识产权问题与贸易问题挂钩,加入《知识产权协定》是加入世贸组织的前提条件,所以,协定主体具有前所未有的广泛性。五是协定效力的保障性,协定与国际贸易问题直接挂钩,使得知识产权国际保护得到国际贸易关系的保障,没有执行协定规定的国家将面临贸易制裁。有鉴于此,下面就以《知识产权协定》为基本文本评析现行国际知识产权制度,如有必要,再引用或结合其他相关文件。

三、《知识产权协定》评析

笔者注意到,《知识产权协定》作为最重要的国际知识产权制度文件,是国际社会多方博弈的结果,而且主要是从贸易有关的知识产权角度对国际知识产权制度的规定。所以,《知识产权协定》的所有内容都是实力的平衡,而不是应有的全面的正义观念的表达和记录。但是,我们的评析却必须是基于正义的考量,与实力分析无关。我们也会顾及贸易的框架,但不会局限于贸易框架,因为这个《知识产权协定》在国际知识产权制度中的地位和作用太重要了。

(一)关于基本原则

1. 关于已有的基本原则

(1)已有的基本原则

《知识产权协定》第一部分规定了总则和基本原则。总则在第 1 条的"义务的性质与范围"和第 2 条的"知识产权公约"中,是《知识产权协定》与国内法、知识产权定义和《知识产权协定》与《巴黎公约》《伯尔尼公约》《罗马公约》及《有关集成电路知识产权条约》的协调关系的规定。基本原则规定在第3条的"国民待遇"、第4条的"最惠国待遇"和第8条的"原则"中,第5、6条是对第3、4条适用中关于世界知识产权组织主持下的协议(包括公约、条约)和知识产权失效问题的补充。所以,《知识产权协定》的基本原则就是第3、4、8条的内容,而"总则"则是对《知识产权协定》的制度定位,并不包括基本原则。

国民待遇原则和最惠国待遇原则是几乎所有的国际经济类,乃至文化、政治类公约或条约对成员国的要求,旨在创造公平竞争的国际经济环境和推动公平高效的国际经济、人文、政治合作。所以,该两项基本原则并不是国际知识产权制度特有的基本原则,虽然很重要,但没有国际知识产权制度的特别意义。

《知识产权协定》第8条"原则"的内容是:"1. 各成员方在制订或修正其法律和规章时,可采取必要措施以保护公众健康和营养,并促进对其社会经济和技术发展至关重要部门的公众利益,只要该措施符合本协议规定。2. 可能需要采取与本协议的规定相一致的适当的措施,以防止知识产权所有者滥用知识产权或藉以对贸易进行不合理限制或实行对国际的技术转让产生不利影响的作法。"其中,第1款说的是以公众健康和营养以及重要部门为代表的"公众利益"的保护,第2款说的是对权利人滥用权利和对国际贸易(包括技术转让)的不正当妨害的防范,而"滥用"和对贸易的不正当妨害就是对国内国际市场秩序的妨害。所以,第1款是从正面规定对公众利益的保护,第2款是从反面规定对公众利益的保护,整个第8条规定的就是保护公众利益的原则。公众利益(英文为"the public interest")一般习惯称为公共利益,不同的是:"公众"强调的是主体,"公共"强调的是领域。但在这里并无本质区别,比如"重要部门"和"贸易秩序"指的都是领域,所以,这里"the public interest"恐怕翻译为"公共利益"更合适一些,为统一和习惯起见,后面简称该原则为公共利益原则。

根据《知识产权协定》第 8 条的规定,公共利益原则的含义有:其一,为了公共利益的需要可以在立法时采取必要措施,这个措施从逻辑上看只能是对知识产权的限制措施。因为立法时的保护只能是权利义务的分配,在这里也就是在知识产权权利人与公众之间分配权利义务。而权利义务的客体只有知识产品,所以,分配权利义务实际上就是对权利人在知识产品之上的权利的限制,从而为公共利益留下足够空间。其二,为了公共利益的需要可以采取措施防范权利滥用或其他妨害行为,这是对知识产权设定后的公共利益保护措施。综上,公共利益原则可以概括为:知识产权的设定和保护不得妨害公共利益。

(2) 公共利益原则评析

我们一定还记得洛克关于财产权的论述,他认为只有在为他人留下了"足够且良好"或同类的自然物的时候才可以取得对剩余物的财产权,这是所有财产权取得时必须满足的条件,这个理论又叫公共利益理论或公共领域理论。洛克的财产权理论是西方自然法中关于财产权理论的代表,也是几乎所有的财产权正当性论证的依据,也是私有制和物权理论的基石。所以,在知识产权制度中规定公共利益原则是不合适的,因为这个原则原本是所有财产权制度的原则,而不是知识产权制度独有的原则,唯独在知识产权制度中塞进公共利益原则,把公共利益作为消减知识产权的理由,难免让人唏嘘。

但是,无论是国际知识产权制度,还是国内知识产权制度,我们都会感觉到规定公共利益原则,或者有相同内容的其他什么原则的必要性。换句话说,如果不限制知识产权的权利内容,我们总觉得不对头。所以，问题在于我们为什么要规定这么个原则，也就是这个原则是基于什么样的认识。这个认识在《知识产权协定》的序言部分有清楚的交待，即"认识到知识产权为私有权；认识到保护知识产权的国家体制基本的公共政策目标，包括发展和技术方面的目标"。这两句话是关于知识产权的基本属性和知识产权制度的基本属性的认识的明确的直接的描述。这个认识一方面肯定知识产权的私权属性，另一方面肯定知识产权制度的基本公共政策属性，这就是《知识产权协定》同时设定和限制知识产权的理论或认识论根据。

这个根据还在第7条的"目标"中得到进一步体现："知识产权的保护和实施应当对促进技术革新以及技术转让和传播作出贡献，对技术知识的生产者和使用者的共同利益作出贡献，并应当以一种有助于社会和经济福利以及有助于权利与义务平衡的方式进行。"即知识产权的权利要保护，但是，这种保护要同时有利于权利人和社会，要平衡二者的利益。所以，这个理论根据与本书知识产权那一章的利益平衡理论没有实质区别，只不过利益平衡理论多一些自然法等方面的论证而已，所以，本书那一章关于利益平衡理论的评判完全适用于这个理论根据。这个理论的基本问题是，没有发现知识产权的劳动价值论依据，不知道知识产权和公共利益之间进行平衡的一切根据在于知识产品价值构成，对知识产权实施限制的根据在于知识产品价值构成中的公共知识价值。所以，公共利益或公共政策理论，抑或利益平衡理论，都是肤浅的半截子理论，甚至半截子都不到。以公共利益为由对知识产权私权进行限制或"平衡"是没有正当性的公权力的蛮横的行为。

可见，公共利益原则规范上的问题来源于立法者认识上的问题，关于这个原则的理论根据和规定的表述都应该予以调整。

首先，关于该原则理论根据可以表述为："认识到知识产权为私有权；认识到知识产品中生产者的创新劳动和人类公共知识的共同贡献，以及保护知识产权的国家体制基本的公共政策目标，包括发展和技术方面的目标。"这个表述加上了"认识到知识产品中生产者的创新劳动和人类公共知识的共同贡献"一句话，理由不再重复；其次，关于这个原则可以表述为："1. 各成员方在制订或修正其法律和规章时，可依据知识产品的创新度确定生产者的利益，设定知识产权的内容和范围，鼓励创新，促进共享；2. 尤其可以采取必要措施以保护公众健康和营养，并促进对其社会经济和技术发展至关重要部门的公共利益，只要该措施符合本协议规定。3. 可能需要采取与本协议的规定相一致的适当的措施，以防止知识产权所有者滥用知识产权或藉以对贸易进行不合理限制或实行对国际的技术转让产生不利影响的作法。"这个表述加上了"可依据知识产品的创新度确定生产者的利益，设定知识产权的内容和范围，鼓励创新，促进共享"三句话，其内容来源于本书知识经济一章中的"知识产权制度的基本原则"的创新共享原则，即"依据创新度确定生产者利益，鼓励创新，促进共享。"不同的是多了"设定知识产权的内容和范围"一句，目的在于与后面的权利限制等表述相协调。

至于这个原则用什么名称更合适，无需较真。从习惯角度，叫公共利益原则完全可以。从内容或已有理论角度，叫利益平衡原则也可以。从理论根据角度，叫创新共享原则恐怕更合适。

2. 关于应有的基本原则

（1）文明共同体现象

《知识产权协定》是国际知识产权制度中最重要的法律性文件，而且实际上处于世界贸易组织和世界知识产权组织两大国际组织的共同管理之下，理应具有和发挥人类公共知识资源的保护功能,理应在全人类而不仅仅是成员国范围内鼓励创新,促进共享。所以,除了上述三个基本原则之外,《知识产权协定》还应该有一个在全球范围内保护公共知识资源,鼓励创新和促进共享的基本原则。

人类是从历史中走来的,人类的今天又决定着她的未来。在历史中,人类分分合合,起起伏伏,每一个民族对人类的今天都做出过大大小小的贡献,一些文明古国和率先开启工业革命的国家都是历史上的明星。但是,许多历史上的明星民族或国家的今天不一定如她的历史中的某个阶段那么辉煌,许多如今的发达国家可能曾经只有一片荒芜的土地或是文明民族的学习者。人类就是在文明的积累中走向新的文明,任何新的发达文明都离不开历史积累的文明。

历史积累的文明的核心就是人类公共知识,包括一切关于世界和人的一切形式的知识。人类公共知识可能有生产者,有发源地,却没有产权主体,更没有产权国,人类公共知识是人类自己创造的公共资源。对这个庞大的公共资源,不同的国家有不同的利用能力,利用能力强的逐渐走向发达,相反,则比较落后。这种情况可能还会不断循环,从而使发达的越来越发达,落后的越来越落后。而且,在知识产权制度出现后,发达国家对创新知识的垄断获得了"正当性",知识的垄断取代了资本的垄断。当他们的创新知识被知识产权制度解禁成为公共知识后,发达国家在获取了巨大利益后,还获得了人类新文明的贡献者桂冠。而落后国家甚至次发达国家只能一直是创新知识的购买者和打工仔,一直是新文明的小学生和仰望者,一直处在国际产业链的低端,在国际经济中只能拾人牙慧,在国际政治中只能仰人鼻息!公共知识的历史贡献者或共同拥有者让位于公共知识的利用者,知识共享让位于不公平和不平衡!智慧之"火"加上利益之"油"的措施极大地激发了知识创新,但是,一不小心,也可能使人类走向歧途!国际组织和国际法律制度应该努力防范这种不公平、不平衡现象的出现,应该努力构建公平、平衡的国际秩序。

(2) 文明共同体认识

《知识产权协定》对这个问题已有清醒的认识,在其序言中就写道:"还认识到最不发达国家成员方为建立一个稳固可行的技术基础而在国内实施法律和条例方面对最大限度的灵活性具有特殊需要。"并且,在第六部分的"过渡期安排"中还专门规定了发展中国家和最不发达国家的较长过渡期和延长过渡期的情况,同时规定了发达国家与发展中国家的技术合作条款。但是,这个"认识"没有认识到发达国家对人类公共知识资源的抢先利用和持续获利情况,也没有认识到发达国家多为人类公共知识使用者而非贡献者的情况,这个认识缺乏道义上的全面性,基于这个认识的制度安排就会缺乏正当性。另外,这个"认识"还没有认识到人类公共知识在发达国家与发展中国家或最不发达国家之间不同开发利用问题的全局性和系统性,没有认识到规定相应的基本原则用以指导具体的规则和司法行为的必要性。在这样的"认识"下,即便有相应的制度安排,也是停留在过渡期时间和商业性技术合作上,感觉上似乎是发达国家出于对非发达国家的同情和照顾而做出的谦让和牺牲。

比如《知识产权协定》第66条规定:"1.鉴于最不发达国家成员方的特殊需要和要求,其经济、财政和行政的压力,以及其对创造一个可行的技术基础的灵活性的需要,不应要求这些成员方在自上述第65条第1款所规定的适用日期起的10年内适用本协议,第3、4条和第5条除外。应最不发达国家无可非议的请求,与贸易有关的知识产权理事会应将此期限予以延长。

2. 发达国家缔约方应给境内的企业和机构提供奖励，以促进和鼓励对最不发达国家成员方转让技术，使其能够建立一个稳固可行的技术基础。"这条规定的过渡期是实实在在的"福利"，但是，如果最不发达国家不能获得自己需要的和发达国家相当水平的技术，再长的过渡期也是没有用的，过渡期的规定恐怕只能起到吸引和扩大成员方的作用。而该条第 2 款技术转让的规定目的很好，但是，主动权完全在于发达国家及其企业，而且"转让"前面并没有低价或免费的限定，商业性转让必然是基本方式。那么，非发达国家无力购买就没法转让，或者购买了使发达国家高额或持续获利，那也是理所当然，至于转让的技术水平那就更管不着了。

《知识产权协定》第 67 条规定的"技术合作"基本上也是这种局面，其中第一句话"为便于本协议的实施，发达国家成员方应根据请求和双边达成的条件，向发展中国家和最不发达国家成员方提供对其有利的技术和金融合作"的规定，把技术合作的主动权还是交给了发达国家。第二句话"此类合作应包括协助制定对有关知识产权保护、实施及阻止滥用的法律和规章，还应包括对设方和加强与这些事项有关的国内机关和机构包括人员培训提供支持"的规定，实际上是培养非发达国家的知识产权保护水平，总体上是对发达国家有利的。

所以，没有道义正当性的认识是没有底气的，没有到位的认识是不会有到位的制度的。我们必须基于对人类公共知识与知识创新关系的认识，说明发达国家低价或免费转让技术，和减免非发达国家知识产权保护义务的道义正当性；我们还必须认识到在国际知识产权制度体系中，发达国家与非发达国家知识产权转让和保护义务问题具有全局性和系统性，必须认识到人类公共知识在发达国家与非发达国家之间不同开发利用问题的全局性和系统性,因而具有制定相应的基本原则的必要性。

(3) 文明共同体原则

除了基于上述两个认识,制定的新的基本原则还要明确处理发达国家和非发达国家知识产权关系的目的。这个目的在《知识产权协定》的第一句话就作了明确的表述,即"本着减少国际贸易中的扭曲及障碍的愿望,考虑到有必要促进对知识产权有效和充分的保护,以及确保实施保护产权的措施及程序本身不致成为合法贸易的障碍"。可见,知识产权问题的所有规定都是为了从知识产权国际保护角度保证国际贸易的正常秩序。这个目的单从《知识产权协定》的全称《与贸易有关的知识产权协定》来看是无可厚非的,但是,作为国际知识产权制度的最重要的基础性文件就不够了。

由于知识产品的本质是知识,而知识并不天然就是商品,甚至天然就不是商品,而是用来共享的智慧成果,知识就是用来启迪智慧、改进生产、陶冶情操和美化生活等增进人类的物质文化生活水平的。所以,知识产品除了作为商品的经济意义外,还具有重要的科技、文化,甚至人权和政治意义,知识产权制度的制定必须有超过贸易秩序的全面考量。否则,国际知识产权制度就难逃在贸易制度绑架下陷于近视和扭曲的命运,进而规范出一个不公平、不平衡、不健康和不可持续的国际科技、文化、经济、人权和政治秩序。近些年,美国凭借其科技优势,动辄以知识产权保护不力为由对他国或个别企业实施单方面制裁,而被制裁国家或企业又常常因为有求于人,或者确实没有达到《知识产权协定》的要求而不得不忍气吞声。公开的知识霸权现象已经成为常态,这种秩序显然不是令人满意的。也许有人会说,公平、平衡的贸易秩序也内涵着公平、平衡的知识产权交易秩序,但那是在知识产品生产者已经获得知识产权以后，人类公共知识的某个部分已经进入权利人的权利范围了，知识产权的公平交易是从不公平地取得权利后开始起算的！所以，国际知识产权制度必须有在国际范围内矫正不公平、促进知识共享的目的，我们正需要一个有这个目的的基本原则。

这个原则应该基于对人类公共知识的认识和发达国家与非发达国家知识产权现状的考虑，以及对公平、平衡和可持续的国际经济、文化、政治秩序的追求。原则的基本内容可以为：①任何成员国、企业和个人均有权利用产生于任何地方、任何时代的科学、技术和文化等人类公共知识资源进行知识创新，并在此基础上获得知识产权，任何知识产权的设立和保护均不应妨碍这种利用；②任何成员国、企业和个人均有权在其他成员国、企业和个人的知识产品基础上开发新的知识产品，任何知识产权的设立和保护均不应妨碍这种开发；③发达国家应当支持其企业或个人向非发达国家以显著低于其国内或发达国家间的转让费标准转让知识产权，并要求与该非发达国家相适应的知识产权保护水平。其中，第①点旨在鼓励知识创新，排除以非发达国家或文明古国为主的对人类公共知识的狭隘的权利诉求或不正常保护；第②点旨在鼓励创新，排除以发达国家为主的知识产权大国对知识产品的狭隘的权利垄断和不正常保护；第③点旨在鼓励共享，排除国际范围内的恶性知识积累和知识霸权倾向，促进共同文明。这三个内容起点是人类公共知识，路径是国际范围内的创新和共享，终点是人类共同文明，所以，这个原则从认识基础到内容都不同于其它三个原则。

如果要给这个原则起个名字，不妨叫作文明共同体原则。"共同体"是借用时下的"人类命运共同体"一词，因为人类公共知识的存在和知识共享的目的都是基于人类的社会系统存在，共同体理念是人类的系统存在的反映；另外，文化知识是文明的核心内容,知识产权制度不仅仅是奔着贸易或经济去的,它具有直接的文明意义,已有的公共知识共享是文明共享,创新知识共享也是为了未来的共同文明,所以,用"文明"作为共同体的限定词更合适。

相应地,按照《知识产权协定》序言的表达习惯,可以加上这样的"认识",即"一切创新知识都是利用了人类公共知识资源或者在他人的知识产品基础上获得,发达国家尤其具备利用人类公共知识资源和在已有知识产品基础上创新知识的优势,这种优势应当惠及非发达国家,以促进共同文明"。这就使文明共同体原则有了正当性的理论根据。

(二) 关于知识产权的种类

《知识产权协定》在第1条的"义务的性质和范围"第2款规定:"本协议所称的'知识产权'一词系指第二部分第1节至第7节所列举的所有种类的知识财产。"第二部分第1节至第7节规定的知识产权有版权及相关权利、商标、地理标志、工业设计、专利、集成电路的外观设计和未泄露之信息七种。在这七种知识产权中,计算机程序和数据汇编规定在版权及相关权利中;生物新品种技术规定在专利权中;商业秘密规定在未泄露之信息中;其余都是与名称对应的知识产权。

《知识产权协定》谈判于1993年底结束,当时的知识经济在欧美发达国家已经初具规模,所以,《知识产权协定》规定的知识产权的种类至今看来还是比较全面的。但是,毕竟过去了近30年,而且是知识经济飞速发展的30年。这30年期间,知识产品形态和种类在不断丰富,知识经济的特征愈加明显,知识经济的规律也初见端倪,我们对知识经济的认识也逐步深入,从一个方面反映这种认识的知识产权分类不能停留在近30年前的状态了。

第九章　现行知识产权基本制度评析

我们应该认识到，知识产品是经过人类智力劳动重构的概象化或符号化的系统性信息产品；知识产权是国家赋予的对知识产品的专有性财产权；知识经济是以知识产品生产为主导，以物质产品生产为基础的经济形态。所以，关于知识产品和知识产权的种类都应该基于这些认识重新梳理和界定，进而提高国际知识产权制度的合理性和有效性。鉴于完全按照知识产品和知识产权两章关于知识产品和知识产权的分类，调整《知识产权协定》关于知识产权类别的规定很不现实，下面仅依据知识产品和知识产权两章的分类，对《知识产权协定》的分类做一个梳理。

第一，应该规定知识产品和知识产权的定义，从而为新的知识产品和知识产权认定和归类留下空间。可以在第1条的"义务的性质和范围"第2款中规定"本协议所称的'知识产权'是成员方赋予的对知识产品的专有性财产权，包括但不限于第二部分第1节至第7节所列举的知识产权，成员方对本协定未列入的知识产品赋予的专有性财产权应当遵守本协定的规定"。也就是在原来列举式规定前面加上一般性概念的规定，增强规范的包容性和适应性；在后面加上的一句话旨在强调本协定的适用范围，即适用于所有知识产权，而不仅仅是被列举的部分。

第二，应当对计算机程序进一步分类管理，即分为技术软件和软件作品。其中，技术软件纳入专利权一节规定，软件作品留在版权一节。道理在前面的其他知识产品一节中已经阐述。

第三，工业设计应该作为一大类知识产品，并包括产品外观设计和"集成电路的外观设计"（即集成电路布图设计）。现代工业设计是以工学、美学和经济学等学科知识为基础的对各种生产生活的物质或信息产品、设施、环境等的设计。其产品

· 255 ·

形式很广，如造型设计、机械设计、电路设计、服装设计、环境规划、室内设计、建筑设计、UI 设计、平面设计、包装设计、广告设计、动画设计、展示设计和网站设计等。所有这些产品都是知识产品，它们并不是用来直接消费的，而都是要投入商业应用的。它们的劳动有别于专利技术和作品，所以，这些产品应该属于同一大类，统一作为工业设计权保护客体。这样还可以把产品外观设计、集成电路布图设计和建筑设计等其他知识产品包括在内，而不是让它们在专利权或著作权之间流浪。

第四，"产品"专利的称谓应该变更为实用新型。《知识产权协定》第 27 条规定"可取得专利的事项"有"1. 根据下述第 2、3 款的规定，所有技术领域内的任何发明，无论是产品还是工艺，均可取得专利，只要它们是新的、包含一个发明性的步骤，工业上能够适用"。据此规定，专利包括产品专利和工艺专利（即方法专利）。实践中，所谓"产品专利"就是我们所说的《巴黎公约》规定的实用新型专利，因为这个专利保护的就是产品的造型和结构，而不是物质产品本身。所以，用"产品"一词实在不够严谨，容易产生误会，甚至让人认为物质产品在特定情况下也是知识产品。

第五，应当增设商业标识权，统摄包括商标权、地理标志权在内的商业标识类权利，从而与《巴黎公约》对接、协调，增强制度的包容性和未来适应性。

四、《巴黎公约》和《伯尔尼公约》评析

《巴黎公约》和《伯尔尼公约》分别签署于 1883 年和 1886 年，近一个半世纪以来都经历了七次修订，最近的版本分别修订于 1979 年和 1971 年。现行《巴黎公约》共 30 条，规定了国民待遇原则、独立性原则和专利权、商标权、商业秘密权等权

利,另外是一些管理性规定。现行《伯尔尼公约》共38条,规定了国民待遇原则、自动保护原则、独立性原则和作品、版权等内容,另外也是一些管理性规定。两部公约作为与时俱进的覆盖范围最广的第一部国际性工业产权和版权制度文件,是现今国际知识产权制度中的基础性文件,对世界各国的知识产权制度都有深远的影响。

纵观两个公约的内容,两个公约较少涉及具体的权利规范,而主要是协调知识产权国际关系的规范。这一点,从国民待遇原则、独立性原则这两个基本原则就能明显地看出来。这两个原则并不是对知识产权的治理原则,而是处理知识产权制度的国家间关系的原则。其中的原因应该是国家主权问题,这在民族国家兴起不久的国际社会是完全应该的和可以理解的。在这样的理念和原则指导下,公约就只会约定知识产权在国家间的关系规则,至于成员国如何治理知识产权,完全是国内的事,只要在国际关系中遵循公约的规则即可。

如果把这两个公约与《知识产权协定》稍微比较一下就会发现,这两个公约是谨慎的、温和的,而《知识产权协定》就相对大胆和激进。《知识产权协定》明确规定了公共利益原则,权利规则也很具体,某种程度上可以在一个成员国内直接套用,稍作修补就可以形成国内知识产权制度。但是,这两个公约则完全不同,对一国国内知识产权制度主要是方向性和倡导性的。这个区别的主要原因应该有这么几个:一是时代背景不同,《知识产权协定》诞生于经济全球化的高水平阶段,而这两个公约虽然也与时俱进,但毕竟基础和框架形成于近150年前,处在国际贸易的成长阶段,国际性制度的理念和需求内容都大不相同;二是效力保障性不同,《知识产权协定》直接与国际贸易制度挂钩,由于国际贸易在国际关系中的基础地位,所以,这个挂钩切切实实增加了协定施行的保障性,而这两个公约则没有这个条件;三是初始成员方范围的不同,《知识产权协定》初始成员方包括世贸组织的所有成员,有发达国家,也有非发达国家,成员国差异大,博弈氛围浓厚,需要有实质性的规定,而这两个公约的初始成员国主要是早期工业化国家,相互差不多,基本上就是协调性的规定。

但是即便如此,这两个公约毕竟是国际知识产权制度的基础性文件,而且与《知识产权协定》有密切的关系,所以,这两个公约也应该在可能框架内真正地与时俱进。其中,最需要考虑的就是增加公共利益原则。首先,从《知识产权协定》的公共利益原则的内容看,这个原则主要是处理知识产权国际关系的,而《知识产权协定》与这两个公约面临的知识产权国际关系状态是没有区别的;其次,这两个公约与《知识产权协定》具有密切关系,且都是当代国际知识产权制度的基础性文件,在基本原则上理应协调一致。在此原则之下,有必要修订具体的规定,恐怕需要世界贸易组织与世界知识产权组织对这两个文件关系进一步协调。如果大胆预测,未来修订后的《知识产权协定》取代这两个公约也不是不可以,因为经济全球化将为统一的国际知识产权制度提供更加坚实的基础。

第二节 我国知识产权基本制度评析

我国知识产权制度是随着改革开放的推进不断构建的,这个构建过程急切而短促,一步跟着一步,有内在需要,更多的是迫于国际压力。如今,我国的知识产权制度体系基本形成,同时,我国经济也已进入高质量的内涵发展阶段,被动引进的知识产权制度需要基于时代理念的检视和调整。必要的话,重构我国的知识产权制度,并推动世界知识产权制度变革亦可作为选项。

一、关于知识产权制度体系

(一)我国知识产权制度体系现状

我国的知识产权制度可以分为专利权、商标权、著作权和其他知识产权四块法律制度。其中前三块是传统的也是最基本的最早建立的知识产权法律制度,其他知识产权包括商业秘密、集成电路布图设计、计算机软件、植物新品种、地理标志和商号等权利的法律制度。前三种知识产权的立法形式是以法律为主,以实施细则形式的行政法规为辅;其他知识产权的立法形式则主要是条例形式的行政法规,个别的如商业秘密权是《反不正当竞争法》的法律。

这种知识产权制度体系显然是参照欧美和国际知识产权制度建构的,这既是后来者的正常选择,也是适应国家知识产权环境的需要。所不同的是,我国走的是自己的立法路径。专利权、商标权、著作权和商业秘密权制度相对成熟和重要,我国制定得早,而且是以法律形式;其他知识产权制度相对稚嫩和次要,但又需要治理,制定得相对晚些,而且是以行政法规形式,为以后制定法律积累经验和留下空间。总体而言,这种立法路径是积极、谨慎而稳妥的,所以,我国目前的知识产权制度与我国的经济社会发展程度是基本适应的。

不过,伴随着知识产权制度的建构,我国法学界对知识产权制度的研究也在不断深入,学界就我国知识产权制度体系的建构一直争论不休。这个争论伴随着民法典的制定,基本上分为入典派和独立派两大学派,还有少数维持特别立法的观点。总体上,入典派认为知识产权作为私权,是民事权利的一类,应当在民法典中独立成篇;独立派认为知识产权是有别于民事权利的权利,应当独立出来制定知识产权法典。早在2003年,就有观点认为:"知识产权法典化不仅有因其所调整社会关系重要性增加的内在决定性原因,有其反映社会物质生活的法律形式需要,有其财产权的专门化趋势历史逻辑的必然,以及国外法典编纂的影响,而且,知识产权法典化对于解决我国知识产权法律体系存在的问题具有现实意义。"[1]而另一种观点认为:"在理论界,多数学者指出,知识产权的法典化是历史发展的必然趋势。在方法论上他们多数采用的是比较、逻辑的进路;在知识资源上多数依赖的是比较法和历史史实的支撑。法典化论者有关制定知识产权法典的论证是不充分的。在中国语境下,与"特别立法"模式相比,"法典化"具有一种比较优势;但它不具有现实性。比较说来,中国当前应当制定一部《知识产权法通则》。"[2]直到近期,学界还在呼吁"立法者应从促进知识产权法律的体系化、宣示知识产权国家战略和刺激知识产权研究等方面出发,适时启动我国知识产权法典的编纂工作"。[3]刘春田教授认为:"知识产权独立成编,纳入《民法典》分则体系,既十分必要,又切实可行"。[4]目前看来,这个争论或呼吁随着我国《民法典》的出台,而宣告结束。

---

[1] 范在峰:"从知识产权法律体系存在的问题看法典化的必要性",载《知识产权》2003年第4期。

[2] 李雨峰:"知识产权法典化论证质评性",载《现代法学》2005年第6期。

[3] 何华:"《民法总则》第123条的功能考察——兼论知识产权法典化的未来发展",载《社会科学》2007年第10期。

[4] 刘春田:"我国《民法典》设立知识产权编的合理性",载《知识产权》2018年第9期。

（二）知识产权法典

1. 知识产权法典的基础条件

一项法律制度是否具有独立性，关键在于其治理对象是否具有独特性；一项法律制度是否应该独立成为新的部门法，关键在于其治理对象是否构成独特的门类。这个门类具有其他部门法的治理对象所不具有的特点，并入其他部门法将破坏其他部门法的既有原则和规则的协调性，而为其他部门法所不能包容。所以，知识产权制度入典还是独立，关键在于知识产权本身是否构成独特的门类，并为民法所不能包容。

毋庸置疑，知识产权已经构成独立的门类。知识产权的客体是知识产品，是一种信息形式的存在，具有天然的共享性，既不同于物质，也不同于人身；知识产权来源于法律的设定和权力机关的授予，且是有限权利，并不是自然权利和纯粹的"私权"[1]；知识产权已经成为一个权利集合，这个集合还在快速扩张，并形成不同的子集。所以，知识产权制度应该独立。

但是，独立之路并不好走，独立是要有条件的。独立的部门法必须是完整的法律体系，而不是简单的同类法律制度的归拢。一个完整的法律体系必须有统一的基本制度，表现为统一的基本原则，并在统一的基本原则指导下实现各项同类法律制度的协调。统一的基本原则必须基于对治理对象本质规律和治理目的的统一认识，这个统一认识又必须基于比较丰富的实践经验和持续深入的理论研究，这就需要时间和艰苦的探索。所以，一切新的事物总是寄生于已有事物生存和发展的，知识产权制度一开始只能寄生于其他法律制度，被寄生的往往是最相

---

[1] 参见何敏：《知识产权基本理论》，法律出版社2011年版，前言。"知识产权具有自己独特的权利特征和制度特征，而且这些特征与特点是现有任何法学学科基本理论所不能囊括的。"

似的,民法就成为知识产权法律制度的理想宿主。

我们在前面已经论述过知识产权制度的基本原则,这个基本原则无论是创新共享原则,还是公共利益原则或利益平衡原则,都与民法原则不相协调。迄今的知识产权制度具体规则也与民法其他规则大相径庭,所以,知识产权制度已经是民法所不能包容的。那么,知识产权制度应该结束寄生生活,走向独立,知识产权制度应该有自己的法律体系。这个体系的内部应该是协调的,已有的单项法律制度都能够找到自己的居所;对外应该是开放的,新的知识产品的知识产权将能够找到自己的归宿。

2. 知识产权法典体例结构

知识产权法典可以采用其他法典的一般体例,包括总则和分则两块。总则规定知识产权法的制定依据、目的、概念和基本原则等一般规范;分则分别规定几类不同知识产权制度,包括各类知识产权制度的基本原则和具体规则。基本原则条款可以吸收民法的基本原则,但必须有自己的基本原则,即创新共享原则。分则应该按照知识产权大类分篇规定,即思想作品权、文艺作品权、技术作品权和标识作品权四篇,每篇应该有自己的特别原则和具体知识产权规则,具体知识产权规则可以就不同的知识产权小类细分为不同的章节。这样的法典从原则到具体规则都分层分类,协调性和体系性都很强,而且,从权利客体的本质区别上分类,开放性和包容性也很强。

二、《专利法》评析

(一) 关于基本原则

我国《专利法》并无明确的基本原则条款,但是,从总则到具体规则还是有一些反映共同目标或认识的规范的,我们从中可以提炼出相关基本原则，或者在有关规则基础上明确提出具有普遍意义的基本原则。

1. 应明确和增设公共利益原则

《知识产权协定》明确规定了公共利益原则，该原则的内容在我国《专利法》中有多处体现。如《专利法》第 4 条规定"申请专利的发明创造涉及国家安全或者重大利益需要保密的，按照国家有关规定办理"，这是体现为国家利益的公共利益的保密规定；第 5 条第 1 款规定"对违反法律、社会公德或者妨害公共利益的发明创造，不授予专利权"，这是对违反公共利益的专利排除规定；第 49 条和第 50 条还规定了基于公共利益需要的强制许可措施。这些规定都是围绕公共利益保护的目标对发明专利的取得或使用的限制，虽然与《知识产权协定》的具体内容不完全一致，但是，基本依据和精神还是一样的。所以，应该在总则中明确增设公共利益原则。

公共利益原则可以规定在第 4 条作为第 1 款，将原第 4 条、第 5 条合并在第 4 条作为第 2、3 款。第 1 款可以表述为："专利权的授予和使用不得妨碍公共利益。"这是在现有知识产权法律体系下的安排，如果以后制定统一的知识产权法典，可以把该原则放在法典的总则中，作为知识产权法律制度统一的原则之一。

2. 应增设创新共享原则

《专利法》有关于专利权的授予条件、期限、鼓励使用和非公共利益的强制许可等规定，这些规定实际上体现了创新共享原则的精神，但是却并没有创新共享原则的明确规定。针对这种现象，理论界已经提出了利益平衡原则，只是利益平衡原则的理论存在诸多根本性问题，内容还包括了上面的公共利益原则，成了口袋原则，实不可取。

创新共享原则应该规定在公共利益原则前面,因为知识产权治理首先要考虑创新共享,设立专利权,然后才涉及公共利益问题。创新共享原则的内容就是专利权基本原理一章中的内容,具体表述为:"依据创新性和实用性确定技术生产者利益,鼓励实用性创新,促进应用性共享。"其认识和价值观依据及内在含义不再赘述。

创新共享原则与公共利益原则的依据和内容均不相同,却互相补充。创新共享原则的直接目标是鼓励创新、促进共享,在这个原则指导下,为了鼓励创新,就会有给创新技术确认专利权、保护专利权和获利权利的规定;为了促进共享,就会有专利期限、促进技术使用、专利权转让、经申请的强制许可、非商业使用和权利用尽等规定。而公共利益原则的目标是保护公共利益,为此,就会有专利授权限制和为了公共利益的强制许可等规定。

(二)关于专利权客体的种类

《专利法》第 2 条规定:"本法所称的发明创造是指发明、实用新型和外观设计。发明,是指对产品、方法或者其改进所提出的新的技术方案。实用新型,是指对产品的形状、构造或者其结合所提出的适于实用的新的技术方案。外观设计,是指对产品的形状、图案或者其结合以及色彩与形状、图案的结合所作出的富有美感并适于工业应用的新设计。"根据该条规定,发明和实用新型都是"技术方案",而外观设计只是一种实用而有美感的"新设计",也就是说,发明和实用新型与外观设计是两类不同的知识产品。但是,它们被授予的都是专利权,只是专利权的授予条件和内容不同。

在前面的《知识产权协定》中我们看到,有一类知识产品叫作"工业设计",相应的权利叫作"工业设计权",产品的外观设计和集成电路布图设计都可以归入这一类。所以，从产品形式到国际制度，外观设计都不是什么"发明创造"，而是一种实用的可商业化使用的工业设计。把外观设计与发明和实用新型并列授予专利权实在不合适，而应该作为工业设计单列设立工业设计权。

当然，工业设计权和发明专利权都属于技术作品权大类，本质上都是技术的专有使用权，都可以使用并简称为"专利权"。所以，在知识产权制度初创时期或过渡时期，作出这种规定未尝不可，只是现在看来就有点不合时宜了。

（三）关于侵权损失

1. 侵权损失认定的司法困境

侵权损失问题是侵权责任方面的问题，是法律制度的末端问题，一般不认为是基本制度，至于侵权损失数额的规定更是这样了。但是，侵权损失的认定实在是一直以来实践中最重要的问题之一，以至于《专利法》修改总是考虑到这个条款，法定数额逐步提高，试图在立法上解决司法困境，同时起着不断加强保护力度的导向作用。另外，这个问题涉及知识产品价值和知识产权价值实现的基本理论问题，这个问题之所以成为司法困境之一，就是因为我们还没有解决这个基本理论问题。知识产权法律制度关于侵权损失方面的规定，完全有必要从基本理论角度予以评析。

《专利法》第71条第1、2款规定："侵犯专利权的赔偿数额按照权利人因被侵权所受到的实际损失或者侵权人因侵权所获得的利益确定；权利人的损失或者侵权人获得的利益难以确定的，参照该专利许可使用费的倍数合理确定。对故意侵犯专利权，情节严重的，可以在按照上述方法确定数额的一倍以上五倍以下确定赔偿数额。权利人的损失、侵权人获得的利益和专利许可使用费均难以确定的，人民法院可以根据专利权的类型、侵权行为的性质和情节等因素，确定给予三万元以上五百万元以下的赔偿。"这一条规定了侵权损失认定的四个方式和步骤，可谓用心良苦，可最终方式却是给定一个巨大的幅度由法官自由裁量！这个规定足以反映侵权损失认定的司法困境。

　　这个司法困境在物权的侵权案件中是不存在的，在人身权侵权案件中也不至于走入困境，但是在知识产权案件中却是实实在在的困境，其根本原因就在于物质产品与知识产品的价值构成和实现方式的差异。在市场经济环境下，物质产品的价值构成从原料到工具设备和人工水电等成本都是有据可查的，总成本加上利润卖出去就实现产品价值了。那么，物权的侵权损失就是物的价值，如果双方争执不下，拿出去第三方评估不会有多大差错。人身权的客体是人身，也是物质形式的存在，人身权侵权损失可以依据人身恢复所需要的支出计算。而知识产品就不一样了，首先，其存在形式是信息，信息的价值计量迄今是个大问题；其次，其价值构成从公共知识到信息原料和脑力劳动等都无据可查、无法计量，总成本都算不出来，即便算出来了，也不一定是知识产品的价值，因为没有社会平均劳动依据。比照人身权侵权损失的计算方式也不行，因为知识产品并未受到损害，无需恢复，当然，即便需要恢复也没法计算恢复成本。所以，知识产权的侵权损失企图从知识产品本身价值角度寻找依据和解决方案是不可能的，因而，企图认定知识产权侵权的直接损失也就是不可能的，我们只能从间接损失这条路想办法。

2. 可得利益损失应该是侵权损失认定的基本依据

　　在知识产品一章中，我们已经论述了知识产品价值实现的方式是走向生产领域。生产者可以自己使用知识产品，也可以

第九章　现行知识产权基本制度评析

转让给他人使用，并通过使用知识产品获得物质产品或可以直接消费的服务产品，从而获得利益。当可以获得的利益因为侵权行为而减损，这个减损的可得利益就是侵权损失，所以，知识产品的侵权损失本质上都是间接损失。以间接损失认定知识产品侵权损失并不是无路可走，而是理所当然。当然，鉴于知识产品的信息本质，知识产品走向生产领域必须有知识产权的保驾护航。因而，知识产品都是以使用知识产权的方式走出去的，知识产品的价值转换为知识产权的价值，知识产品的侵权损失转换为知识产权的侵权损失，只不过，知识产权已经对知识产品的价值进行了分割，知识产权的价值是有限的知识产品价值。所以，知识产权的价值实现也在于走向生产领域，知识产权的侵权损失就是减损的可得利益。这个结论尤其适用于技术作品权，专利权就更不用说了。后面还会看到，对标识作品权和文艺作品权也是适用的，只不过，适用形式有所不同而已。

既然知识产权的侵权损失就是减损的可得利益，那么，侵权损失就应该通过计算可得利益损失的方式确定，这应该是认定知识产权侵权损失的唯一正确的方向。这个方向在《专利法》中有所体现，但是又若隐若现。《专利法》第71条规定的第一种方式和步骤用的是"实际损失"的传统提法，也就是民事法律的传统提法。而"实际损失"一般而言就是直接损失，如最高人民法院《关于适用〈中华人民共和国合同法〉若干问题的解释（二）》（法释［2009］5号）第29条第1款"当事人主张约定的违约金过高请求予以适当减少的，人民法院应当以实际损失为基础，兼顾合同的履行情况、当事人的过错程度以及预期利益等综合因素，根据公平原则和诚实信用原则予以衡量，并作出裁决"。这是司法实践关于"实际损失"的规定，根据这个规定，"实际损失"就是直接损失，因为"预期利益"已经放在与"实际损失"并列的兼顾因素之列。正是这个"实际损失"的用词,实践中常常要求权利人提供知识产品生产费用的证据来证明损失。于是,专利权人要提供研发费用证据,商标权人要提供宣传推广费用证据,著作权人要提供创作费用证据等,这就导致了损失认定的方向性错误。

然而,损失认定的第二种方式和步骤却又回到了正确方向,用"侵权人因侵权所获得的利益确定"。这个利益虽然是侵权人使用知识产品获得的,但是,他得到的只能是权利人垄断性利益中的一部分,是用不正当方法从权利人处分得的一块可得利益蛋糕。所以,用"侵权人因侵权所获得的利益确定"侵权损失,虽然不是从权利人角度确定可得利益损失,却完全可以作为确定权利人可得利益损失的替代方式。

至于损失认定的第三、四种方式和步骤已经是没有办法的办法了。总之,《专利法》关于侵权损失认定的基本方向和方式是不明确的,这在实践中就会造成困惑和困境,不利于具体计算方法的探索。所以,《专利法》第71条应该明确侵权损失依据可得利益损失计算的基本方式。

三、《商标法》评析

我国《商标法》是于1982年制定的最早的知识产权法律,2019年又刚刚修改过,所以,现行《商标法》应该是理念先进、规则健全的。但是即便如此,《商标法》在基本制度方面仍然有需要反省的地方。

首先是基本原则规范。《商标法》是几个主要知识产权法律中唯一一个明确规定了基本原则的法律。《商标法》第7条规定:"申请注册和使用商标,应当遵循诚实信用原则。"我们知道,诚实信用原则是民法的基本原则,而且是"帝王"原则,

第九章　现行知识产权基本制度评析

即原则之上的原则。这个原则作为商标法的原则，可以提示和强调诚信经营，但是帽子太大，很不合适。按照目前的立法体系，知识产权制度属于民事法律制度的一部分，诚实信用原则同时放在《民法总则》和《商标法》中很不合适。如果以后制定《知识产权法典》，诚实信用原则应该放到总则中规定，放到《商标法》中也很不合适。所以，诚实信用原则不应该规定为《商标法》的基本原则。

不过，商标法还是要有自己的基本原则的，这个原则应该是商标权治理的基本原则。商标权治理基本原则是创新共享原则在商标权领域的体现，这个原则在商标法中的表述是：依据美名度确定商标权人利益，鼓励美名商标，促进诚信经营。这种表述的依据和含义已经在商标权基本原理一章论述过，这里不再赘述。

需要提一下的是，要不要增加公共利益原则。参考前面《专利法》关于公共利益原则的讨论，结合《商标法》的具体规则可以发现，虽然《商标法》第10条、第11条对商标注册有限制性规定，其中，有的是出于公共利益的考虑，但是在商标权使用中并无相关规定。所以，公共利益原则在商标法中没有直接的明显的和全局性的指导意义，在《商标法》中规定公共利益原则没有必要。如果以后在知识产权法典的总则中规定公共利益原则，则完全能覆盖商标法，而且与商标法没有任何冲突。

其次是商标权的期限限制。本书在"商标权基本原理"一章已经论述，商标并不是知识产品，除非以作品形式受著作法保护，所以，商标不涉及公共知识，不应该被"利益平衡"，商标权不应该设定期限。我国《商标法》实际上已经没有给商标权设定期限，因为目前设定的这个期限可以无限续展。但是这种制度的设计方向不对，它让人感觉商标权应该有期限。所以，应该从相反方向设定，即不规定期限，同时规定如果不交费用或者连续多长时间没有商业化使用即自动无效，这样就符合商标的本质及其运行规律了。

再次是侵权损失的认定。这个问题与《专利法》基本相同，不再全面重述，只是就商标权的价值实现略作说明。商标权的客体是商标，是一种标记，不是技术。商标的价值实现也在于生产领域的使用，但是，商标价值取决于商标的美誉度和知名度，而不是凭借技术生产的产品。商标凭借其承载的商标信息所反映的商品的美誉度和知名度，使商品销售的数量和价格发生变化，进而以可得利益的形式实现商标的价值。商标权的价值实现就是被赋予专有使用权的商标的价值实现，商标权的侵权损失就是使用商标可得利益的损失。所以，商标权侵权损失的认定也应该以可得利益的计算为基本方向。

四、《著作权法》评析

（一）关于基本原则

我国《著作权法》在第二次修正时回应了《知识产权协定》的规定，在第 4 条规定了公共利益原则，这相较于《专利法》和《商标法》前进了一大步。不过，如前所述，公共利益原则是知识产权制度总的原则，而并不是著作权法特有的原则，只是在现行知识产权制度体系下，这种安排未尝不可。

除了公共利益原则，《著作权法》应该增加的是创新共享原则，该原则在著作权法中的具体表述为："鼓励独创，促进传播。"理由不再赘述。这个原则在现行《著作权法》的具体规则中有全面的体现，"鼓励独创"表现为对各种作品形式的权利确认、权利人确认和权利保护等，"促进传播"表现为财产权的权利期限、权利限制、使用许可、邻接权的设定和保护等。

(二) 关于著作权客体的种类

《著作权法》第3条规定："本法所称的作品，包括以下列形式创作的文学、艺术和自然科学、社会科学、工程技术等作品：……"这个规定把自然科学和社会科学这样的思想作品、工业设计和计算机软件都作为著作权客体，纳入著作权保护范围。从前面"知识产品"一章的论述可以看出，这个调整范围是十分广泛的，横跨标识作品之外的所有知识产品。而且，随着信息科技的持续快速发展，可以想见，单单计算机软件一项就将为著作权提供巨量的保护对象。但是，这种制度安排只是出于作品形式的简单考虑，而没有对作品的内容及其本质特征等予以进一步甄别，必然会产生一系列问题。

1. 思想作品权与文艺作品权混淆

思想作品的本质特征、劳动和价值构成与文艺作品是不同的，思想作品权与文艺作品权的治理原则也是不同的，把自然科学和社会科学这样的思想作品与文艺作品一起纳入著作权保护，又没有分别规定不同的指导原则和具体规则，这种制度安排是十分欠缺的。

这在司法实践中表现为文艺作品权和思想作品权的侵权认定标准和损害赔偿认定问题。文艺作品权保护的是新的形象表达形式，而思想作品权保护的是新的逻辑表达形式。那么，文艺作品和思想作品是否构成侵权的认定标准应该是不一样的，文艺作品是否侵权的基本标准是其表达的形象及其结构是否相同或相似，思想作品是否侵权的基本标准是其表达的逻辑及其结构是否相同或相似。但是，《著作权法》一股脑地把两种不同思维成果的作品放到一起，授予同样的权利，适用同样的治理规则，这就会给实践造成困惑。

另外，思想作品与文艺作品的生产劳动是不同的，它们的价值和价值计量方式是不同的，两种作品权的侵权赔偿额的计量也应该不同。思想作品除了具有启迪智慧、丰富心灵的直接消费功能外，还具有为其他知识产品的生产提供工具或原料的生产资料功能，而文艺作品仅仅是丰富心灵、陶怡情操的精神消费品。所以，两种作品虽然对我们的生活都很重要，但是侵权损失的计量内容和方式肯定是不一样的，对两种作品采取同样的权利保护方式是不合理的，保护效果也必将大打折扣。

2. 工业设计权与文艺作品权混淆

工业设计也是与文艺作品不同的作品，在《知识产权协定》中都已经单列作为一类知识产品，并可以授予工业设计权。但是，我国《著作权法》却仍然把"工程设计图、产品设计图、地图、示意图等图形作品和模型作品"等工业设计作为著作权客体，也没有规定不同的指导原则和具体规则，而且没有把集成电路布图设计列入，这种制度安排也是十分欠缺的。这在司法实践中也会表现为侵权认定标准和损害赔偿认定的困惑，具体理由参见前面关于外观设计和集成电路布图设计和文艺作品的论述，这里不再赘述。

3. 技术软件专利权和软件作品著作权混淆

计算机软件是信息产品的主要形式，包括技术软件和软件作品，而技术软件属于技术作品，软件作品属于文艺作品，二者属于不同的知识产权客体。但是，《著作权法》却简单地把计算机软件统一纳入著作权客体，这种制度安排也是十分欠缺的。这在司法实践中也会表现为侵权认定标准和损害赔偿认定的困惑，理由参见前面关于技术软件和软件作品的论述，这里也不再赘述。

以上问题的根源就在于没有一个统一的作品的定义，而只是作品形式的罗列。正如刘春田教授在谈到我国《著作权法》第三次修改的 2020 年 4 月全国人大常委会审议稿中的作品的概念时所言："这也反映出我国在科学领域的通病，重制度、重技术，长于应用、善于借鉴，而对事物的基础、本源问题，欠缺深究的兴趣，无论自然科学，还是人文社会科学领域，都是如此。"[1] 所以，应该在该条采用概念与列举相结合的方式，即在列举作品种类之前规定作品的定义。即把第 3 条规定为："本法所称的作品，是指表达思维成果的具有形式独创性和载体独立性的精神消费品。作品包括但不限于以下列形式创作的文学、艺术和自然科学、社会科学、工程技术等作品。"

（三）关于权利种类

《著作权法》第 10 条规定了著作权的人身权和财产权种类，一共列举了 16 种，最后在第 17 项还规定"应当由著作权人享有的其他权利"，给新的权利种类预留了空间。其中，第 2、3、4 项权利都是人身权，第 1 和第 4 到 16 项权利都是财产权。这些权利也不是某一种作品都享有的权利，如出租权就是给电影作品和计算机软件设立的，展览权是给美术作品、摄影作品设立的。对照历次修改的《著作权法》可以看出，这些权利是不断更新、增加的，权利设置一直在跟随表达形式和传播方式的革新步伐，权利清单在不断拉长。即便如此，这些权利的列举在实践中还时不时捉襟见肘，让司法工作者无所适从，信息网络传播权的历史就是见证。这个问题非同小可，在权利法定的现行知识产权制度理念下，权利列举不全面，新的知识产品就得不到应有保护，这个问题不是第 10 条第 17 项的兜底能够解决的。所以，在现行知识产权制度体系下，对权利条款的设计应

---

[1] 刘春田："第三次著作权法修改送审稿的进步和我们的期待"，载 http://www.zhichanli.com.

该充分考虑到兜底条款之外的新的作品的保护问题。

在"知识产权"一章中，我们已经论述思想作品权中财产权的基本内容是发现权和传播权，文艺作品权中财产权的基本内容是传播权，而发现权并没有商业意义，所以，两种作品权的财产权部分最基本的权利内容都是传播权。再看看《著作权法》第10条的规定，除了三项人身权，其它的无非就是不同作品形式的传播形式的专有权。与此同时，对三项人身权也予以具体化概括，即具体为人身权中的人格权。所以，第10条可以采取一般与特殊相结合的方式规定，即在第1款规定人格权和传播权，第2款列举现有具体权利。第1款的具体表述，可以为："著作权人对作品享有人格权和传播权。人格权和传播权包括但不限于下列权利"，有了这款规定后，原第17项的规定可以删除，当新的作品出现而又没有具体的对应权利的时候，就可以引用传播权的一般规定予以保护。

（四）关于侵权损失

这个问题，看看《著作权法》第49条的规定，我们就知道与《专利法》和《商标法》的问题基本相同。从三大基本知识产权制度的规定还可以看出，知识产权侵权损失认定的方式和步骤是一致的。这个"一致"反映了知识产权的共同本质，但是，也反映了我们对不同知识产品的认识存在一定欠缺。毫无疑问，著作权与专利权和商标权都是有很大区别的，对它们的侵权损失的认定应该体现这种区别。区别至少有二：一是现有《著作权法》保护客体涉及思想作品、文艺作品和技术作品三类，不同类的作品权侵权损失应该适用不同的计量方式；二是文艺作品是消费品，其计量方式不能像技术和商标那样从生产领域着手，不是经过生产领域的间接损失思路，而是要抓住商业化传播这个价值实现路径，计量商业化传播的可得利益损失。

五、关于其他知识产权基本制度

其他知识产权制度,如《反不正当竞争法》《计算机软件保护条例》《集成电路布图设计保护条例》《植物新品种保护条例》等,在现有知识产权制度体系下,已经适时发挥了应有的作用。但是正如前面在多处关于相关知识产品和知识产权的论述,其他知识产权普遍存在归类错误、治理原则缺位和侵权损失认定等问题,这里也不再赘述。这种情况,在目前的主要是行政法规的立法模式下,尚可以理解和适应,在未来统一的知识产权法律立法模式下就不行了。我们应该抓紧总结经验,深入研究,探索规律,为未来制定统一的科学合理有效的知识产权制度体系奠定理论和实践基础。

参考文献

一、哲学、历史、信息科学类

1. [英] J. D. 贝尔纳:《科学的社会功能》,陈体芳译,商务印书馆 1981 年版。
2. [英] 马克斯·H. 布瓦索:《信息空间——认识组织、制度和文化的一种框架》,王寅通译,上海译文出版社 1995 年版。
3. [美] 戴维·玻姆:《论创造力》,洪定国译,上海科学技术出版社 2001 年版。
4. 邬焜:《信息哲学——理论、体系、方法》,商务印书馆 2005 年版。
5. 金观涛、华国凡:《控制论与科学方法论》,新星出版社 2005 年版。
6. [德]《马克思恩格斯选集》(第 3 卷),人民出版社 1956 年版。《马克思恩格斯选集》(第 4 卷),人民出版社 1972 年版。
7. [德] 马克思:《1844 年经济学哲学手稿》,人民出版社 2000 年版。
8. [美] 路易斯·亨利·摩尔根:《古代社会》,杨东莼、马雍、马巨译,商务印书馆 1981 年版。
9. [英] 玛格丽特·博登:《人工智能哲学》,刘西瑞、王汉琦译,上海译文出版社 2006 年版。
10. 钟义信:《信息科学原理》,北京邮电大学出版社 2013 年版。
11. [澳] 彼得·德霍斯:《知识财产法哲学》,周林译,商务印书馆 2008 年版。
12. [美] 冯·赖特:《知识之树》,陈波、胡泽洪、周祯祥译,生活·读书·新知三联书店 2003 年版。

13. ［美］N. 维纳：《控制论（或关于在动物和机器中控制和通信的科学）》，郝季仁译，科学出版社 2009 年版。
14. ［美］冯·贝塔朗菲：《一般系统论——基础、发展和应用》，林康义、魏宏森译，清华大学出版社 1987 年版。
15. ［英］罗素：《西方哲学史》，马元德译，商务印书馆 1976 年版。
16. 刘放桐等编著：《新编现代西方哲学》，人民出版社 2000 年版。
17. 衣俊卿：《西方马克思主义概论》，北京大学出版社 2008 年版。
18. ［英］克里斯托弗·巴特勒：《解读后现代主义》，朱刚、秦海花译，外语教学与研究出版社 2015 年版。
19. 赵少奎编：《现代科学技术体系总体框架的探索》，科学出版社 2011 年版。
20. ［德］黑格尔：《逻辑学》（上卷），杨一芝译，商务印书馆 1982 年版。
21. 郑文范：《科技价值论》，东北大学出版社 2004 年版。
22. 陈筠泉："劳动价值与知识价值"，载《哲学研究》2001 年第 11 期。
23. 朱谢群、郑成思："信息与知识产权"，载《西南科技大学学报（哲学社会科学版）》2006 年第 3 期。
24. 魏宏森、曾国屏：《系统论——系统科学哲学》，清华大学出版社 1995 年版。
25. 陈朝宗："生产力结构的历史演变与社会的历史发展"，载《生产力研究》2003 年第 5 期。
26. ［英］彼得·杰伊：《财富的历程》，杨建民译，国际文化出版公司 2005 年版。
27. 夏甄陶：《认识论引论》，人民出版社 1986 年版。
28. 邬焜："信息哲学的若干基本理论"，载《陕西广播电视大学学报》2008 年第 1 期。
29. 邹志仁主编：《信息学概论》，南京大学出版社 2005 年版。
30. ［美］丹尼尔·贝尔：《后工业社会的来临——对社会预测的一项探索》，高铦、王宏周、魏章玲译，新华出版社 1997 年版。
31. ［美］乔尔·莫基尔：《富裕的杠杆：技术革新与经济进步》，陈小白译,华夏出版社 2008 年版。

32. 叶艳鸣:"信息的基本形态",载《四川图书馆学报》2002 年第 3 期。
33. 张盾:"哲学经济学视域中的劳动论题——关于马克思与黑格尔理论传承关系的微观研究",载《南京大学学报(哲学·人文科学·社会科学版)》2006 年第 5 期。
34. [美]戴尔·H. 申克:《学习理论:教育的视角》,韦小满等译,江苏教育出版社 2003 年版。
35. [美]约翰·罗尔斯:《正义论》,何怀宏、何包钢、廖申白译,中国社会科学出版社 1998 年版。
36. [美] E. 博登海默:《法理学——法律哲学与法律方法》,邓正来译,中国政法大学出版社 1999 年版。

二、经济学类

1. [德]卡尔·马克思:《资本论》,人民出版社 1975 年版。
2. [英]亚当·斯密:《国民财富的性质和原因的研究》,王亚楠、王大力译,商务印书馆 1974 年版。
3. [英]威廉·配第:"赋税论",载[英]威廉·配第:《配第经济著作选集》,陈冬野、马清槐、周锦如译,商务印书馆 1981 年版。
4. 吴杰:《财富论》(第 1 卷),清华大学出版社、中国人民公安大学出版社 2006 年版。
5. 钱津:《劳动价值论》,社会科学文献出版社 2001 年版。
6. [美]约翰·维克斯、乔治·亚罗:《私有化的经济学分析》,廉晓红、矫静译,重庆出版社 2006 年版。
7. 仇德辉:《统一价值论》,中国科学技术出版社 1998 年版。
8. 苏东斌等:《劳动价值学说史略》,中国经济出版社 2002 年版。
9. 任琳:"劳动范畴新解——兼论历史唯物主义理论体系的逻辑起点",载《武汉科技大学学报(社会科学版)》2013 年第 3 期。
10. 晏智杰:"对财富与价值二分法的解析",载《经济评论》2007 年第 3 期。
11. [日]渡边雅男:"价值理论与生产劳动——关于价值生产劳动的范

围",高晨曦译,载《政治经济学评论》2015 年第 9 期。
12. 周亚霆:"论知识在商品价值生产中的地位和作用",载《当代经济研究》2011 年第 3 期。
13. 高洪深编著:《知识经济学教程》,中国人民大学出版社 2010 年版。
14. [美]弗里茨·马克卢普:《美国的知识生产与分配》,孙耀君译,中国人民大学出版社 2007 年版。
15. 程恩富、汪桂进、朱奎:《劳动价值论的规范与实证研究——新的活劳动价值一元论》,上海财经大学出版社 2005 年版。
16. 孙伯良:《知识经济社会中的价值、分配和经济运行》,上海三联书店 2008 年版。
17. 邹志红:《信息学概论》,南京大学出版社 1996 年版。
18. 桂学文、娄策群主编:《信息经济学》,科学出版社 2006 年版。
19. 张守一、葛新权主编:《知识经济概论》,中央广播电视大学出版社 1999 年版。
20. 赵玉林:《创新经济学》,中国经济出版社 2006 年版。
21. 吴鹏:"论黑格尔的劳动概念及其困境",载《中南大学学报(社会科学版)》2017 年第 3 期。
22. 王峰明:《马克思劳动价值论与当代社会发展》,社会科学文献出版社 2008 年版。
23. 刘刚:《知识劳动度量——理论与应用》,上海财经大学出版社 2007 年版。

三、知识产权类

1. 郑成思:《知识产权论》,法律出版社 2003 年版。
2. 冯晓青:《知识产权法利益平衡理论》,中国政法大学出版社 2006 年版。
3. 冯晓青:"论利益平衡原理及其在知识产权法中的适用",载《江海学刊》2007 年第 1 期。
4. 冯晓青:"知识产权的劳动理论研究",载《湘潭大学社会科学学报》2003 年第 5 期。
5. 刘友华:"利益平衡论:穿行于理想与现实之间——《知识产权法利益

平衡理论》读后",载《电子知识产权》2006 年第 11 期。
6. 何敏:《知识产权基本理论》,法律出版社 2011 年版。
7. 肖峰:"论技术的社会形成",载《中国社会科学》2002 年第 6 期。
8. 吴汉东:《知识产权基本问题研究》,中国人民大学出版社 2009 年版。
9. 吴汉东:"财产权客体制度论——以无形财产权客体为主要研究对象",载《法商研究》2000 年第 4 期。
10. 吴汉东:"知识产权的制度风险与法律控制",载《法学研究》2012 年第 4 期。
11. 吴汉东:"知识产权损害赔偿的市场价值基础与司法裁判规则",载《中外法学》2016 年第 6 期。
12. 吴汉东:"法哲学家对知识产权法的哲学解读",载《法商研究》2003 年第 5 期。
13. 吴汉东:"知识产权法的平衡精神与平衡理论——冯晓青教授《知识产权法利益平衡理论》评析",载《法商研究》2007 年第 5 期。
14. 张广良:"知识产权价值分析:以社会公众为视角的私权审视",载《北京大学学报(哲学社会科学版)》2018 年第 6 期。
15. 王磊:"浅谈知识产权价值评估在市场经济中的运用",载《中国发明与专利》2019 年第 8 期。
16. 徐小奔:"知识产权损害的价值基础与法律构造",载《当代法学》2019 年第 3 期。
17. 王卫国:"现代财产法的理论建构",载《中国社会科学》2012 年第 1 期。
19. 张文显等:《知识经济与法律制度创新》,北京大学出版社 2011 年版。
20. 王洪友主编:《知识产权理论与实务》,知识产权出版社 2016 年版。
21. 陈昌柏:《知识产权经济学》,北京大学出版社 2003 年版。
22. 何敏:"知识产权客体新论",载《中国法学》2014 年第 6 期。
23. 张勤:"知识产权客体之哲学基础",载《知识产权》2010 年第 2 期。
24. 齐爱民:《知识产权法总论》,北京大学出版社 2010 年版。
25. 王太平:"知识产权制度的未来",载《法学研究》2011 年第 3 期。
26. 粟源:"知识产权的哲学、经济学和法学分析",载《知识产权》2008

年第 5 期。
27. 刘诗白:"论科技创新劳动",载《经济学家》2001 年第 3 期。
28. 徐瑄:"视阈融合下的知识产权诠释",载《中国社会科学》2011 年第 5 期。
29. 丁丽瑛:《知识产权法专论》,科学出版社 2008 年版。
30. 任寰:"论知识产权法的利益平衡原则",载《知识产权》2005 年第 3 期。
31. 范在峰:"从知识产权法律体系存在的问题看法典化的必要性",载《知识产权》2003 年第 4 期。
32. 李雨峰:"知识产权法典化论证质评",载《现代法学》2005 年第 11 期。
33. 何华:"《民法总则》第 123 条的功能考察——兼论知识产权法典化的未来发展",载《社会科学》2007 年第 10 期。
34. 刘春田:"我国《民法典》设立知识产权编的合理性",载《知识产权》2018 年第 9 期。